CAVILARES
-ANTOLOGÍA-
PROSAS Y NARRACIONES

CAVILARES

-ANTOLOGÍA-

PROSAS Y NARRACIONES

Afecciones – Conmociones

Evocaciones

Katia N. Barillas

Número de Control de la Biblioteca del Congreso de EE. UU.:   2019921069
ISBN: Tapa Dura   978-1-5065-3117-5
             Tapa Blanda   978-1-5065-3118-2
             Libro Electrónico   978-1-5065-3119-9

Información de la imprenta disponible en la última página.

Fecha de revisión: 03/02/2020

Para realizar pedidos de este libro, contacte con:
Palibrio
1663 Liberty Drive
Suite 200
Bloomington, IN 47403
Gratis desde EE. UU. al 877.407.5847
Gratis desde México al 01.800.288.2243
Gratis desde España al 900.866.949
Desde otro país al +1.812.671.9757
Fax: 01.812.355.1576
ventas@palibrio.com
807070

AGRADECIMIENTOS

- Al "Todopoderoso".

- A los lectores.

- A los amigos y familiares.

- A quienes adquieran esta obra.

Muchísimas gracias.

PROLOGO

Hola lectores, familia y amigos.

Es un placer enorme presentarles mi nueva obra ***"Cavilares – Antología * Prosas y Narraciones"***. Como todo lo que les he venido presentando, mis obras están dirigidas a todo tipo de público; hoy, éste nuevo trabajo literario, cuenta con el existencialismo de vivencias ficticias contadas en prosa.

Iremos más allá de lo imaginable no sin antes proceder a explicar la definición exacta de la palabra prosa, según consta en "Wikipedia" y en el Diccionario de Autoridades de la Lengua Española:

¿Qué es un texto escrito en prosa?

Prosa es la forma que toma naturalmente el lenguaje (tanto el oral como el escrito). El lenguaje proviene del provenzal *'lenguatge'* y del latín *'lingua'* y es un sistema de comunicación estructurado para el que existe un contexto de uso y ciertos principios combinatorios formales.

En el lenguaje existen contextos tanto naturales como artificiales para expresar los conceptos, o sea, las unidades más básicas de toda forma de conocimiento humano.

Los textos escritos en "prosa" no están sujetos, como el verso, a medida ni cadencia determinadas. Se identifica con lo contrapuesto al ideal y la perfección. Coloquialmente, "prosa" es equivalente a "palabrería".

¿Qué es una prosa poética?

La **prosa poética** corresponde al segundo tipo de obras líricas que existen. En ella se pueden encontrar los mismos elementos que en el poema: hablante lírico, actitud lírica, objeto y tema, pero sin los elementos formales (métrica, rima) que caracterizan el verso. Se distingue del poema por estar escrita en prosa y del cuento o del relato, porque *su finalidad no es específicamente narrar hechos sino transmitir sentimientos, sensaciones e impresiones.*

Su iniciador fue el francés Aloysius Bertrand, que en su libro *Gaspard de la nuit* introdujo los primeros poemas en prosa a la literatura; pero, fue el poeta

Charles Baudelaire, con su libro *El Spleen de París*, el que revivió la idea de Bertrand y le dio fama a este tipo de poesía, influyendo luego grandemente a varios poetas simbolistas, entre ellos a Arthur Rimbaud, particularmente en el libro *Iluminaciones*.

Muchos microrrelatos están potenciados por su carga poética y, en muchos casos, la frontera con ***la poesía en prosa es difícil de determinar porque el valor poético de las obras predomina sobre la intención de contar.***

En otras palabras, aprender a jugar con los vocablos hasta dar sentido a una frase y de ahí crear varios párrafos que lleven ilación sin perder el sentido en todo el texto o narración escrita, desde el inicio hasta el final, eso es escribir "prosa".

Gracias por estar aquí y ser parte de mi mundo.

La autora.

1. EN EL ORÁCULO DE APOLO

El corazón está magullado, aun así, latiendo está adolorido por el amor que se va. Sin dudarlo ni un poco, cose su alma y su espíritu a los momentos vividos... y, se satura de recuerdos para calmar su hastío.

Con sarcasmo áspero e insultante, ve a las codornices abandonando sus nidos, aquellos que hubieron construido entre los rojos frutos de los cerezos -ahí en el frondoso bosque espeso- desde donde los Druidas divisan la majestuosidad del oráculo de Apolo.

Así, entre duelo y duelo, analiza la unión íntima del hilo con que cosió a su alma y a su espíritu. Se revientan las puntadas que la aguja dio en punto de cruz y devora desdeñoso al pensamiento que desvirtúa sus alientos, bombeando la sangre negra del dolor que aún se alberga y circula sin piedad, haciendo trizas su cuerpo, con las últimas exhalaciones de su espíritu que fenece aterido.

Desea por un momento, ser músculo de los Druidas... porque ellos no lloran las partidas ni recuerdan los dolores. Anhela formar parte del minúsculo cuerpo alado de las codornices -que libres vuelan sin recordar a los polluelos que dejaron dormidos en sus nidos-. Anhela con vehemencia ser incienso y desplazarse... ser ese humo perfumado que libre se desvanece, desconociendo la verdad de la culpa y del pecado.

Va y se inclina ante el oráculo -donde diario se ve a Apolo solicitar al universo le libere del amor-... porque el amor es veneno que envilece a los sentidos; que envejece las conciencias; que satura al intelecto quitándole lo vivido... Y esto dijo: *¡hay que librarse del amor! ¡Líbrame tú del amor!* -Se le oye decir a Apolo, cuando en oración pide un favor-. El corazón que lo escucha aprende y, al día siguiente, ésta fue su meditación:

> *"Estoy libre, libre estoy, del amor que me dejó. Ya no me siento cautivo, en la trampa que me armó. Y aunque encerrado quedé cuando él me abandonó, ya no sangran mis heridas, la emoción se congeló. Gracias le doy al cielo, que al oráculo de Apolo me llevó. Pude escuchar sus ruegos a la divinidad de la Creación. Desde ahora seré como los Druidas que no lloran las partidas de quien les quitó la vida y les envileció con dolor".*

Desde ese preciso día, no se vio más al corazón. Dicen que late con furia en el cuerpo que abandonó. Que le resucitó de nuevo y las células aquellas que murieron de pasión, encontraron el antídoto para la desesperación.

2. UNA ROSA NEGRA EN NAVIDAD

Esta navidad es verde y blanca a la vez. En ella los búhos secretamente se hacen notar asidos con fuerza a las ramas altas de los cipreses que se han vestido de blanco tornasol -con la nieve que ha caído en una estampida voraz-.

A lo lejos, se escucha el traquetear de los rieles anunciando la llegada del viejo tren que, cual toro invisible resopla en la lejanía, entre la niebla y el eco ronco del sonar de su campanilla, el que se pierde tras del horizonte y del ocaso que cae con los tenues naranjas y rojizos del sol, que se despide friolento detrás de las montañas.

Al frente de los cerros, las sierras y los valles, se ve reposar al río. Algunas estrellas se asoman dejando ver su brillo de plata esplendoroso sobre esas aguas cristalinas congeladas en donde se ve la pasarela del cielo en declive... así entre los blancos-perla difusos, difundiéndose entre el topacio azulino y los esmeraldas y los morados de la aurora boreal cayendo desvanecida.

¡Es noche buena!

Los cardinales lucen sus trajes de coral intenso y de obscuro carmesí. Sus copetes resaltan sobre el pulcro marfil de la nevada del día. Los lobos aúllan cerca de la ribera, como recordándonos la llegada del hijo del Creador... del Mesías y Salvador.

Mientras, dentro de la cabaña, sentada frente a la chimenea -que luce los troncos de la leña al rojo vivo- dejo aflorar mis más íntimos sentimientos, los que se esfuman con el chisporroteo y el humo de la madera que arde con mis intrínsecos deseos.

Tomo mi colcha y me cobijo. Tomo mi gorro y lo acomodo cubriendo mis oídos. Tomo mis guantes para relajar mis manos y doy sorbos a mi taza llena con café caliente y un poco de coñac fino.

Ya estoy por concluir el primer tomo que habla de parte de lo que me ha tocado vivir; y mi lápiz se desliza rápidamente y llena la última página del diario que quedó suelta por allí.

¡He terminado de escribir parte de mis memorias!

Esta época conlleva a una contrición de armonía plena. Y entre la contraportada interna y la última hoja del cuaderno que habla de mi historia he insertado entera, una de las tantas rosas negras que me regalara un día el amor... ese lindo sentimiento -que por llenarme de dicha- me inundó de tristezas crueles... de amargos desencantos y de cruento sinsabor.

Entre dormida y despierta, escucho atenta el disco compacto que suena soltando uno a uno, los más sensitivos valses que éste almacena; mi mente viaja junto a mi consciencia, como revelando los errores; como remendando las huellas de lo que hube andado y como desdoblando lo que hube en el papel escrito y dentro del corazón, lacrado.

Faltando dos minutos para la media noche, las agujas del reloj parecen sucumbir entre mis pocas virtudes y los más viles reproches. Por el cristal de la ventana, sigo viendo al maná de las hojuelas de la nieve caer y cubrir de nácar el verde de los pinos y a los picos que almacenan las lágrimas heladas de los cipreses donde yacen de la vida los reveses.

El reloj de arena ha dejado caer el último grano. Una lágrima silente, resbala por mis mejillas. La soledad, mi compañera, me aconseja. Todo en derredor pareciese triste, mas, una voz interna, en susurro, me consuela.

¡Y me quedé dormida!

El café con coñac fino y las sensibles melodías del disco compacto que tocó el último vals, fueron mi compañía.

¡Me siento reconfortada!

El Señor fue quien me dio la fortaleza para que esta navidad –verde y blanca y fría- me sintiera en paz, con un semblante sereno y lleno de entereza, que espero me acompañe por el resto de lo que me queda de vida, disipando mi soledad aterida, impávida y sombría.

Así, si yo muriera hoy y alguien encontrase el diario que contiene con celo mis memorias benditas, dará vida a mis recuerdos; porque hallará dentro de él a la rosa negra altiva… aquella que quedó viva en la última hoja y atrapada entre ésta y la contra tapa del cuaderno que le custodia.

Será entonces quien lo lea, quien estará al corriente de mis vivencias; de mis tristezas; de mis quereres; de mis angustias; de mis pesares y de las alegrías que, de vez en cuando iluminaron mis amaneceres, cual nubes de mariposas revoloteando su monarquía, sobre la ignominia de mis días.

Es el mismo libro del que hablo, el que continúo mencionando en éste mi ahora... ése que he dejado guardado en el baúl de los ayeres y que está hermético con mis dolos del pasado, junto a las esperanzas esfumadas de un futuro incierto.

Ése —cuyas líneas fueron inspiradas- por el verdor esmeraldino y la blancura nacarada de ésta hermosa epifanía... con el color doloroso de la bella rosa luctuosa, olorosa y vivaz; con el satén elegante que luce ya la estirada, que aún impregna de perfume enalteciendo lo que está escrito ahí dentro.

Tanto hermetismo es incierto y dejará sin oxígeno a la negrura que una vez la cubrió a ella, a la rosa negra, de inigualable belleza... y, con seguridad, se marchitará su tersura, como hizo el tiempo conmigo cuando me arrancó de un tajo, la juventud; cuando me dejó sin lozanía, sin fuerzas; cuando sin piedad, inauditamente, me arrugó la piel y emblanqueció mis sienes; así como cuando opacó la brillantez que esculpía el tino de la pupila que reflejaba lo oculto del alma en la mirada, disipando por completo la originalidad de la misma naturaleza... la de mi alma moribunda y lastimada.

Pero ello pasará, cuando el lector haya leído, la última línea de lo que hube vivido. Será entonces, cuando encuentre a la bella muerta con su luto deslucido y al tratar de tomarla con sus manos se le desbaratará en los dedos. Entonces, verá a nuestras ánimas etéreas (mujer y rosa... rosa y mujer) enrumbarse camino a la eternidad, donde sucumben y nacen las estrellas.

Y el lector deducirá que todo lo hizo el amor al que, una de las dos o ambas, entregáramos el corazón; eso lo sabrá –únicamente- si sabe leer entre líneas, lo que le digan los trozos debilitados de los pétalos aquellos -esos que una vez fueran aroma y aliento y embrujo- cuando en vorágine caigan hechos añicos al suelo.

Desde la cabaña que es testigo fiel de lo que fue mi estadía en este mundo, el nuevo dueño de mis líneas podrá ver -a través del cristal de la ventana- como llueve nieve espesa sobre el campo de los pinos; verá a los búhos mecerse regocijados sobre el manto verde obscuro de los cipreses altos y de los sauces llorones y esbeltos.

Quizás sea en otra era -en que alguien vuelva y devuelva- el sentir de la grandeza de la epifanía, cuando de nuevo algún cristiano lea -sin querer y por vez primera- el libro que animara mis días en otra navidad sublime, encantadora; verde, aterida; blanca y serena; donde todo lo que se respire huela a almudena; donde todo lo que se respire, huela a "noche buena".

3. LOS MIGRANTES DEL BARCO "AQUARIUS"

Hojuelas blanquecinas, se han perpetrado sobre el rojo quemado de los pétalos ateridos de las flores cerradas ante el viento loco que, en arrebatos y furiosas ráfagas, pudiese dejar a sus tallos desnudos.

Motas pequeñas y marfiladas se han posado realzando las brillantes plumas -cuidadosamente peinadas- de los cardinales sangrientos que cantan -con voz apagada y ronca- desde las ramas de los romeros, rígidas y perfumadas.

Altanera y álgida, ha caído la nieve. Las virtudes revolotean entre el prisma de los tenues rayos solares que se filtran resaltando su nacarado "ostracino".

¡Oh!... ¡qué hermosa alfombra de nube, cubriendo veredas y sendas!

Los pies de los niños y las patas de los perros se hunden en sus juegos, sobre el helado algodón.

Al final del camino, se divisan las palas mecánicas, rociando con sal los caminos y las calles que circundaban las sierras; diluyen aquella espesa nube terrena que, durante horas, en una lluvia extrema, vistiera de paz efímera los techos y entradas a las casas de los pobladores que pueblan esa parte tan hermosa de La Tierra.

Mientras, al otro lado del nuevo continente, las bombas fabricadas por las manos del hombre explotan y aniquilan a todo ser viviente, sea donde sea que estos se encuentren.

Cientos de personas —desesperadas- preparan las maletas. Van en busca de refugio, en otros lugares del planeta. Allí o allá, no importa en dónde han de parar, con tal que sea lejos de los límites de lo que un día, consideraran su hogar.

Unos emprenden la huida a pie. No tienen más miedo al peligro. Es preferible abandonar sus casas a quedarse esperando en algún escondite y ser alcanzados por balas perdidas; o ser encontrados por militares que se han olvidado de que no hay que cegar el soplo divino de quien nos mandó como parte suprema de lo universal.

Porque todos somos seres humanos... porque debemos amarnos y tolerarnos, ya que, en este mundo, seamos como seamos, fuimos creados para ser hermanos.

En el Norte de América está lloviendo nieve. Y en ciertos lugares, en otros lares lejanos, del cielo caen bombas siniestras que queman acabando con la vida de quienes no tienen nada que ver con los conflictos que provocan los malos gobernantes y su falso proceder.

Y recorren -aquellos que hablan lenguas extrañas- leguas y leguas de millas marinas... largas distancias... la barca en la que viajan se bambolea, sobre los tumbos tenebrosos y bravos de la alta marea.

Días muy calientes. Atardeceres con luna. Noches de tormenta. Faros encendidos. ¡Vida de infortunios! La barca de los extranjeros navega sobre las aguas que les han de conducir a un exilio huraño y solitario y extraño.

Y las surcan con incertidumbre, día tras día. Llegan a un puerto, y a otro, y a otro, pero en todos ellos, les niegan la entrada.

A lo lejos, divisan otras inmensas fronteras marítimas. Sus ojos brillan de nuevo al ver ondear una a una, las muchas banderas desconocidas...

banderas de otros países, de patrias ajenas, que no han de pisar.

Mas, por breves instantes sintieron, el valor absoluto y tangible de la libertad y el roce sutil del aroma que tienen los aires de paz.

Pero, ni agua ni tierra les pertenecen. Esas patrias y esas banderas les niegan acceso por venir de lejos; les están bloqueando la oportunidad, por haberse esforzado en salvar sus vidas y la humanidad de sus seres queridos... el tesoro más grande que adquirieron en todo el trayecto que hubieron vivido... ¡sus hijos!

Todo ello ha quedado borrado como una huella fantasmagórica en los renglones escritos con sangre y dolor; en las páginas obscuras del libro que cuenta todo lo acaecido en sus tristes historias.

En ellas se narran todos los escarnios que diariamente les victimizara... los traumas que poco a poco -como un huracán que arrasa con todo- sin medir las consecuencias, les produjeran tan crudos y horrendos estragos.

¡Qué inmisericordes son ciertas almas que se mal llaman humanas!

El concepto de compasión les ha quedado corto o no han asimilado su significado. Los dejan que mueran a la deriva en altamar, donde si cayese nieve, ésta sería diluida por las saladas olas de la mar; y donde si lloviese fuego, ayudaría a desaparecerlos -a no ser que Dios, el Santo de los Santos, hiciera valer su omnipresencia y les socorriera librándoles del calor quemante y de la furia de sus lenguas pendencieras-.

Quizás su fe les ayudaría a ser escuchados. Quizás les permitiría hacer más fuertes sus motivos, ablandando los corazones de piedra de la humanidad. Quizás el poder de su fe conceda que ellos anclen en alguno de los puertos, de los tantos países que se vanaglorian por la paz de sus Estados, su democracia y su libertad.

Entonces, sólo entonces, volverá a llover la nieve a todo caudal. Ya no habrá más bombas explotando ni acabando con sus vidas ni destruyendo lesamente su frágil humanidad. No tendrían sus almas derrotadas y sus espíritus gritarían al unísono: ¡Gracias Adonai!

Pero ha llegado la hora de doblar rodillas. De clamar hincados en tierra al Señor de Señores; quien ha de escuchar nuestra oración sincera -elevada de corazón- por esos hermanos que han perdido el Norte; por esos hermanos que han perdido las esperanzas; por esos hermanos que han perdido sus patrias, sus banderas; por esos hermanos que sienten que viven para el infortunio y el desencanto.

Hoy, es lunes, once de junio del año dos mil dieciocho. En esta fecha, en este día, en este año, "Elohim" escuchó rezos y plegarias. ¡Se ha obtenido la gracia!... ¡se obtuvo al fin la bendición!... España, la tierra de Cervantes, acogió a los más de 600 migrantes que viajaban a la deriva en el barco "Aquarius", varado hacía días sin provisión entre Italia y Malta (que nunca se decidieron en tenderles la mano ni en darles ayuda humanitaria; no se pusieron en sus zapatos ni se tocaron el corazón).

Es por ello que, aunque la humanidad sea inmisericorde, la oración llega al Creador con alas de pájaro justiciero. Y desplaza sus alas con destreza, llevando en sus palmoteos de la izquierda, su empatía; en los del centro, compasión; en los que da a su diestra, los pálpitos agitados del amor que se desborda en su universo infinito -donde se izan las banderas pacifistas y en donde brillan las estrellas del perdón-.

4. EL BRUJO

¡Desconfía del entorno! –Le decía con sospecha-. *Una desagradable presencia, desde hace rato ya... te insiste, te acosa, te molesta y algo sombrío, desconocido, maloliente y frío, te ata a ella. Ya eres víctima de eso y de la fuerza misteriosa que maneja el aura que blinda a tu espíritu y tu alma, como preparando el terreno que piensa recorrerás, cuando tu ánima vaya a caminar por las avenidas de la infinita eternidad.*

Continúa diciendo: *"Son varios los hilos de estos títeres banales y eternos que en sus idas y venidas te vienen a atormentar. ¡Necesitas ser rezado! ¡Necesitas una limpia!, para que el Padre Eterno te libre de su presencia, su venganza y su maldad".*

Los vasos de las velas negras -que yacían encendidas formando un pentágono al centro de la tierra- uno a uno se revientan. Las flamas de los cirios -ateridos- tiritan y mueren. Las oraciones continúan. El roce de las ramas verdes de la ruda, entre una y otra sacudida, restriegan como un paste duro, cada ápice de su delgado y maltratado cuerpo.

Y, el brujo, engulle cuatro tragos de "ron santa Cecilia". Se enjuaga dos minutos con él y escupe la cara del consultante, que, en trance profundo, parece estar poseído... corcovea y corcovea, como un macho cabrío.

Luego, enciende un habano y con voz ronca -cargada de misticismo- ordena a los espíritus que vagan en el limbo: *"Presencia extraña y amarga, entidad del otro mundo... te ordeno alejarte hoy a las simas del inframundo. Te ordeno dejar en paz a esta alma que hoy conjuro al Dios, Padre y Señor, Creador de todo lo que está a la vista y de todo lo profundo".*

El tiempo pasa imperioso. El hombre que consultaba se levanta asustado, ahumado, remojado y rezado.

¡Debes dormir! -Continúa con voz de mando el hierbero-... *no porque estés enfermo, sino para cavilar sobre tu propia existencia y sobre los seres que habitan más allá de lo eterno. ¡Ah! Y antes que se me olvide... ¡no dejes de rezar cuando vayas a dormir, la oración de alejamiento! Rectifica en tu vigilia las agresiones e injusticias que a los demás hayas hecho... y aquí termina tu consulta. Si deseas algo más, no dejes de llamarme para que juntos encontremos una pronta solución. Recuerda amigo*

mío que soy el brujo de estas tierras y estoy aquí para ayudarte en todo lo que yo pueda.

El consultante se levanta. Mete la mano en la bolsa de su pantalón de manta. Saca un fajo de billetes y mil pesos le da. Va contento del diagnóstico y las hierbas recetadas. Va seguro de su curación completa, eficaz. Está feliz de haberse hecho la limpia, el conjuro, los rezos y demás... está convencido que no habrá de regresar.

¡La fe te valga hijo mío! Hijo mío: ¡la fe te valga!

5. LA ÚNICA ROSA BLANCA ABIERTA ENTRE EL VERGEL Y EL PORTAL

Una mañana con brizna, colibríes, gorriones, abejas y petirrojos, se disputaban el néctar de la única rosa blanca abierta, entre el vergel y el portal. Lozana, inmarcesible, hermosa de por más, había extendido sus pétalos hacia el cielo, luciendo su temible vestido gris y negro, que auguraba un tremendo temporal.

Así se le vio... extasiada, tersa y marfilada -como quien abre sus brazos, clamando al Señor Piedad-. Su pistilo guardaba el néctar espeso, en donde circulaban, amor y fidelidad.

Rondaban las cuatro de la madrugada. El gallo había comenzado a cantar. Las campanas de la iglesia poblana daban su "dingdongneo" peculiar. Creí por un momento que vería aparecer los rosicleres de la aurora matinal. Mas, entre la brizna y el luto del techo terrenal, se dejaba ver ensangrentado -tan rojo como un coral- el sol, quien con paso marcial marcaba la ruta a transitar.

Al frente, el mar impetuoso rezongaba sobre la arena. Iba dejando sus huellas salinas con cada ola encolochada que reventaba en la orilla. El eco profundo de la marejada, se devolvía cual vals mañanero hacia el fondo del océano, entre los susurros que daban las voces sonoras de las langostas, de los pulpos, de las estrellas de mar, de las sirenas y de los cangrejos azulinos.

La brizna parece cesar. Las orillas de la arena fueron afelpadas con las conchas coloridas que -en cada bocanada de agua- eran expulsadas en grupos, con la fuerza furiosa con que las arrojaba el oleaje. Varios niños se apresuran con sus baldes y sus palas, para ver si los caparazones estaban aún habitados. Y una larva "cafezusca", asomó cuidadosa la cabeza por el orificio de su "caracolesco" hogar. Movió ambas antenas de un lado al otro hasta poderlas sincronizar y una vez que echó un vistazo, vuelve a entrar en su casa nacarada. Luego, con sigilo y de incógnito -como quien desea pasar desapercibido- se arrastra lentamente, entre las gotas cristalinas de rocío, que penden de las puntas de las hojas verdes, como pendientes diamantinos.

Y recorre el gasterópodo a tientas el terreno húmedo... y se guarece bajo el tallo espinoso de la rosa blanca abierta entre el vergel y el portal.

¡Ya no hubo temporal! Aunque el sol vertía sangre al no poder calentar. Aunque las nubes seguían empurradas, como deseando escupir y llorar sus lágrimas de encanto celestial. Aunque el viento rugía embravecido, como lo haría un volcán y el frío se colara con la niebla, por todo aquel espacio singular.

¡Qué mañana más extraña! Sin embargo, todo yace en su lugar. Los colores tenues del paisaje alegran y entristecen las pupilas de los ojos al mirar.

Se siente la ausencia del trino armónico de las golondrinas y las codornices, que a diario circundan las higueras y las piñas de los pinares. Están temerosas que el astro rey —con su faz enfurecida— les pringue de sangre los coloridos pasteles de sus plumosos y elegantes trajes.

Y yo... sigo deleitándome esta mañana extraña, en aquella única rosa... la virginal e inmaculada; ésa que me asombró con sus pétalos abiertos; ella que me invitó a escribirle a su aspecto, desde lo más hondo de mi espacio meditativo; desde el misterio que guarda con celo la energía de mi alma en su guarida, donde se entrona el todo y la nada de sus fases pintadas con simpleza natural.

6. ALUCINACIÓN

¡Un vaso de vino! ¡Un vaso de vino! ¡Un vaso de vino, necesito por favor! Así suplicaba aquel hombre con el espíritu cargado de ansiedad e involución.

Estaba enfermo. Se le veía deambular de bar en bar. Se envició sin darse cuenta... así no más. El alcoholismo pasó de ser una cerveza al día, a varias botellas diarias de whisky y de coñac.

La gente que pasa por el Parque Central, le da miradas lastimosas. Cuando transitan por allí, hasta los desconocidos sienten pena, al verlo tirado como un mendigo en las bancas de cemento, en donde la aurora le salpica cada mañana, su cuerpo enrollado en espiral debajo de las hojas largas de periódicos viejos -que a medias- le cobijan.

Anda andrajoso, raro, sucio, barbudo, tenebroso. No es ni la sombra del refinamiento con el que creció. La mirada perdida en extrema agonía. Su alma pobre cedió a las voces que escuchaba, cuando su mente -llena de pensamientos absurdos- vagabundeaba, cínica y burlona.

No supo evacuar el bullicio que le causaba el vacío inhóspito de su errante soledad.

Y así, daba paso de vez en cuando al caballero que era; pero al caer en las garras de Baco, perdía amor propio y dignidad. Todo en su entorno parece fantasmal. En su larga agonía, una botella llena con el fruto de la vid, entre las ramas colgantes de los chilamates, le pareció ver flotar. Todo aquello era irreal. Su mente alucinaba hasta perderse y volar y volar hacia la libertad.

Los rayos del sol fluctuaron fuertes aquel medio día. Luces blancas, tenues y mortecinas, le entregaban su cuerpo y su alma empobrecidos a la muerte. No se dio cuenta que se estaba despidiendo de la vida. ¡Qué mirada en retrospectiva! Lo que antes era tangible, había perdido valor, desde el día funesto cuando el dolor tocó a su puerta sin invitación. Desde ese día macabro en que, sin percatarse, le abrió confiadamente, sin imaginar que le causaría una devastadora emoción. De melancolía y tristeza se acorazó el corazón y comenzó a sangrar en las avenidas del odio y del rencor.

Con el aliento cargado de los vahos malolientes que en su boca dejaban whisky, vino y coñac, entre suspiros y asfixia, los curiosos que pasaban a esa hora por el parque le vieron expirar. En unos cuantos días, murmuraban, nadie le ha de recordar. A no ser que alguien de los aquí presente, deje escrito por algún lugar, las vicisitudes del destino que este prójimo no supo afrontar; de lo contrario, pasará a ser otra leyenda más y su historia quedará sepultada a su final.

Que ahogó en el licor ignominia, despecho y desamor, es por todos conocido. Que no pudo asesinar los ficticios momentos de todo el abandono que le acechó el intelecto hasta verlo fracasar, es lo que todos han dicho... lástima que nunca se nos ocurrió hacerle la pregunta que nos hacemos ante su cadáver hoy... ¿de quién fue la culpa de su decepción?

¡Qué el Señor lo guarde en su seno! Dijeron las damas de sociedad, al enterarse de los hechos. *¡Qué Dios haya tenido piedad de él!* (rezaba un verso en la lápida de la tumba que alguien donó por caridad, para acoger el cuerpo yerto, pálido y aterido del mejor médico que tuvo la ciudad).

7. EL PINTOR FRENTE AL ESPEJO

En la caja de madera que está sobre la mesa, hay una paleta de plástico duro y sobre ella, los pinceles teñidos de colores; todo esto, frente a la ventana con vidrio difuso, con el que se impide un poco el paso fuerte de los rayos del sol de medio día, al interior del atelier. Lo que se describe antes, se refleja nítidamente en la concavidad del espejo que cubre la pared.

En ese espejo antiguo, enmarcado con madera del siglo decimonono; tallado con las manos del mejor ebanista del momento, se han visto pasar las sombras de los que un día posaron sus formas para ser pintadas. Formas que quedaron atrapadas con su imagen virtual, tras del aliento imaginario que empaña el tránsito de la energía profanada, perdida tras la niebla que inclemente conjuga las historias sin pasado y los yugos transitorios del presente y el futuro aciago, tras del pedazo de cristal.

Allí, donde se han fraguado las líneas rectas y ciegas… líneas clandestinas y aciagas que demarcan alegrías y tristezas en las vidas de las almas que sufren en cautiverio sus penas y sus dolencias.

El lienzo, sostenido fuertemente sobre el caballete de madera, a duras penas muestra los primeros trazos que ha dado el pintor, como iniciando la escritura de una nueva aventura, de un cuento legendario o de una historia de amor.

Remos, balsas, rosas negras; peces difuntos y jazmines azules, flotan sobre las aguas de un quieto lago, donde nadan rastrillados los misterios que estigmatizan y llenan de cavilaciones los matices, con que se cuentan los relatos suculentos que dan vida a los sucesos que acaecen lentamente con el paso tendencioso con que se mueven en la esfera del reloj, las agujas que trafican con los segundos, los minutos y las horas.

Un mundo de emociones en calma y armonía. El artista ha plasmado -en cada pincelada- su mundo interior, así... en el justo y preciso momento que le ha tocado vivir. Desplaza pues las brochas gordas y flacas de sus pinceles, algunas veces, llenas de obscuros y grises... otras, empapadas con vívidos colores, como queriendo esconder los dolos que le atormentan o como deseando colmar de alegría esas montañas de tristezas que le han embargado la mente; que le han ahuecado a tal grado el corazón, hasta estrujar como un papel viejo su alma, opacándole el aura, ese escudo blindado que protege su interior.

Cada trazo dado, revela en negativo cada pedazo que ha moldeado hasta construir su consciencia. Sobre la blancura de aquel lienzo, se sienten flotar etéreas las emociones que eliminan toda falsa apariencia. Y así, entre lágrimas furtivas, filtrándose en las migajas que una vez le proporcionaran alegrías, termina lo que él considera su obra maestra.

Con ese "master piece" demuestra que hay que vivir día a día la vida sin miedos, con fe y entereza; porque es necesario aprender bien las lecciones que en el camino se nos muestran, para saber cómo afrontar las consecuencias de lo que no esperamos y a tientas de repente se presenta. Para que no se le ocurra al destino de nuevo volvernos a leer la cartilla, ni repetirnos los sucesos que nos legarían tales o cuales experiencias.

Así, se devela el misticismo de su ánima que inanimada junta sus añicos dispersados por doquier, allí en los surcos que las mentiras araron con la yunta de lo que inventaron; o entre las redes que las verdades tejieron para hacer valer la inocencia perdida, cuando el luto parió las creencias de su ser, las que ya creía erradicadas por completo; las que ya había dado por desaparecidas y aniquiladas de su fértil intelecto.

Deja cubierto el lienzo terminado. Limpia sus manos de los colores de las acuarelas que ocupó para pintarlo. Firma en la esquina inferior derecha: *"Por: José Prieto Picado – Pintor imperfecto de lo creado"*. Baja la manta y da unos pasos hacia la puerta de salida… pero… recuerda algo. Se regresa en sus pasos sobre el tramo andado; toma lápiz y papel y agrega una nota que deberá ser tomada en cuenta al momento de llevar a exhibir públicamente, aquel hermoso cuadro que hubo pintado: *"El pintor –además- es filósofo no graduado, quien todavía no ha logrado dilucidar a través de sus brochazos, cuál es la diferencia entre un loco o un idiota enamorado"*.

8. DESDE LA HAMACA, LA CAÍDA DEL OCASO

Desde la hamaca tendida al aire y recostada sobre su toldo, veo al ocaso caer callado -como una lona fina tejida- con los colores del arcoíris sobre la piel de las mariposas.

Con los reflejos de hilo y manila, en tenues tonos rojos-dorados, se han desprendido por los rincones, cabellos de ángeles con luz pintados; ahí, donde las Hadas blanden sus varas, entre las rachas de aire bendito, que van dejando como una estela el paso libre de los amores, de las pasiones y los encantos.

Un baño de coral se desprende cuando caen sus rayos -"atoronjados" vespertinos- devanados por la magia que sucumbe con la caída de los atardeceres.

¡Este ocaso es mágico y puro! ¡Vale la pena quedarse a verle!

Por la hondonada que adorna el paisaje, se ve brillar el abanico de plumas anchas y algodonadas, que viste majestuoso el cisne triste, de cuello de ónix y de marfil; viajero nostálgico, taciturno y solitario; ave real, de nadar pausado que elegante sobre sale, en las acolchadas olas esplendorosas y rastrilladas, que suavemente lo arrastran quebrada adentro, donde muchos dicen haber visto deprimirse a los pensamientos; donde alguien jura que los sentimientos mueren uno a uno, aturdidos y absortos; unas veces, yermos; y otras veces, pasmados, azulados y yertos.

Desde la hamaca, el viento seco, aterido sopla; y al mecerme, se viene a veces como una luz ligera y diáfana, la historia toda de lo vivido. La vida completa ha transcurrido como un reflejo... como si fuese el eco nebuloso y sombrío de los soles que he visto caer en el día a día; así, dentro del cristal que hizo añicos el destino, al romper la burbuja cristalina de la fe -que se elevaba- desvaneciendo en su trayecto, los pasos desgarradores y borrando las huellas crueles y despiadadas, con que destrozaba impíamente éste presente, volviendo intangibles los recuerdos guardados, en algún lugar iracundo de la memoria.

Y aunque muchas veces traté de reparar, no me fue posible jamás remendar los harapos corroídos por la soledad; ni los errores que cometí por la falta de experiencia la que alevosa vi esconderse, en los calabozos húmedos de los tormentos y en la oquedad profunda que perforaron furiosos los deseos huérfanos de ansias, en los pozos huecos donde se secara lo bueno de los malos momentos.

Desde donde se alza la luna, se desprende -sobre el manto obscuro estrellado- el ángel custodio de alas de lino -que en suave brisa se ha desplazado- desde lo alto del cielo azul, hasta donde me encuentro recostada viendo como viajan ensimismadas, las mil ideas que un día tuviera y que el otoño, en primavera, me arrebatara.

Y la noche me toma plácida entre sus sábanas. Y Morfeo me lleva a recorrer las avenidas de la vigilia y el sueño. La hamaca aquella se ha convertido, en una alfombra mágica que vuela por los confines del Paraíso donde las avenidas de la vida están empedradas con trozos quebrados de ilusiones; y las barriadas donde habita la muerte, son transitadas efímeramente, por las almas vagabundas, que nunca admitieron que la existencia, es una espuma que revienta pasajera -y es llevada ligera- entre granos de sal y arena.

De repente, un viento suave roza mi cara y me despierta. Todo ha quedado dormitando, con las notas de un saxofón y un violín que gimen, en el silencio gravitacional que envuelve este lúgubre lugar.

La hamaca sola –sin mí- se mece paulatinamente. Desde los horcones de madera, se escucha el chirrear de las anchas argollas de hierro que la sostienen, difusa y fantasmagórica en la penumbra… entre los alaridos muertos y mudos de cada noche y en el ulular eterno y perenne tintineando en lo hondo de las gargantas de los ayeres, que se desplazan fríos sobre los cadáveres ermitaños que se yerguen sin testigos en sus tumbas, abrazados a la osamenta porosa que un día sostuviera sus carnes desprendidas; mismas que se vieran alguna vez transitando por las calles vacías de aquel pueblo enigmático, circundado por senderos polvorientos y poblado de andurriales que gestan melancolías y desaciertos.

Nada me hizo ver tan claramente lo que hubo de ser y no fue. Todo lo que dejé ir y que sin piedad me arrebataran el destino, la desesperanza y la muerte, sigue aquí presente, como esa fe que perdiera y que hoy nuevamente renace; como la pasada rápida de una estrella fugaz que, en el cielo negro, su brillantez desvanece; como el oxígeno que entra a mis pulmones y me llena de vida y de paz y de gloria eterna.

Porque, este ocaso fue mágico y puro y valió la pena quedarme a verle.

9. TRANSICIÓN

Siento al mar secarse dentro de mí. Es como el éxtasis que proporciona una canción orquestada en el cielo por las cuerdas de las arpas -que abrumadoramente suenan- soltando sus notas celestiales ante el roce de los dedos angelicales de los coros, de las virtudes y de las huestes de los ángeles guardianes. Es como si los Querubes tomaran los fragmentos que más gustan de cada una de las prosas y poesías e hicieran con ello, el arte visual de los halos que moldean, cada una de las esquinas de las almohadas en donde reposan -noche tras noche- las almas en vela, cargadas con la ceguera producto terrible de la inconsciencia.

Así, mi cuerpo, en el estado "delta" del sueño, desprende lentamente a mi ánima y vuela. Ve a la materia -vaso que la posee- inerte y aterida -como los huesos que yacen pérfidos en el osario de la irrealidad-.

Allí, entre las sábanas y frazadas que dan calor a la cama, se siente el hálito que cala sobre la estela del silbido, que da con su silbato el gran Morfeo, en su llamado único y solemne hacia la eternidad.

Y, vuelo... vuelo sin rumbo fijo. A la velocidad de la luz, me desplazo por regiones impensables, esas que creo circundan las avenidas y los barrios del inframundo. Mas, no veo ni purgatorio ni cielo; desconozco si existe el limbo y el infierno. Todo está perfumado y se siente, el olor fuerte a valeriana y a flores de paraíso, que aroman -a cada paso- la omnisciencia, producto de la presencia del Eterno.

Cuando sé que me toca regresar, entro a mi cuerpo en reposo. Vuelvo a poseerlo. Sé que estoy en él... pero... ¡no puedo despertar! Una fuerza extraña me hala a lo largo del túnel que conduce a las calles empedradas de ilusiones; cada piedra fue empotrada en las nubes, por los seres celestiales que construyeron las paredes de las certezas, esos muros que componen las covachas, de los seres que visitan el más allá; e iluminada por ese rastro divino -que hubo dejado el paso brillante y clandestino de una estrella fugaz- en ese arrebato de superficialidad, me dejo llevar sin tener la más mínima idea, de dónde iré a parar; pero sé que he de llegar segura, a algún lugar.

Siento que llegó el momento de otro adiós... siento que debo susurrar al oído de quien me ama: ¡paz!

Música gregoriana suena sin cesar. Por todo aquel espacio, se dejan sentir las voces entonadas de los monjes descarnados que, en cada nota sacra emitida, brindan vibraciones de sosiego, esas que suelen encontrarse, bajo el concepto único y el significado tangible, de lo que conocemos como "tranquilidad".

Las horas se detienen, mas, las manecillas del reloj continúan su tedioso andar. Con las notas cadenciosas de su lento tic-tac, me elevo y alcanzo los límites que me llevan a concluir la transición.

Mi olor se desplaza silente, como el de una flor desmayada -por falta de agua y oxígeno- dentro de un viejo jarrón. Solamente quedan fluctuando, las huellas y el eco hondo de mis pasos, a lo largo del trayecto que conduce hacia el pasillo, donde se yerguen altivos y pendencieros, los inmensos fosos llenos de leña, los que han sido preparados para arder al compás del fuego que consumirá cada cuerpo yerto y pálido que hubieron sido allí llevados, para su pronta exhumación.

Y, una vez concluida la transición, con la materia desaparecida, el alma yace allá arriba trabajando en su amnistía. Clamará por su regreso, para concluir con el proceso que produce el karma en cada camino que trilla... en cada vida que tramita su progreso, con una nueva encarnación.

10. NADIE ES DUEÑO DE LA VERDAD

Divanes de madera y taburetes... hay concejo de genios en el pueblo. Están reunidos dialogando de casi todas las ciencias: matemáticas, metafísica, física cuántica y filosofía.

La tertulia de la genialidad está entretenida. Manjares exóticos, ostras hervidas; limones con miel, higos cocidos; cerdo asado y vino; todo ha sido servido en la mesa redonda, que ha sido vestida con mantel de lino.

Mas, ante sus ojos, otro grupo está hablando -en latín- de lo que ellos consideran son asuntos que no deben ser discutidos por desconocidos... ¡qué tremendo lío!

El concejo genial, ha descubierto que los visitantes aquellos, de insigne hablar, están discutiendo —por casualidad- de literatura, escritura, cálculo elemental; de los superdotados, de los niños índigo; de la fuente de la eterna juventud y del posible hallazgo de la inmortalidad; pero no estaban convencidos si sus argumentos tenían algún sentido lógico, o si acaso admitía consenso para poderse investigar.

Alguien ajeno pasaba por aquel lugar. Todos lo vieron de reojo, merodear. Las conjeturas iban y venían. Los genios sentados en la mesa redonda llegaron a la conclusión más ecuánime por unanimidad... y el otro grupo de intelectuales, paró de parlotear para escuchar lo que la lógica indica... falso o verdadero; y partiendo de tal principio fundamental, concluyen a una sola voz -alzando sus copas que rebasaban de tequila, coñac y ajenjo- ¡nadie es dueño de la verdad! ¡La verdad no es del idiota!

Y el curioso, que no era genio ni nada y que, de casualidad, por allí pasaba, con voz gruesa y agravada dijo:

"Y... ¡tampoco es de los genios! La verdad -dijo a carcajadas- es como el chisme, no se sabe de dónde viene ni para donde va, porque la mente humana y mezquina, cansada de razonar, asume y asume y asume, sin atreverse jamás a preguntar, lo que está bien y lo que está mal".

Los cruces de miradas de los reunidos en el sitio -ellos, que tenían sobrepasado el denominador común de coeficiente intelectual- se quedaron pasmados ante razonamiento tal e invitaron al individuo aquel a tomar en su mesa, un lugar. Mas, aquel modesto ser, desconocido de por más, hizo sordos sus oídos pues no estaba preparado para escuchar el dilema, que los había llevado a discutir de ese tema, en aquel suntuoso lugar.

Y, para poderse zafar, dio la más acertada de las disculpas:

> "El hombre, sea genio o sea estúpido, nunca podrá cambiar al mundo. Para que este cambie, todos los seres humanos tendrían que conocer: ¿qué es el amor?, ¿qué es la empatía?, ¿qué es el perdón?, ¿qué es la generosidad?, ¿qué es el agradecimiento?, ¿qué es la bendición, la armonía y la fe?; pero, yo les puedo asegurar, que el tiempo continuará su indiscutible andar y, el ser humano, no podrá alcanzar el perigeo supremo hacia la luz, de aquel que irradia omnipresencia y paz".

De nuevo todos, se volvieron a ver. No sabían de dónde aquel tipo sacaba tan acertadas conjeturas. Quizás sea por las amarguras que hubo de haber pasado; tal vez por las alegrías y felicidad plena que pudo haber experimentado... ¡qué osado!

Y no quedándoles más que darle la razón, levantaron unidos sus copas -en señal de aceptación-.

11. PASEO ONÍRICO MATINAL

Ando paseando libremente una madrugada, por las cercanías de un hermoso jardín. Mi reloj de pulsera indica que están prontas a llegar, las cinco de la mañana; y con el canto del gallo, los rayos "rubisáceos" de la aurora, junto a un tierno y perezoso "Ra", habrán de asomar. En unos momentos han de bañar mi alma que viaja placentera, con el viento cálido y los aromas que sueltan con la brisa copiosa, madréporas y azucenas, refrescando sutilmente a mi yo espiritual.

El amor se desplaza complaciente, como las letras de una melodía que surge relajante, desde las teclas blancas y negras de los pianos de cola, que manipulan las talentosas manos de Diblassio, de Clayderman y otros concertistas más.

Al centro del triángulo que custodia Elión (el Dios más grande, más alto, más poderoso), yace ardiendo el fuego de la energía universal. Se ha de mantener encendido sin chisporrotear, porque debe de dominar la cúspide de la pirámide cuyo dinamismo concentrado, maneja con maestría, las cartas de la baraja con las que el destino mezcla -haciendo trozos y royendo algunas veces, remendando y zurciendo otras- los momentos plácidos y las ocasiones amargas, que el dedo del Creador escribiera para mí, en cada página que compone el libro de la vida en la "hueste universal".

En éste transitar, encuentro la hondonada donde yacen los sentimientos dolidos de pesar. Esos mismos sentimientos no pudieron alcanzar, la supremacía que tiene la esfera índigo-azulada de la fuerza suprema eternal.

Los momentos se apuntalan. Están girando dentro del globo transparente de Mercurio. Todo lo indeseable, ya no es más. La nada es parte de un todo y yo, creo ser parte de La Trinidad.

Todo lo indescifrable que nos produce la temida situación de la llegada de la muerte, hace un gran nudo gordiano que se atora fuertemente en la garganta, impidiendo el paso a todos los vocablos que puedan ser emitidos por la lengua, los labios, la boca y la voz.

Sigo divagando errante en un incesante caminar. Me siento como una ostra estéril, que no ha de parir perlas jamás. Siento que el nácar que recubre la caverna que me enclaustra, ha quedado a obscuras, en tinieblas... sin iluminación. No hay quien irrigue el vientre humillado, ni al grano de arena que lo ha mancillado.

Escucho la profecía que hace una Pitia -que enrolla entre brazos y cuello a una inmensa y peligrosa serpiente Pitón-. Sé que es siete de febrero. Sé que es el aniversario de Apolo, soberano del Partenón.

Creo estar por un momento en las laderas que circundan El Parnaso. Me veo como una de las Ninfas que ofrendan en este día, hojas de laureles a las llamas de su oráculo.

El noctambulismo me ha atacado de nuevo. Escucho las campanas que repican desde la primera torre de la Catedral. Siento presencias etéreas a mi alrededor volar. Las escucho recitar repetidamente un mantra. Se afinan mis oídos y sé que es, la reconocida oración dicha por santa Dunyasha Mahankova, conocida por ser una "loca por Cristo" y devota de "san Nicolás".

Lentamente, se van abriendo las puertas de los veintidós altares... esas puertas conducen a todas las religiones que se han inventado los hombres porque hacen caso omiso de las limitaciones que hay, entre el bien y el mal; y no se cansan de jugar a ejercer dominio sobre las falsas sociedades, con que se alimentan los ardides aparentes, que cohabitan en el alma de la humanidad.

Cantan los zanates desde los Chilamates y algunas salta-piñuelas se han posado en las bancas frías y sombrías que rodean este majestuoso jardín terrenal. Me había quedado dormida y al despertar, las siete de la mañana iban a ser ya. Era hora de correr a desayunar, bañarme, arreglarme y salir a trabajar.

Viajé pues, sin darme cuenta por las calles solitarias. Visualicé cada una de las situaciones que por ellas hube de pasar, al transitarlas sin darme cuenta, en mi sonambulismo irreal.

Quizás no debí ver más de lo que debía... las vírgenes de los vestales lloraban acinadas. Alimentaban con su lagrimeo a las aguas de la fuente de Castalia, donde mágicamente y con claridad se escuchaban a los poetas declamar sus versos y a la flauta de Minerva dándoles más vida al sonar.

Y yo, yo sigo tratando de recordar, cuáles fueron las otras cosas que viví las primeras horas de aquella madrugada, cuando el alma abandonó mi cuerpo para ir a vagabundear.

El subconsciente me dice, que iba asida de la mano con el onirismo; ese que cubre de cuidados al carro de Morfeo. Que fui de paseo por los callejones aquellos iluminados con la magia del deslumbramiento en donde quien nunca ha soñado, comenzará en la alfombra de los sueños, a volar en el primer intento.

Cada vez que voy a dormir, una mano invisible, soba mi sentir. Y cuando eso pasa, sé que viajaré a algún lugar y que allí, si no he existido, deberé vivir.

12. AMAR ES

Sentir las notas de los violines y violonchelos, al deslizarse suavemente al paso que llevan las rachas del aire que transitan dolosas y a la vez sonrientes, al silbar las melodiosas composiciones de Bach y entremezclarlas con las notas melancólicas, que las filarmónicas llevan en su gala a Mozart. Ver como al compás, se abren paso al sol, sobre los jardines floridos en magníficos colores, los satinados pétalos de claveles, girasoles, geranios y rosas... eso... eso, es amar.

Escuchar el gemido del coro que se alberga sigiloso, en los minúsculos granos de granito y arena, al ser arrastrados por las corrientes frescas de manantiales, lagos, lagunas y ríos. Palpar los sentimientos y escuchar, los trinos sonoros de los pájaros mañaneros, desprendiéndose desde lo alto de los cipreses, vestidos con largas faldas de colorido esmeralda, prensadas con gafetes de plata, ribeteados con espesura de nube, de luna y coral; percibir, como la entonación de sus cantos, se desliza presurosa entre la niebla y la nieve que en cada invierno cubre de blanco divino, a los espinosos picos agrestes de los pinos... eso... eso, es amar.

Subir por los valles espesos de verdor y verter el llanto de las flores de loto a lo largo y a lo ancho de los llanos, luego de abrirse majestuosamente sobre las fétidas aguas de los pantanos; recorrer a pie montañas, laderas, volcanes, lomas y prados. Sentir el olor a tierra mojada, que deja a su paso la lluvia que cae. Abrir un libro que recoge -entre sus páginas que huelen al perfume de los cedros- las más hermosas, tristes y apoteósicas poesías y comprobar al leerlas -degustando una taza de buen café, de café amargo que humea- la empatía que cohabita en los sentidos, por los embates de los dolosos momentos vividos, que en ella plasmaran con magia suprema, manos proscritas con tinta de exilio... eso... eso, es amar.

Poder apreciar la infinitud "blanqui-azul" del cielo. Sentir la hermosura de las ilusiones, revoloteando en la mente cual gorriones. Vivir la química de la pasión con las alas del amor y esconder en las retinas, el hipnotismo que produce a las pupilas, el verde y blanco de las olas del mar al reventar, las que al salpicarnos el rostro nos recuerdan que la vida nos fue dada para tener fe y amar. Deleitarnos al apreciar los colores que usó el Señor de Señores con maestría, al pintar con su savia omnipresente y divina, cada piedra preciosa agazapada en los elogios de las almas que se inclinan a su imponente majestad... eso... eso, es amar.

Ver las rocas con que se tallarán las paredes de los siglos. Ver a las centurias detener sus pasos, sobre las hoyadas huellas huecas que hacen muecas rabiosas y funestas, a las corrientes salinas, que se resbalan sobre las piedras ancianas y las desgreñadas mechas de la luna, que se mecen ensimismadas desde las hondonadas que se esconden en los secretos que guarda la dama aciaga de la obscuridad, donde yacen sepultados "chagüitales" y manglares... dar la mano al hermano que está en necesidad. Tener amor propio para amar a nuestro prójimo y ser fieles a los cónyuges en salud y adversidad; la lealtad de alabar a Dios por sobre todas las cosas, antes que a nadie más... eso hermanos todos, eso, es amar.

13. DELIRIO

Quisiese saber... ¿cómo hacer para controlar la tristeza, provocada por la frialdad e indiferencia de un amor? Quisiese saber... ¿qué palabras debería utilizar, para aprender en la vida a dejar ir, lo que conmigo no debe de estar, pero, así... sin decir adiós, hasta luego o quizás?

Son pedregosas las calles de mis versares. Cada piedra lleva escrita entre sus grietas -allí en lo hondo de sus cavidades superfluas- los versos que tejiera a las caricias y a los besos. Cada pedrusco en ellas empotrados, van formando entre surcos, los "gracias", que tenía desde siempre atorados entre la mente, la lengua y la garganta.

¿Qué hacer? ¡Qué hacer!, si todo en derredor, es delirante. Mi Yo Soy, como un nilüfer que nació del pantano, ha perdido su fragancia. El espíritu, siempre centrado, ha confundido su color. La vida, en sus avenidas y callejones sin salida, sigue divagando... ha enredado los caminos transitados -entre los surcos enlodados- por los aluviones del destino; esos que han venido empañando los cristales del espejo, donde se reflejan inminentes y sombríos, los fantasmas ignotos de la soledad y el dolor.

Y, lloro al escribir cada una de estas letras, que componen los reclamos que he guardado en los laberintos helados y enredados del interior. Mas, los he de dejar salir, para cuando llegue La Parca, así... haciendo ruido mortuorio con su guadaña sonora, la que seguramente sobresaldrá de su traje espectral... un capuz de gamuza, luctuoso y empolvado, que resaltará entre el brumoso gris de la niebla esponjada, que envuelve en su humareda a los Campos Elíseos, donde cientos de almas esperan ser reencarnadas; al Tártaro, lugar donde moran los condenados y al Campo de los Llantos, donde habitan las ánimas que no cumplieron las misiones que se les encomendaran al llegar a La Tierra.

La doña y dueña de lo desconocido, ha de llevarme engañada en una balsa ficticia y deslumbradora, hecha con mieles de abejas y con elíxires de cañas de azúcares, la que será empujada desde la orilla -por manos invisibles, raquíticas y huesudas- en una noche selénica... silenciosa, sin estrellas. Será arrastrada lentamente, por las quietas, rastrilladas y fantasmales aguas del río Aqueronte, en cuyas riberas aullarán enloquecidos "los lobos del centeno"; ellos, con sus aullidos alucinantes, habrán de calmar mis sentidos, cuando la señora de la temeridad me entregue decidida a Caronte -remero del Hades y capitán del barco de la eternidad- quien llegará vestido con su traje de marinero, sucio y maloliente; sacudirá su barba cana -amarillenta y tiesa- y con una mueca funesta, fingirá una sonrisa de bienvenida, para que no proteste al momento del embarque, al momento de la partida.

Él viene -desde hace días- surcando las aguas que conducen al infierno, sitio donde yacen ardiendo las almas de los muertos y cuyas puertas son custodiadas por Cerbero, el perro de tres cabezas, que impide la entrada a los vivos y la salida a los muertos. Entonces, será rechazada la "rana dorada", de nada servirá ésta enigmática credencial que, para mí, le fue otorgada.

Cuando llegue al reino de Hades, Perséfone -diosa de ultratumba- me tomará de la mano y desde las orillas del lago Averno, me llevará a ver cómo arde el cráter del volcán que incinera todo vestigio de vida. Allí, solamente yacen las inanimadas difuntas. Luego, seré conducida -por ella misma- hacia la

Laguna Estigia, que separa el mundo de los vivos del reino de los muertos. Conoceré de lejos, la siniestra entrada al inframundo; y veré las visiones que, en trance profundo, viera la Sibila de Cumas, cuyos gritos terribles de "quiero morir" aún rebotan en las avenidas de sus esperanzas fallidas.

Sacerdotisas y médiums; sacerdotes y hierberos, combinarán hierbas santas y alucinantes. Grandes serpientes provocarán horror. Cientos de voces susurrantes, dejarán de escuchar los sentires de sus ecos, los que antes estallaban como tumbos en vorágine, entre los muros levantados que dividen la mente y la consciencia.

¿Qué hacer? ¡Qué hacer!, si todo en derredor es delirante. Por la puerta marfilada de los sueños, voy cantando a la tristeza y a la desolación. Hago rimas a la victoria que ha ganado engalanada, la belleza exuberante de una rosa... de una flor.

He cristalizado las lágrimas que, al resbalar, hicieron eco profundo en un rincón telarañoso, donde agitadamente dejó de palpitar -cansado y herido de muerte- mi pobre corazón. Siento cada una de las puñaladas que el amor hubo guardado, esperando el preciso momento, en que me habría de traicionar. ¡Qué alucinación!

Sueño... floto... medito. No hay más opción que aprender pacientemente y esperar; no es más que otra prueba, que habré de superar.

No sé... desconozco por completo, en qué me debo concentrar. Mientras tanto, tengo que estar serena, para esperar con cautela lo que habrá llegar, pues, lo que debe de ser... será.

14. AMOR Y MELANCOLÍA

Con amor y melancolía se han tejido los sentimientos, son como un coro hermoso a la canción de estos versos; pero, a corta distancia se siente el olor que traen consigo los aires de incertidumbre que, en sus rachas inverosímiles y tediosas, arrastran y empujan cada pensamiento, hacia los remolinos y encrucijadas del desasosiego que acusa con terror.

Las lágrimas desdeñosas, gota a gota, resbalan como un torrente de lava ardiente desde un volcán en erupción y estrujan cada pena y amargo sinsabor, que haya incinerado -en algún momento duro- a los bosques tupidos de cariño, hasta dejarlos desnudos por la desesperación.

El desamor y la crueldad dejan sentir su poderío. Son como piedras flagelantes, arrastradas sin piedad, por las corrientes serpentinas que se arremolinan, en las aguas voraginosas que se desbordan en los ríos.

No hay más leche, ni avena, ni hojuelas con miel. Cada una de esas piedras, golpeó con furia la piel. El sentimiento se ha encarnado dentro del pecho, como si fuese el espíritu sangrante de Dafne, quien fue herida con la flecha de plomo que le disparara Cupido. He allí el nacimiento de la crueldad del odio y el ardor de la apatía, en cada uno de los momentos agrios que hube de haber vivido.

El resentimiento de las multitudes y sus corazones de pedruscos compungidos, han sido arrinconados en el desván que cohabitan: desolación, miseria, insensatez y olvido. La fe, la ilusión y la esperanza, animan a continuar; pero, cuando se pierde la confianza, ésta se lleva consigo, los anhelos y los deseos de batallar.

El daño y la opresión es tanta, que no saben cómo hablarle de paz a sus almas, o si deben esperar por la seguridad que afanosa vuela, con el ave desplumada del desvelo y la maldad... las dos águilas que Zeus soltara y que se detuvieran sobre el ánima corroída como piedra.

Paz y armonía; felicidad y éxito; son palabras que sobran... son palabras que viajan apáticas... son expresiones, que vienen y van. Mas, ¿qué hacer para evitar tanta crueldad?

Se escucha el llanto de abrumadores sentires -cayendo con tersura- entre los callejones del enojo y la culpabilidad. Cada momento erróneo quedó enjugando, el torrente que hubo absorbido el pañuelo -donde alguien hubo bordado, con los hilos de un susurro, la palabra lealtad- y una hoja de laurel divaga cadenciosa y se posa en el papiro del poeta, que no encuentra aún la recompensa prometida para la consecución del perdón, fuente que se inspira en la compasión y la piedad.

Este pañuelo roído, viejo y ralo, fue arrojado al vacío -con siete nudos enredados entre sus puntas febriles-. Cayó dentro del horno de arcilla, donde yacían preparados varios trozos de leña seca, los que después de minutos, chisporroteaban y ardían, sofocados en tediosa y abrumante soledad... Y ¿quién sabe más del pañuelo? Éste desapareció con los nudos que lo limitaban, entre las llamas que sin piedad le tostaban y devoraban.

Y el corazón revolotea, como golondrina errante. El espejo "azafirado" del océano, mece a las consciencias abochornadas y litigantes. Los colores obscuros y sangrientos de los pecados están ahí ensimismados, detenidos en cada una de las letras efímeras, plasmadas en las páginas avejentadas y amarillas, del libro que cuenta la verdad de cada vida.

¡Amor? ¿Melancolía!

El sol asoma sonriente cada mañana, aumentando su poder, pasado medio día. Sus dorados diamantinos, van dejando huella latente, sobre el aliento agitado del horizonte, que se pierde errante detrás de espigas y montes.

Frente al cerezo de sangre y fuego, un gallo canta a todo pulmón. Las dalias rosadas besan al cielo. Las mariposas se posan en la castidad nívea de las azucenas, y, los tulipanes álgidos, llevan consuelo a cada ánima que divaga haciendo surcos en el suelo.

¡Amor! El amor dormita y aun sueña con el repique de las campanas que saben a gozo y a gloria.

¡Melancolía!... la melancolía se robó el aliento del entorno, como una "pipilacha" vestida de oro. Posó entre las gardenias, entristecida, mitigando su sufrir dentro del agua, y ahora yace quieta y ermitaña habitando aquel líquido enturbiado al fondo del brocal de la poza del dolor.

Las sombras de la infidelidad aún se pasean con delirio perturbador. El sentimiento se ha muerto, ha sido lapidado. Todo fue aquí plasmado como un sueño, personificando su ensimismamiento, en cada una de las escenas tramadas alevosas a la bajada del telón, dando muerte con saña a todo aquello que de una u otra manera tuviese aroma a mirtos, crisantemos y margaritas; a cedros, a cipreses, a pinos; a madreselvas, a lirios y a estalactitas... aromáticos olores que sólo son sentidos, por quienes conocen de penas agitadas, esas penas que el espíritu usa de lienzo para colorear, sonrisas sigilosas de gloria y gracia plena, con agujas que laceran los recuerdos con olvidos.

15. QUISIERA

Quisiera vivir en tu mundo y ser parte tangible, de cada imagen que mora como un rayo de ilusión, dentro de tus ojos cafés y tus pupilas devanadas, como hilos de miel que penden de un jicote que despierta con dulzura matinal; así, cuando el sol decide salir y mandar a dormir, a los aires que silban en las madrugadas de abril, entre los abedules que se alzan elegantes en lo alto de las montañas rocosas y al centro de los cerros pintorescos, pintados de bruma que humea en grises intensos y en opacado añil.

Quisiera hacer nido en tu alma y atrapar los suspiros que esconden tus besos. Caminar contigo los caminos que has andado y desandar las huellas de lo que duele y debe de ser borrado; ver el resplandor de cada sentimiento -que para ti he guardado- dentro de las calderas que arden con las llamas placenteras de la ilusión.

Concretar el hecho de echar al viento, las crueldades que produjeran las negruras del desamparo. Recuperar cada recuerdo fallido y resucitarlo de entre los corozos dormidos, que erguidos sobre las almohadas húmedas se imponen sobre la tumba donde yace empotrada, la lápida aquella que tiene grabado el epitafio, que con rencor abrumante, le dedicara al perdón.

Y, la gravedad de las heridas por las flechas envenenadas de amor, que olvidara en su aljaba Cupido, en un descuido, se han de desprender como carbones encendidos, desde las puntas de las estrellas y atravesarán conmigo el universo angélico, donde los coros de los Querubes -desde el cielo- sostienen entre sus dedos santos y tersos, sus arpas, sus liras, sus trompetas, sus bandoneones y violonchelos dorados y los Serafines, vacían a la tierra, las ánforas llenas de oro y plata y las joyas preciosas de corte ancestral. Allí, donde el Creador se da a la tarea de enrollar y desenrollar muchos papiros... papiros que, amarillentos y envejecidos, entre sus grietas guardan, los designios zigzagueados e intransitables, de tantas vidas humanas... de tantas energías mundanas que brutalmente por el pecado, han sido sodomizadas.

Y he de hacerme fiel amiga de la soledad, porque es la experta conocedora de angustias y de tristezas. Y he de condolerme de tus amarguras, de tus mentiras y de tus pesares, cuando este amor galope desenfrenado, sobre los abrojos que rodean a las fondas tenebrosas, solitarias y hondas donde yacen ateridos, los adioses angustiados.

Con los ojos llenos de agua, el alma contrita y el espíritu desesperado; con el corazón cerrado, ciego y dolorido, por los sinsabores acaecidos... trozos de ajenjo que antes chispearan enardecidos, se asfixiarán entre las cenicientas brasas, de lo que fuese en su momento una pasión intolerablemente desmedida.

Quisiera entonces ser y estar. Poderte abrazar y consolarte al despertar, así como lo hacía antes de caminar, el camino pedregoso que nos trazara el destino, arrastrándonos consigo en sus terribles designios. Suerte elaborada con los hilos congelados que usara la tarántula venenosa -de ojos negros y pelos crispados- cuando hizo suya la aguja de pino, con que remató la red de la fatalidad.

¿Sucumbir? ¿Hacia dónde? ¿Por qué?

En todo lo que hemos vivido no hay manivela en reversa que eche éste vehículo atrás. Los "quisiera" se quedan anudados en una garganta ciega, donde las voces enmudecen de depresión y ansiedad.

16. LOAS

Me visioné por primera vez en las cartas de "Toth". Me visioné también, en las veintidós cartas que dan forma al Tarot de la "Qabbala" hebrea. Llegué a la conclusión, que no hay fertilidad mental que no tenga intrínseco, algún fundamento.

¿Santidad sin sacrificio? ¿Amor sin sentimiento? Tan sólo basta la fe y aprender a escuchar, la voz del Espíritu Santo, en el silencio profundo, donde almas y pensamientos se juntan.

El amor de Dios se siente, en la abundancia clorofílica que tiñe asiduamente, todos los días, a las hojas de las flores que se abren a lo largo y ancho del jardín... en la flora y en la fauna; y sobre cada uno de los colores que avivan -entre añiles y marfiles- la inmensidad absoluta del techo terrenal.

El poder de Dios se ve: en la hoz que destruye a los delirios desesperados, producto de la ignorancia por no conocerle a él. Su Espíritu Divino, apaciguando va los miedos que generan los deseos por el ego desmedido, el egoísmo y el placer.

Digo siempre, siempre: ¡Dios está conmigo! Y, contigo también. Siente como se renuevan los espíritus en la fe. Su ejército de ángeles nos protege del peligro y de todo mal que circundándonos esté.

Él, es el único con poder para abrir las puertas condenadas que él mismo ha cerrado, por nuestro propio bien; él, es el único apoderado para hacer surcos en los caminos y que estos, se hagan transitables; aparta de ellos espinas y piedras que puedan herirnos o golpearnos las palmas de las manos y el cuerpo entero hasta las plantas de los pies.

Por las ventanas del alma, deja fluir su luz naranja, penetrando las mentes inquietas, proporcionándoles paz. Sus rayos azules, emocionan. Sus rayos dorados transmutan a tonalidad violeta, nivelándose en su totalidad.

Agradezcámosle a él, por la confianza proporcionada; por la salud brindada; por la protección perenne; por inundarnos con su amor; por el cerco de luz que tiende, en nuestro derredor.

Agradezcámosle a él, por enseñarnos a doblar las rodillas, ante su divina presencia; por enseñarnos lo bien, que nos hace saber agradecer; por los regalos inmerecidos; por el poder que tiene, el bendecirnos unos a otros; por toda la sabiduría, la inteligencia, el talento y el ser.

Por eso y mucho más, debemos hacer de las palabras loas que ensalcen su omnipresencia. Frases hechas por nosotros mismos, con nuestro propio lenguaje, sin vocablos rebuscados; así, con plenitud de consciencia. Solamente, debemos abrir el pensamiento a la emoción y el sentimiento al cuerpo, al espíritu... al alma.

Alzar los brazos y dejar ir todo lo negativo, todo indicio impuro, producto terrible de la desesperación y de la culpabilidad que nos hace sentir la rueda en donde giran acciones y reacciones, entre una vida y otra, de uno a otro lugar.

17. SIMBOLISMO

En un terreno blando y húmedo, se han hundido los pálpitos que diera un corazón enamorado. Aunque débil aun ruge como las aguas salinas del Mar Muerto, cuyas olas se yerguen y ondulan altivas en la lobreguez santa de la tierra divina.

Es así, que en sus vaivenes envía en idas y venidas, hacia la orilla arenosa, sus deseos matutinos, vespertinos, taciturnos y espumosos, acompañados de los pétalos desmayados, pálidos, marchitos y lánguidos, de la rosa satinada que perdió el hálito, abrazada a los nenúfares verdosos que plácidos flotaban -con el ánimo roto y el espíritu desgarrado- en el trecho de las aguas cristalinas, que desembocaban en la arcilla del pantano.

Y midió sus vibraciones con el sismógrafo aquel... el mismo que usó aquella vez para controlar los temblores, que, como unicornio brioso, daba su cuerpo aturdido, ante los placeres agónicos de la pasión, el ensueño y el olvido.

Como un tambor de lona o cuero -que de tanto golpe se raja- ve transcurrir las últimas horas que le quedaban de vida al deseo y a la boca ansiosa que se desvanecía de ganas por ser ávidamente besada.

Sobre densas nubes de humo, se desprendió de la vida, la esperanza. Sus cenizas tibias se quedaron dormitando, en la lengua húmeda del volcán del desconsuelo. Poco a poco, sus pulsos colapsaron. Sus almas de hojalata en la niebla se esfumaron. Todo se fundió con frialdad incandescente. Por el aire flotan los rescoldos de ambos... los de las almas hechas cenizas y los trozos cenicientos del corazón enamorado, que no se cansó de dar soplos vívidos, al espíritu encerrado en la cárcel clandestina, cuyas celdas son las grutas encarnadas, en cada uno de los barrotes sarrosos, viejos, mohosos y dañados.

El libro siniestro de su existencia guarda en sus páginas tostadas y agrietadas, los secretos amorosos y crueles, que como daga filosa atravesaran, al corazón aquel que latió en soledad, desesperado.

Como una bandada de halcones felices y libertos, cientos de flores de oro... crisantemos -les llaman- abren sus pétalos dorados al techo de azul intenso, simbolizando con alegría en la planicie mundana, la belleza y sabiduría del barro con que fue moldeada la ininteligible raza humana.

18. INVOCANDO LA PAZ

¡Rugiente río arenoso, deslizándote por la montaña! Contigo, amigo mío, he de tener una plática... quiero tan sólo hablarte de la paz y de la guerra.

Hay fuego ardiendo sobre las tumbas de tantos soldados caídos e inocentes. Esos mismos que fueron heridos de muerte, mientras algunos otros eran encontrados inertes en el sendero que conduce a tus riberas, cuando fueron obligados a cargar con los fusiles para pelear por los ideales de cientos de esbirros sin banderas.

Sus ánimas buscan ansiosas el tratado que firmaron a ciegas, cuando por decisión divina hubieron de partir con la dama del más allá, por sus obscuras veredas. Desesperados, encendieron sus antorchas para ver en la obscuridad, creyendo que se trataba de una vil equivocación o de una terrible casualidad. Y se atrevieron a hablar de Hécate -la "Reina de los Fantasmas"- a la noche negra y eterna; creían que, de esa manera, se les concedería regresar.

¡Almas tristes, desabridas que no encontraron la paz, en este mundo difunto bañado cada vez y cuando por los rayos sangrientos de la luna, en tránsito a la eternidad!

Y toda la cuadrilla de los uniformados, se escondió desvirtuada detrás de las sombras sonrosadas de los flamencos prófugos; tras del vuelo de los búhos, vigilantes de los bosques; entre las lamas de las piedras que no arrastran las corrientes; creyendo que habría para ellos una nueva oportunidad de regresar a la vida y a sus seres queridos, poder de nuevo abrazar.

Mas todo esfuerzo fue en vano. Al final, de tanto andar y andar, se volcaron tras la lápida del mausoleo, donde descansan los restos de algún soldado inmortal.

Con las manos atadas ante la fatalidad, se resignaron y el batallón completo, aceptó la realidad. Dejaron a esposas viudas; dejaron a hijos huérfanos; dejaron a madres sufriendo con el corazón compungido de tanto clamar y clamar y con los ojos desgarrados y los párpados desgajados, cuajados y desabridos, gélidos de tanto llorar y llorar.

Y quienes sin escrúpulos les mandaron a reclutar, obligándoles a tomar las armas para con ellas matar, siguen allí sentados, dando órdenes y enriqueciéndose, desde el trono del poder, en la silla presidencial.

¿¡En dónde está la justicia!? ¿¡Cuándo acabarán los flagelos que extinguen a la humanidad!? Debemos de orar al cielo y pedir que se acaben los odios; que los iracundos olviden, que erradiquen del alma su iniquidad y que ésta se sustituya por lazos que anuden a los hermanos disgregados por la inquina en tempestad.

Que los clamores se eleven en una sola voz. Que desaparezca del mundo la semilla de la maldad; que seamos todos unidos con la llama del amor; y decir al Señor ¡piedad!, por favor… ¡piedad!

19. PENAS Y AFORISMOS

Una tarde bien temprano, el sueño me venció. Entre despierta y dormida, soñaba cabalgar por los confines infinitos del universo singular. Y galopaba en mi caballo... mi cabello se desgreñaba, ante el ímpetu del viento -que aterido y pendenciero- fuertemente resoplaba.

Vi los primeros rayos que desprende la aurora en cada amanecer. Ellos bañaron mi cabalgata con los colores tenues del rosicler que enamora. Mientras, mi equino trota sobre el verdor de los campos; va muy elegante entre el vergel de begonias y claveles.

Mi corcel era moteado en blanco y negro. Su crin se alborotaba al ritmo que -con el viento que soplaba- llevaba mi hirsuta cabellera... así, entre los gritos del gallo de plumas de oro y de alquitrán que cantaba desentonado, como si no era escuchado por ningún triste mortal.

La bestia corría conmigo a cuestas; y a lo lejos creí oír el eco que arrastraba el aire con la voz del gallo cuyas plumas doradas realzaban su betún. Afónico y ronco, así se escuchaba; como cansado y desgajado, de tanto anunciar que un nuevo día, estaba por comenzar.

¡Hermoso! -Me gritaba la conciencia- al ver las maravillas creadas por Adonai. Los árboles estaban vestidos con la nieve del invierno; mientras Cupido sacaba la flecha de su aljaba, la que había envenenado y disparado con tino, hacia mi corazón herido, el que luchaba con ahínco por recuperarse de una terrible pena de amor.

Es así, que la piel de la bomba con que se agita mi sangre, desgarrada y hecha trizas, de nuevo volvió al dolor. Se le ha visto desollar a los pálpitos tamboriteros, aquellos que, entre brinco y brinco, le llenan de angustia, tras los barrotes óseos de la cárcel de mis costillas... ahí, dentro del mismo sitio donde aún duerme, así... aprisionada y cautiva confundiéndose con las redes tramposas, del desagravio y del rencor.

Ya estaba cansada la médula que habita al centro del pecho. Deseaba tan sólo no volver a caer en las mallas que le atraparon como un pez a la deriva la última vez. ¡Seguro que no he de morir! —Entre suspiros y alientos, su voz interna, le decía-.

Y así es que aquel núcleo exhausto, cansado por no olvidar al sentimiento que le hiciera tanto daño, decide sacar de su centro, la punta de la flecha. Aquella punta de acero envenenada, que el angelito que va por allí tirando -al azar- desesperado, disparó para verle alegre, sin las dolencias aquellas que lo mantenían "acárdico" y asustado en un obscuro rincón desolado.

Y cuando la haló, se trajo con ella enredadas las pocas fibras sensibles que por allí le quedaban. Mas fue como un bálsamo que le baña y le relaja... fue el bálsamo del perdón, aquel que le transformó y le devolvió a la vida a pesar de tanto agobio que le dejara el amor.

Pero el Querube Cupido, travieso y confundido, envenenó aquella flecha con la sangre que botó el corazón aun herido; al que algunos han visto sangrando de nuevo por los rincones; así, como perdido y ahogándose en su acongojada angustia, porque para ese tipo de veneno, no existe antídoto ni pócima; al menos que no se extraiga con ímpetu y fuerza, la ponzoña insertada en lo profundo del alma, en los abismos de la mente y en los torbellinos que surgen en el meollo del interior.

Él ya no quiere sufrir en los brazos engañosos disfrazados con amor.

Es por ello que, cavila y, en su monólogo interno, dialoga sobre olvidos; sobre recuerdos aciagos; sobre intereses guardados dentro del pensamiento donde habita la señora aquella, a la que llaman razón.

Y yo, me quedo dormida. Con mi mano izquierda, me voy estrujando el pecho y con la derecha me sobo la cabeza, hasta lograr disipar de dentro, la emoción que de prisa se enraizó al sentimiento.

De nuevo despierto. Con los dedos de mis manos hago los mudras que me calman y me sosiegan. Medito en lo vivido y, en la cavidad toráxica siento como un nuevo corazón late —aunque lento- dictándole a la conciencia, los argumentos del juicio con los que le ganó la razón.

Y así, entre tumbos, tropezones y golpe tras golpe, mi corazón por completo se sanó de los males que una vez, lo dejaron sin aliento, cautivo y casi yerto, por las dolencias malignas que el desamor le causó.

20. ONÍRICA REALIDAD

El sueño me da la libertad de viajar, por lugares que nunca había podido imaginar. En cada viaje visualizo el futuro y concretizo los anhelos... ¡he comenzado a volar!

El sueño, es el alma de la muerte, que me invita en cada gira a descansar. Mas, he optado por dejarla vendada, allí, entre las sábanas calientes y las almohadas suaves, que habitan la intimidad de mi cama.

Con el pañuelo del destino, la dejo fuertemente amordazada, mientras convierto lo inverosímil en verdad. Desde el carro de Morfeo, hago uso de la varita mágica de las Ninfas; de la magia sanadora de los mudras y la transparencia de las piedras de cristal.

Toda esa belleza enaltecida -me la han regalado entre rayos coloridos y suspiros- los misterios y secretos, que lleva al cruzar el cielo la hermosa aurora boreal... entonces, sólo entonces, lo que parecía siempre imposible, se convierte en diamante puro, que resplandece en mi realidad.

Cuando sueño, con el amor viajo. Él va ebrio. Ha bebido demasiado de los néctares que le ofreciera Baco y tropieza con los leños insensibles de la imaginación. Y mi ser, mi alma y mi espíritu, actúan los papeles principales -de cada uno de los guiones que dan vida a esta historia- y lo hacen con pasión.

Supremacía, rectitud y moral, son nubes caídas que ruedan abajo y se entierran al caer, en las dunas altas del desierto alucinante, que desfallece incinerado y enloquecido, por las tormentas de arena y el sol quemante, bajo el espejismo cruel de un oasis... fuente aquella, que solamente yo, al despertar, con el favor del Supremo, habré de encontrar.

¡Ay!, cuando sueño... cuando sueño, se abren de par en par, las puertas doradas y sagradas, que conducen a los pasillos de la confianza, donde yacen las esperanzas e ilusiones -incrustadas con vehemencia- en las líneas marrones de los ladrillos que dieron forma, a las marmóreas paredes del templo, donde mora con omnipresencia, la divinidad.

21. TRANSFORMACIÓN

La buscaba y la buscaba. No estaba conforme con su partida. Su alma parecía sepultada debajo de cenizas volcánicas enardecidas. Pensó en cómo dar forma a su cuerpo, aquel cuerpo, desvanecido y muerto. Y tomó una foto de ella, así, aterida y yerta; como escultor experimentado, transformó el barro que quedó después de la lluvia que cayó aquel día inusual y, con él moldeó la imagen más divina de la mujer que amó.

Así creyó revivir su materia endurecida... su amada tenía cuerpo de nuevo, mas, no hálito de vida. ¿Cómo pedirle al Creador el favor de soplar aquella piedra y animar sus huesos y su espíritu y su alma...? ¿Cómo aprender a orarle a él, si no cree en el poder de su divinidad?

Su consciencia le grita que debe tener algo que desconoce: ¡fe! No sabe por dónde empezar... si no puede ni intenta creer, el Señor no le va a escuchar. *¿Qué hago ahora? ¿Qué hago?* -conversaba a solas con él mismo-... si de verdad me has de ayudar, si es verdad que existes ¡oh! ¡Dios!... *¡mándame una señal!*

De repente, todo alrededor era extraño. El cielo se abrió en dos. Cuando volvió la mirada hacia arriba, sintió en su interior -al fondo de su alma y corazón- la mirada amorosa de su amada que feliz le saludaba, con una sonrisa en el rostro y con las manos levantadas, gozosamente le decía adiós, feliz... se veía en su rostro la plena faz de la paz... ella, ya descansaba en la eternidad.

Y desbarató la imagen que de su bella -con el barro duro- en su desesperación formó... aceptó que no la tendría más. Hasta entonces su ateísmo no le aturdió el pensamiento, con las ideas absurdas con las que le solía perturbar.

Por ahí dicen que a él se le ve, en el patio de su casa, dando gracias cada amanecer. Que se hinca sobre el pasto verde con las manos extendidas hacia la bóveda celeste y blanca, y a la llegada de la aurora en rosicler, se escucha el eco de su oración, que recita como un mantra o como una letanía-: *"Lo siento, perdóname, te amo, gracias. Gracias por no permitir que se flagelara este íntimo sentimiento, que me tuvo en agonía por tu repentina partida".*

Así está... más sosegado. Su alma, su espíritu, su corazón parecen de fe anegados. No hay tristeza en su rostro. Ya no camina cabizbajo; es más humilde y sencillo; es filantrópico, es fraternal; es servicial, es generoso... ya todo el mundo cree que él dejó de ser esa bestia sin alma que una vez creyó ser Dios; que es un hombre de fe y que el Señor le dio la calma, al presentarle a su amada sosegada desde el cielo, despidiéndose de él en el más sublime adiós.

22. IMÁGENES... TAN SÓLO ESO

Esas imágenes que pueblan las iglesias, con las pupilas gélidas, con gestos inertes y trémulos... ellas todas, están vacías de sentimientos; éstas no ven ni sienten ni escuchan ni hablan. ¡Son figuras de cemento! ¡No representan a nadie! Están hechas en piedra... entre madera y arena. Ellas carecen de vida. Están lejos de haber sido creadas por el soplo divino, que lleva el aliento del jefe del cielo.

Así como los versos sin metáforas dejan ver lo inhóspito del pensar de un poeta; así como las profecías amañadas de los falsos profetas, produjeron los peores desastres a los fieles del planeta; así ellas, yertas y yermas, inanimadas y completamente muertas, acabarán con lo poco que queda de los cuantos que se salvarán para repoblar La Tierra.

¡Muerto está aquel que cree que ellas tienen algún poder! Y les hablan y les cuentan sus amarguras, sus agobios, sus penas y sus tristezas, como que no se dan cuentan que sus peticiones, al igual que todas sus congojas, se las llevará el viento, convirtiéndolas en ecos vacíos que rebotarán infames entre las cuatro paredes donde campanas viejas "dingdognean" anunciando la partida de quienes se dieron cuenta, que ellas... que ellas no tienen ningún poder porque están muertas.

Pero más muerto está aquel que en estas ha depositado su fe, porque ofende en su ignorancia a quien realmente le espera con paciencia; a quien le perdonará sin fijarse en sus culpas; porque él es el Padre, dueño del universo, quien no castiga y no es verdugo; quien nos ama con amor incondicional y eterna vehemencia.

Somos seres humanos. Pecadores recurrentes. Una y otra vez cometemos el mismo error. Y volvemos sin darnos cuenta a lo que Moisés nos narró... a lo que nos dice el Apocalipsis y todos los libros que componen el Libro de los Libros. ¿Hasta cuándo estaremos sumergidos en las creencias? Las religiones nos atrapan en sus telarañas absurdas. La humanidad completa yace separada por sus dogmas malolientes.

Hay tantos "predicadores" encargados de "lavarnos la cabeza" con la labia que resbala con destreza de cada uno de sus cerebros, escurriéndose adrede por sus lenguas engañosas. Como politiqueros hipócritas azuzan y se escudan, usurpando a conveniencia la palabra del Padre, para engañarnos con su habitual usanza, en el nombre del Señor de Señores, dizque haciendo los milagros, dizque hablando en las ininteligibles lenguas del Espíritu Divino. ¡Cuánta falsedad! Hasta dónde llega el hombre en pro de enriquecerse a costa de la ingenuidad de los demás. Y en definitiva... se enriquecen manipulándonos la mente; manoseando indiscriminadamente sapiencia e inteligencia de los más necesitados, de aquellos que han perdido todo tipo de esperanza, de aquellos que no encuentran una palabra de aliento que les ayude a continuar... ellos, ¡se aprovechan!, son simplemente ¡sinvergüenzas!

Ellos son los hegemónicos. Son la semilla del mal. Turbios y deshonestos. Cobran por enseñar de forma cómoda, "la palabra de Adonai". Mas la palabra del Dios nuestro, no tiene precio... basta con escuchar los latidos internos que el corazón humano lleva en lo recóndito del alma, donde habita el sentimiento; es allí, en ese centro, donde le hemos de encontrar; desde nuestro templo interno le vamos a adorar.

¡Es hora de despertar! A todos estos mediocres y estafadores, debemos de abandonar. Llegó el momento de escapar y por nuestra cuenta hacer un verdadero clamor al Dios de la libertad; así como los hebreos clamaron -en su aflicción y en su oquedad- por cuatrocientos años para lograr ser liberados de las dinastías de los faraones.

Hemos de aprender a librarnos del yugo impuesto por estos "chagüiteros" que se burlan de nosotros, de nuestra bondad, valores y preceptos. Que se sienta el amor del hombre hacia su Creador. Demos muestras de obediencia a Adonai, el único Dios y Señor.

23. LOS PENSARES DEL SENTIMIENTO

Aromáticos azahares, crisantemos purpúreos, han unido sus aromas para dar vida al amor, que yace agonizando en la cárcel del dolor. Por doquier se escuchan los ecos de sus quejidos. Sus gritos estremecen al mutismo del silencio, al ser arrastrados al mismo tiempo con los aromas de los naranjos en flor y el perfume de los geranios y velillos, que han poblado día a día las coloridas enredaderas que como cortinas mañaneras cubren las lóbregas y sudadas paredes ateridas.

Se le ve desgarrado, triste, abrumado. Dentro de aquellas columnas deformes hechas de piedras húmedas -donde se derraman los hilos de agua que vierten los Querubines- llegan uno a uno los pensamientos y los agravios que perturban su presente y no dejan que él olvide su agrio y ácido pasado.

Se ven sus huellas vivas por los senderos arcillosos de los terrenos y los valles. Las flautas de los canarios que suenan por allí, llevan en sus tonadas las vendas sangrantes de sus heridas, las mismas que siguen rozando las llagas que no sanan y que se tallan en su pecho como un ardid que calumnia y despedaza.

Una suave brisa se cuela por los barrotes de hierro en donde yace cautivo y solitario en su destierro. Se siente morir allí dentro... en su mohoso cautiverio, lo amargo a miel le sabe; presiente su muerte... sonríe al llanto y el dolo se apodera de la guillotina que dejará brincando y dando tumbos, a su cuerpo acéfalo.

Y deja caer una a una las lágrimas amigas; derrama por sus mejillas, el llanto compañero y todo lo que una y tantas veces le ayudara, cuando recordaba la hiel de los malos momentos.

Sin perder la esperanza desea alcanzar la gloria. Y así al amanecer entre velos de madrugadas, cantos de gallos, trozos de rosicler y resabios coloridos de auroras boreales, ha de ser llevado al cielo donde acabará su padecer.

Todo lo antes mezclado estará fluctuando allá: los aromas de los azahares; los perfumes de los crisantemos; las sonoras flautas de los canarios; el canto de los gallos, los rescoldos luminosos de los halos de las auroras boreales y los trozos de rosicler, le inundarán con la paz que le fue negada, cuando por una injusticia cruel a prisión fue sometido y en la enigmática soledad torturado y estigmatizado por la fortuita pasión que jugó con sus sentidos manoseándole el corazón y los pálpitos enamorados de sus latidos.

Aquella pasión fortuita por la que perdió la razón, si es que existe la justicia, quedará sin corazón. Y él desde su rincón saboreará con dulzura las mieles de la ternura que ella ensimismada una vez le entregó, negándose después a la premeditación con que sin piedad le acusó.

Él quedará absuelto. Se llenará de perdón. La pasión será la que ahora llore todo lo que él por su egoísmo sufrió. Y quedará desmemoriado y ella andará perdida sobre la trampa que inescrupulosamente armó.

24. PENITENCIA DEL SINSABOR

Hay titubeos y dudas flotando con tus palabras. Van cayendo amenazantes sobre el estanque de mi alma. Quisiera que se volviesen hojas secas y que el viento de los veranos marchitos, sin piedad las arrastrara y las ahogara en el mar.

¡Penitencia del sinsabor! Desde hace tiempo ya, que no he dejado de nadar, en las aguas turbulentas del lago donde los cisnes no dejan de cantar; y en el que las olas rastrillan el llanto derramado que ha enjugado mi dolor. No he dejado de nadar, porque deseo olvidar: las dagas alevosas que me lanzara tu boca, aunque tu lengua deseaba no herirme ni con los pétalos asedados de la más perfumada rosa.

Mi braceo en tus aguas voraginosas es constante, porque yo deseo olvidar, las brasas ardientes que desprendieran tus miradas recelosas, cuando tus ojos llorosos, clamaban por los versos que pronunciaban tus labios cuando besaban mi boca.

No dejaré de bracear –vida mía- no dejaré de nadar, porque mi espíritu aún guarda -entre retazos de perdón- los "ayes" y los lamentos que, entre las mil y una maldiciones, entre pálpito y pálpito, sigue dando el corazón; allí en los nidos tejidos con los desdenes furtivos de los juramentos hechos, entre lágrimas y suspiros.

¡Lágrimas envilecidas! ¡Sinsabor en penitencia! Como una peste me infectan los recuerdos vividos y me abrazan con sus brazos espinosos; con las espinas finas y puntudas que al morir botaran las rosas, dejando caer con su vida el perfume que aún desprendían sus pétalos envejecidos por los andurriales y caminos, por los senderos polvosos de las encrucijadas, donde yacen levantadas las barricadas del destino.

Las horas ya menguan con cautela y en el enjambre donde los canarios pían por las emociones perdidas, se desvanecen los temores y los vaivenes que llevaban las ilusiones almacenadas en la fe y el desagravio después de haber tropezado... después que el llanto doloso resbalara por mi faz dejándome allí caída como un soldado moribundo, en los callejones de la guerra donde se dan los disturbios que perturban la paz meditativa, sobre la lobreguez nocturna de mis avenidas.

Y pienso en la exhalación, en los últimos alientos que despidieron las rosas, botando pétalos perfumados;

como decididas a alfombrar con sus espinas filosas y secas, los ásperos barrios del cuerpo marcado por las verrugas aquellas de las heridas que cicatrizaron a fuego lento, bajo tortura. Esas mismas llagas que se abrieron con los sones del amor, cuyos estigmas me recuerdan lo bueno que es el sabor de un cariño que pasó, dejando huellas en mis más puros sentimientos, aunque él en su capricho egocéntrico e inmune, no correspondiera.

Hoy vuelven a sonar los ecos de las canciones de antaño. La memoria de mi existencia recobra vida nuevamente. Las esperanzas expiradas, resucitan de la nada, dando hálito y oxígeno a mi dolido corazón, que late entre el perfume evaporado de los pétalos secos de una de las rosas, la que hube guardado con tiento al azar en las páginas del diario, en donde plasmé con tinta indeleble la penitencia por la que pasara mi alma solitaria, ante los ardides que le tendiera el cariño falso que le deshilachó el pensamiento y le deshojó la razón.

¿Y ahora? ¿Qué más puede agregar, quien a sabiendas de lo que puede volver a pasar, está dispuesto a arriesgarse en las locuras del amor? No queda más que curarse en salud y dejar que su oxígeno nos llene de calor el interior.

25. PALABRA, AMOR Y PENSAMIENTO

Son tres las energías que rigen al mundo. Son tres las energías de su Dios interior... son ellas: la palabra, el amor y el pensamiento.

Cuando el corazón se atora en una luz incolora, cree que será su eterna perdición. El agua y el fuego mantienen el equilibrio de su espíritu palpitante que opaco brilla -al centro de las dudas y la desesperación- como una estrella que busca ansiosa reconciliarse con Dios.

Y la forma del universo, es ese espacio de un "dodecaedro cóncavo", conjeturado por Henri Poincaré; en donde los signos zodiacales, se apoderaron inescrupulosamente de la rosa azul, redonda y perfumada, que le pertenece al mago Merlín.

Las angustias del trovador se agrandan. Se encuentran en peligro: entendimiento y razón. No hay hospitalidad en los salones del alma, ni quietud en las riberas del río desenfrenado, que arrastra furioso en su corriente, las debilidades que agobian al soñador.

El espíritu cautivo pace, en la mies cubierta por las hieles del sinsabor. Los pájaros afónicos, no pueden cantar su dolor. Las golondrinas no escuchan sus trinos, ni el rebullo del arroyo desahogándose en los brazos del amor. Las nubes dejan caer una lluvia de lágrimas gordas, sobre los sedientos pétalos de jazmines y los verdes jades que visten los pajonales.

Los desiertos, se ahogan en los oasis de la depresión. Los cerros, se desmoronan en su propia desolación. Las llanuras, no ríen ni cantan, no dejan fluir como antes, su alegría y emoción.

Cientos de ángeles dejan ver sus alas rosadas. El sol y la luna decidieron mostrar su faz. Los "ayes" del pensamiento, han dejado escapar los versos, que en noches de insomnio han hecho -con palabras perpetuadas- tras las llamas que arden apasionadas en la hoguera avivada con la leña del amor.

Y el enamorado, triste peregrino, vuela con las alas efímeras del sentimiento y la ilusión. Palabra, amor y pensamiento, son quienes rigen ese universo crediticio; ese todo infinito que da vida al precipicio por donde puede desmoronarse sin aviso, la catarsis de tu propio yo.

26. RUEGO

Estoy en un constante clamor a Dios. Desde lo más profundo, con el alma al desnudo, acudo al tribunal del cielo. Llevo conmigo, el libro abierto de la vida y dejo al descubierto cada línea, que me ha tocado vivir.

Escuché a mi llegada, alabanzas y salmodias. Recordé los mandamientos que Adonai, el Yo soy, entregara a Moisés; la piedra aquella, en la que, con su dedo de fuego, grabara las leyes que regirían a su amado pueblo Israel.

Las mismas han sido impresas en cada libro sagrado, que pasó de mano en mano, como doctrina a los profetas. Están, pues, escritas en el Antiguo Testamento, en los cinco primeros libros de La Sagrada Biblia; están grabadas en La Torá o Pentateuco; se encuentran en las loas recitadas de El Talmud y en otras aclamaciones hechas por las almas encarnadas y penitentes, ante lo que sobrara del Templo de Jerusalén (destruido por los romanos), y al que todos conocen y llaman "El Muro de los Lamentos". Allí frente a él, todos llegan a orar; entran en comunión con "Hashem", palabra hebrea utilizada para nombrar al Dios de Israel. (1 Reyes – Capítulo 8, Versículos 6-8 y Levítico – Capítulo 24, Versículo 11 * Santa Biblia – Reina Valera 1960).

Clamé a Dios. Deseé tanto aplicar los salmos, a la salida de cada rayo de sol; a la llegada de la aurora que vibra en sintonía, con las piedras eternas cargadas con la energía, que genera la piedad.

Oré piadosamente. Repasé atentamente sus leyes en La Torá... el "Tehilim" 23, el 91 y el 150 son los que, al meditar, me hacen olvidar, los ratos de inconsistencias en que de cuando en vez, se ve atrapada la consciencia.

También me he aferrado al Padre Nuestro, el legado de Jesús para abrir los caminos -que ante nuestros ojos- pareciesen siniestros. Recité El Talmud y su inspiración divina. Con lenguaje sagrado alabé la omnipotencia de Aba. Y, al invadir mi mente el silencio, él dejó que sintiera su divina presencia.

Ahora puedo decir al despertar: *"Aj El-Elohim Dumiyá Nafish"...*"sólo el Todo Poderoso, trae paz y sosiego a mi alma"*. Al fin, mi yo interno encontró justicia. La ley del equilibrio, finalmente, me equilibró la existencia.

Cuando loé en hebreo -como un mantra sagrado y regenerador- los 72 nombres del Creador, pude sentir el calor que brinda su divina presencia; pude llenarme de la vibración que oscila generosa, cuando abiertamente me brinda su asistencia.

27. LETRAS EMPOLVADAS

Han llegado hasta mis manos, manuscritos de canciones de antaño. Un cancionero que alberga las tonadas aquellas con las que una adolescente -de boca prematura en el arte del besar- con sus labios limpios y puros, deseaba dar su primer beso y saber cómo era eso del primer roce de bocas; y saber cómo era eso de desvirgar con ansias locas, la magia del querer preñada de poesía y las primeras ilusiones descubiertas al azar, cuando todo lo que se hace, es entregarse lentamente, llamando querer al amor y pasión a la palabra amar.

Entre coros y estribillos, las canciones siempre rezan -como un mantra u oración-: *"No hay mayor entereza que la que siempre se alberga al centro del corazón"*. Y esa bomba, no para de bombear con locura abrasadora, los genes y las historias de los jardines de rosas y los hechizos de ensueños. Y, las primeras ilusiones, son tejidas con canciones de versos enclaustrados en ostras de nácar y marfil, desde donde destilan halos coralinos de lujuria y de placer con suspiros agobiadores y gemidos alucinantes.

Entre más paso sus páginas -que se pegan por lo antiguo- voy deseando descubrir si habita este relicario, aquella hermosa melodía que me transporta no sé dónde; canciones de Dyango, Ana Gabriel, Camilo Sesto... Raphael. Y, humedezco con saliva la punta de mis dedos derechos -índice y pulgar- tratando de encontrar la letra de la tonada, en el viejo cancionero que guardé en el cajón, junto a otras remembranzas... esa melodía que una y otra vez tarareara alucinada, con los pensamientos enloquecidos de alegrías y desamor y la paulatina insistencia con que la mente me transportaba a los recuerdos, que cuando llegan sin avisar, me perturbaban seriamente, al derecho y al revés.

Y me pierdo en sus amarillentos colores, porque éste cancionero, es un anciano trovador que le canta a los placeres, y traiciona, y embelesa; y palidece de nostalgia ante los padecimientos del amor y su desdén.

Me sumerjo de repente leyendo ávidamente los trinos de Juan Gabriel, Rocío Dúrcal, Roberto Carlos; José José, Perales y Nelson Ned. Entre una y otra hoja, voy leyendo tantos coros; con las letras de esas melodías diluí los llantos de mis dolores y con ellas enjugué las lágrimas que en vano derramé... ellas me hicieron pensar, ilusionarme y querer.

También encontré aquellas con las que me identifiqué, cuando al escucharlas, recordaba la faz de él; me llegan las vivencias que recorrí así, junto a las mil y una noches que en su cuerpo me perdí.

Manuscritos de canciones con sus letras empolvadas, han sido puestos aquí, en las palmas de mis manos. Las más increíbles historias de amor nunca vividas, aún laten con precisión en cada estrofa, en cada verso; entre una página y otra, los sueños mágicamente se tornan en ilusiones y los odios extenuados en las pasiones carcomidas por las emociones más sensibles... ahí donde las verdades son secretos a voces que gritan y se enajenan, llorando por sus rabietas y sufriendo por los rebotes que a su cárcel les condenan.

En cada una de ellas, las alas de los pasados están latentes en los olvidos de los aires dolorosos, cuyas ráfagas bravías con fuerza van silbando los temores, los miedos y los pesares borrosos.

Al fondo del lago de los cisnes -entre floresta y pasto verde- me he sentado a recordar las letras de cada una. Corazones en blanco y negro dilatan sus pupilas sobre la paz que palpita en el seno de la gloria. Y emergen las tonadas con sus letras empolvadas... las tristes y taciturnas; las alegres y enamoradas. Sus notas —entre los acordes sonoros de violines, bongos, saxofones y pianos- levitan como entes etéreos sobre el jardín interior, que hamaquea lentamente lo que el olvido guardó.

Y de allí surgen los recuerdos... remembranzas que dan vida a las nostalgias paridas por la mente con amor.

28. MADRE

Madre, palabra sublime que tengo en los labios. Mi boca, mi voz y mi lengua desean decir: *"Que vos sos la estrella que guía mis pasos; que sos la leona que por mí -con dientes y garras- pelea y se ufana para defenderme; que sos ese grano de arena cautivo, que hirió con furia a la ostra perdida en el fondo del mar; que soy para vos esa perla parida, detrás del dolor con una sonrisa; que sos cada ola que revienta y regresa, cuando llega a la orilla entre sol, arena y pequeños granos diluidos de sal; esos mismos que se filtran con la espuma, entre verdes aguas que al chocar simulan, al más refinado y exquisito champagne".*

Tu brillo se opaca cuando los momentos con golpes furtivos me vienen y van. Yo veo en tus ojos instinto y deseo... quisieras ser maga o quizás hechicera, para mis llantos serena calmar. Si no encuentro aquello que me hace feliz, vos buscas allí entre el todo y la nada, como quien paga por un sortilegio, que amarre completo mi brioso sufrir.

Gracias ¡oh, señora!... gracias infinitas por amarme así... por toda esa incondicionalidad que hacen que yo continúe mi vivir. Si tan sólo un día pudiera resarcir los miles de errores con que te ofendí, ni un solo segundo se me escaparía, tan sólo para verte de nuevo reír.

¡Perdón madre! Siento cada pena circular presente sobre el aura blanca del halo de mi alma. Pienso en la condena de mis malos actos. No sabes lo mucho que yo te he amado. Que, en mis silencios frecuentes... estuviste latente. Que, en mis alegrías, tu imagen ausente, siempre llegaba a mis pensamientos, así, como sombra que pasa muy lento hasta desvanecerse o como una plegaria que llega a oídos del "omnipresente".

No sabes... no sabes ¡oh, madre!, lo que he pasado. Mi vida está llena de días aciagos. Aún me haces falta y no sabes cuánto. Que mi rebeldía y los malos ratos que te hice pasar -durante los tiempos ingenuos de infancia- eran tan sólo para a vos llegar; porque muchas veces fácil, sin piedad, me ignoraste. Sin pena ni gloria, mis besos de aire, una y otra vez —molesta- despreciaste... y con esos actos, madre mía, creaste a una oruga monocolor... a una mariposa que lento vuela entre ramas secas, sudando dolosa, por el vaho brumoso del aliento que tienen las gotas de lluvia y el petricor.

Sin fe, agónica, sin eco ni voz, ahora que juego a actuar tu papel, sé que no es fácil estirar y encoger. No es lo mismo ser quien te dio el ser, a ser el hijo pródigo que te da qué hacer. Pero aun con todo lo que diga hoy, no soy yo quien te deba juzgar.

Los actos que hiciste no fueron adrede. Fue la inexperiencia la causa suprema... la que confundió tus actos de dureza, como si por mí no sintieras amor.

Ahora comprendo, porque nunca es tarde. A veces me encuentro embriagada de angustia. Abrumada y triste y arrepentida, veo los sacrificios que hiciste por mí, cuando decidiste traerme a la vida. Y en las lóbregas tardes cálidas de abril, derramo en silencio, saladas gotas de nácar negro... negras y grises y brumosas, pero cristalinas, así son mis lágrimas ¡oh, madre! ¡Oh, madre!... cada una de ellas, errantes resbalan sin rumbo fijo, sin saber adónde deberían ir.

Por estar conmigo, ¡oh, madre! ¡Oh, madre! Yo arrepentida, de rodillas te pido con sinceridad... ¡perdón! Permíteme de nuevo estar contigo, así como cuando me incubaste, porque dentro tuyo, en tu vientre acuoso, me sentí protegida, nunca me sentí perdida. Siempre me nutriste y me alimentaste; mis patadas firmes, con ternura aguantaste. Déjame de nuevo ser parte tangible... sangre de tu sangre, carne de tu carne. Cientos de tus genes circulan por mi cuerpo... este cuerpo mío que sutil supura esas actitudes que delatan firmes, que soy yo tu hija -pues es notorio nuestro parecido- ante los ojos de quienes conocen tu vida y la mía. Toda la existencia -que de nosotros- alguna vez han de hacer historia, está guardada en algún lugar, que seguramente escondes allí en tu memoria.

Recuerda por siempre, ¡oh, madre!, que te amo. Que nunca dejarás de ser para mí, quien me permitiera abrir los ojos, para ver al mundo con mirada ansiosa; por el placer que tuve yo al conocerte... ¡gracias!... por ser el ángel guardián que el Creador mandó desde antes que me arrullaras y me acostaras arropada en aquella cuna.

¡Perdón madre por todo el dolor! Todavía te tengo... eso me hace feliz. Y doy gracias por ello a la vida y a Dios.

29. RETÓRICA

Va caminando el pobre hombre. Deambula pensativo, con su cayado en la mano. Ha contado sus pasos entre el "hierbaje" mojado. Ve las lágrimas que derramara el cielo sobre los capullos de los alhelíes... cree que esas gotas cristalinas y saladas resbalaron de sus ojos de capulí y se escondieron al centro de su barba cana; o a los lados de las nieves de sus sienes, que reflejan todo lo que le ha tocado vivir: aislamiento, disfraz, sabotaje... la negación total de su existir, o el simple hecho que su pecho anhela, pues está ansioso por morir.

¡Qué retórica siniestra! Perdió el deseo de oxigenarse... se le ha visto cabizbajo, con el mundo encima de él. Algunas veces, habla solo como si fuese acompañado. La soledad y el antagonismo que reviste su pasado, aunados, eso es lo que lo está matando.

Porque vive en el pretérito circunstancial de lo eterno. No olvida lo vivido. No va en busca de sus sueños. Por ello clama cada día a la dama blanca -para que le dé consuelo-... cree que ella le ayudará a recuperar la alegría, la misma que perdió en cada uno de sus vuelos. Mas, todo no es más que una fallida ilusión. Si habrá de partir lo hará sin discutir.

¡Pobre hombre! Cuando le toque de verdad irse, no se querrá ir... si ese momento llega, no habrá retórica que valga. El viaje por el río Aqueronte, simplemente lo hará. Y paseará con Caronte... así éste no le exija el obligatorio pago que le hace a los vivos: una rama de oro proporcionada por la hija de Teodoro y de una Ninfa... "La Sibila Cumana" es su nombre... ella, la que nació con el don de profecía y hacía sus predicciones en verso y poesía.

¡Qué retórica en prospecto! ¿Qué hará el pobre hombre al respecto? No le quedará más que buscar a las otras nueve Sibilas -por las grutas o cerca de las corrientes de agua- para que le profeticen lo que habrá de pasar, por andar allí clamando por auxilio, a la primera dama de la eternidad.

Ojalá que se arrepienta... que aprenda de nuevo a vivir. Que se olvide de llamar a la señora de las sombras... que vuelva de nuevo a confiar en el regalo concedido y que retome con ahínco la misión que le fue dada. Solamente así podrá enfrentarse a sus miedos... olvidando lo que hubo pasado... ha de abrir paso al futuro, pero seguro y más oxigenado.

30. EL GRITO DOLORIDO DEL SHOFAR

Necesito saber amado mío, ¿por cuánto tiempo me has de amar? He andado los senderos de los árboles desnudos. He escuchado los susurros de las olas sobre el mar. He mirado a las nubes perderse en el cielo inmenso. He visto pasar el tiempo y con él, el grito agudo que da en la lontananza, la garganta esgrimida de los labios desconocidos; esos labios que entre arena, viento y saliva, ávidamente dan forma a las bocas de las Musas; bocas las de ellas que hacen vibrar el arrullo, que llevan los murmullos en enigmática música; allí, entre ocaso y bruma, cuando la luna se asoma y el viento de la noche arrastra sus notas emergentes, las que se han escapado en un santo alarido, desde la oquedad de un sonoro "shofar".

Exprimida ya se encuentra mi voz silenciosa. Ya no sé qué decir. Mis pisadas en la arena se borran suavemente. La displicencia me arrebata el mando y ¡tengo miedo! ¡Miedo a perder tu amor! Tengo temor de encontrar llena de nostalgia, la copa que el alma herida vaciara desesperada, dejando caer al caño de la desesperanza, todo el amor que una vez nos tuvimos. También, se puede derramar el vino del desencanto, sobre los muros que construyeran alevosos los aullidos lastimeros de ausencia y de dolor, porque, tu presencia es como hálito que da vida a mi esencia y temo que llegue el vacío agazapado dando golpes de pecho a la conciencia.

El vaho de tu silencio es cual hálito de misterio. Es melancolía mezclada con nostalgia. Es sufrimiento y tristeza; es noche larga y espaciada, tiñendo de negrura la virginidad de los lirios y de amargura la castidad de las rosas. ¡Dime entonces caballero?... ¡no me tengas en zozobra?... ¿por qué tus labios no pueden decir lo que tanto anhelo? Si los árboles se desnudan para demostrar al cielo que son incapaces de sentir odio ni celo, porque aman la sencillez y la inocencia ignota, de los susurros de las olas que caen gota a gota, hasta perderse del todo en el océano profundo, donde las nubes dejan caer su llanto moribundo cuando escuchan el grito dolorido del "shofar". ¿Por qué? ¿Por qué entonces tanto mutismo? ¿Qué escondes en la profundidad de tu abismo?

¡No me tengas por favor con el "Jesús" en la boca! Si me vas a abandonar, hazlo pronto... no te midas; no dejes al sentimiento endurecerse como roca. Prefiero mil veces que te pierdas de repente, a sentir el frío de tu engaño tenebroso; a palpar la incoherencia de tu mirada perdida y desdeñosa; a perderme en los celos que me causa tu ignominia, la que diariamente me enfrenta con la verdad ensordecida.

Cuando te pregunto por cuánto tiempo has de amarme, pareciese que el "shofar" es quien sabe la respuesta, pues deja escapar -telepático y austero- el secreto que te abruma y que escondes pecho adentro.

He llegado hasta pensar que cuando suena en la mañana, es tu alma que me dice que pronto habrás de partir. Y, cuando escucho su sonido desplazarse entre el ocaso que cae silencioso y acaece la noche misteriosa, presiento que me dejas sin decir un "hasta luego", un "nos vemos" y mucho menos un "adiós".

Ante tu cautela muda y tu mirada árida de sentimiento, no me queda más remedio, no me dejas más salida, que deshacerme de todo lo que me recuerde a ti... será un mal necesario, aunque ello me duela en el alma por siempre... será un mal permanente que habitará en mis adentros, arrancando mis deseos y mis ansias de vivir.

Pero prefiero todo eso a estar viviendo en vano, con alguien que no sabe por cuánto tiempo ha de amar, porque es un ánima inanimada de existencia que aun amándose a sí misma, desconoce lo que es amar sin exigencias.

Le he venido dando vueltas, sin culpabilidad ni pena y cada vez que vuelva a escuchar al "shofar" sonar en la distancia, vaciaré la copa del vacío que se llenó con tu ausencia, sobre el manto rosáceo de la aurora matutina y el canto de las aguas revueltas de los ríos. He de echar un velo de olvido a todo lo vivido. El Señor sabe el por qué te está alejando de mi existir y aunque no atino a adivinar cuál es su plan divino, con seguridad lo descubriré a la mitad o al final del camino.

31. EL MUNDO SILENTE DE ABDUL

¡Universo callado! Así es el entorno que envuelve el sordo bullicio de quien, teniendo oídos, no oye ni escucha. ¡Cuánta monotonía! Esto es un hecho y aunque se quiera ir en reversa no es permisible, es la realidad dejando su eco utópico en las corvas y filosas uñas de la certera realidad que quema y destroza todo a su paso.

El cantar de los pájaros; el zumbido de las abejas; los aleteos de los gorriones; la voz de la madre; las risotadas del hermano; los "cri-cri" de los grillos; las palabras de un amigo. Todas esas sonoridades son imposibles de llegar a los conductos auditivos que le obstruyó en su tránsito el tiempo.

¡Qué crudo es el silencio! Mas, en medio de todo eso, la soledad no le embriaga; su alma se energiza con la lealtad sincera y fraterna de quien está a su lado, así, esbozando una fiel sonrisa, entre la fe y el deseo perdidos en los callejones del hado, atiborrados de azoramientos para nublar con sus desdenes lo que la mente crea y lleva activamente al pensamiento.

Algunos conocidos lo ven extrañados y otros, con angustia... ¿qué le pasó a Abdul? Seguramente así quedó, después de trabajar tanto escuchando los martillazos que hubieron dado las máquinas prensadoras al hacer las nuevas emisiones de monedas que habrían de poner en circulación los bancos; mas todos saben que, él es capaz de leerles los labios, de entablar una plática y hasta de saber cada tanto y cada cuánto, se dan sus alegrías y preocupaciones.

Su mundo... ¡ay! Su mundo de hoy es ese espacio silente en que le ha sumergido el destino para aprender a ver la vida de un modo distinto... ¡diferente! Es así siempre. Bosqueja y dice que, cada quién ve lo que quiere ver; oye lo que quiere oír (si aún no ha aprendido a escuchar lo que el instinto a gritos -desde hace mucho- le ha intentado decir). Él -en su ahora- es como un ave de alas cortas que, sin entrenamiento, se echó libre a volar sin rumbo fijo... sin dirección aparente.

Y heme aquí. Aquí estoy yo -se dice- en compañía de su compañera de todos los días. A veces anhelo saber, qué dicen sus pensares sobre esta dolencia mía. Sé que ella, es un ser iluminado y muy especial... ¡tan paciente! ¡Tan tierna! ¡Tan perseverante! Ya quisiera yo ser tan optimista y proyectar mis desdichas con dicha constante.

Ya quisiera ser como ella, que a todo encuentra solución saliendo airosamente adelante.

Continúa monologando el no auditivo con el azar y la existencia y dice en un murmullo:

> *"Desde esta vaciedad que arrulla a mi vacuidad mustia en su mutismo, he podido al fin comprender a quien en la vida me ha sabido amar dándolo todo por tan sólo tener un poco de mi minúsculo querer. He aprendido con ella, a decodificar el alma con la caricia de una mirada; con un apretón de manos; con un beso que, ansioso rozará los labios; compartiendo y departiendo felicidades y desagravios. El respeto y el amor están allí presentes, en lo más profundo de nuestros seres, tamboriteando abiertamente, así como lo hacen los corazones que no dejan de palpitarnos al centro izquierdo, muy al interior de nuestros longevos y cansados pechos".*

Más que un deber es un deleite saber que mi amor, mi bella, mi estrella, mi esposa bien querida, ha de sentirse amada por siempre. En medio de mis vicisitudes es muy fácil frustrarse y abatirse, cuando no se tiene a quien se ama al lado, presente, dándote fuerzas con su talante perturbador e imponente.

consoladoras del espíritu, que no encuentra los hálitos puros de su conciencia.

¡Hambre de ti! ¿Qué hacer para desandar lo andado? ¿Qué hay de todo lo que se ha marcado con la aguja que dio puntadas en cruz sobre los cabildos abiertos del pensamiento? ¿Cómo rematar con hilo el sentimiento de la piedra insensible, que habita en las avenidas aturdidas y dolorosas, cimentadas con ego y hielo? ¿Cómo saciar el hambre que chorrea cuerpo adentro, cuando la carne recuerda tus caricias y tus besos? ¿Tienes acaso la respuesta a todo esto? Date cuenta, cariño mío... mi hambre de ti es inmensa.

Mi hambre por ti, no se saciará hoy ni nunca... mi hambre por ti estará esperando con paciencia, reencontrarte en cualquier tiempo o en otras existencias.

Después de analizar su contrición, concluye para sí mismo, en voz alta con sus pensamientos: "*¡Dios sabe! Dios sabe que estás donde debes estar... Dios sabe que estás donde quieres estar, Abdul*".

32. HAMBRE DE TI

La inanición del pensamiento ha volcado sus bocados. Los sentimientos ávidos buscan tus olores... ¡dulces humores! Saben que están escondidos en algún recoveco secreto, donde algunos ojos lloran por sus congojas y amores.

Y te busca la mirada que ansía ver tu imagen, aquella que plasmaste sin querer en mis pupilas. Recuerdo con ahínco la palidez que te vestía, resplandeciendo en tu faz, tristeza y melancolía.

Camina mi alma errante de tanto que te amaba. Da pasos agigantados por tus orillas húmedas, donde revientan y se estrellan y se retraen, las olas verdes encarnadas de arena y escarcha; y siente que tu ánima es cual pálpito de caracola -que se esconde de sí misma- porque rehúye a ser amada.

Mas, la boca de quien te ama, tiene hambre de ti. Hambre de abrazarte y no dejarte ir. Ganas de saciarse con los besos que no le diste al partir. Deseos locos de exprimir tu corazón, para saber si sientes lo que ella... ella que sintió los arrebatos estrujados por las penas, cuando agonizaba en los brazos de la muerte por tu amor.

¡Hambre de ti! Nada saciará los anhelos ajenos que conducen a todo lo que no se debe decir... a todas las palabras no dichas que la condenaron a la ignominia, sin permitirle vivir.

Y fueron esos mismos anhelos -que sin piedad- la alejaron de tu camino, destruyendo cada huella que dejaste al transitar, por los senderos ásperos que le preparó la vida; ahí, donde reina la pesadez de los caminos sombríos... allí, donde tu aliento supura elíxires envenenados de lujuria... los mismos que se funden como barras de hierro al fuego, acariciadas por las brasas chisporroteantes, que se desprenden de los carbones encendidos.

Y más segura, soltándose va de aquel incendio -como esclavo que huye del cautiverio-. Así vuela y transmuta entre cada eslabón que da forma a las cadenas de su vil existencia, la que yace en solitaria convivencia y se ahueca: aterida, yerta, superflua y etérea.

Al fin, este amor se escapa. La agonía dolorosa y prolongada que se refugió en un tiempo en las profundidades de los sitios oscuros que recubren las cuevas del yo interno, hoy se da golpes fuertes en el pecho con inocencia, queriendo abrir las puertas

33. MEMORIAS DESAMPARADAS

Todo lo que se percibía aquel día en el ambiente, era fétido, terrible y fatal. Los cuervos abotonaban –al centro de su plumaje ennegrecido– sus cantos agoreros y monstruosos... tal abrasión desgastaba. Yo vi extinguirse –como por arte de magia- los gestos nobles y las lágrimas y las risas. Vi apagarse el sonido del ronco tamboriteo del bongó que diera vida a los latidos del pensativo, enamorado y viejo corazón del hombre aquel, de aquel hombre -que de un solo tajo- perdiera la fe que depositó un día, en la falsedad de un amor.

Y al fondo del pensamiento -donde yacen las memorias desamparadas- los recuerdos se han ido esfumando uno a uno -igual como se disipaba lo que quedaba de vino con el corcho hundido que flotaba y flotaba, cual barco a la deriva en la botella verde obscura, reventada, anciana y aún con el tenue olor al divino elíxir añejado y prohibido-.

Por las hendijas de las ventanas polvosas, vi al engañado, cabizbajo... ensimismado. Las cortinas tupidas de sus ojos se abren, como recorriendo por última vez el paisaje. Sus pupilas opacas, muestran su lloro, su pesar, su melancolía. Se sabe que ellos aun guardan vida en el alma, porque lo sutil de su mirada, ha resucitado a los sentidos escondidos en el rincón más secreto del ábside del olvido... allí donde alguien guardara para él con precisión, los pétalos ya secos y el tallo quebradizo de la rosa amarilla, que yacía pálida y rígida, al centro de las páginas envejecidas y delicadas del viejo diario con que él dormía, cuando le abandonó el amor por el que suspiró toda la vida.

Él cree que es la misma rosa que a su amada, con el más puro sentimiento le regaló; pues es igual a la que un día hubo de deshojar con la precisión de la adolescencia febril o con el ímpetu acalorado por las hormonas alborotadas de la pubertad y la primera juventud.

Y teme percibir en su aroma eterizado, lo de entonces... es así que va tomando con cuidado extremo entre sus manos pecosas, temblorosas y arrugadas, cada uno de sus frágiles pétalos; pero, al querer arrancar los que aún guardaban un poco la seda satinada, uno de ellos –que caía hecho polvo al suelo- parecía hablarle con celestial eco profundo y sublime acento.

Entonces, creyó escucharle murmurar las ya gastadas frases, las mismas palabras y las promesas muertas: "me quiere", "no me quiere" y, el tallo, que estaba muy asido -abrazado con pasión profunda- a la página del viejo diario que lo cobijó por años, se endereza cuando a él, se le enfría la sensibilidad en la mirada.

No hubo lágrimas ni cuervos cantores; no hubo fatalidad ni sinsabores... a él se le apagó la vida y con ella, se elevaron los restos de los pétalos pulverizados de la rosa amarilla, que un día perfumara los fulgores de la pasión que tanto le hiciera daño.

El destino -de nuevo- en un parpadear le arrebató al hombre aquel el último suspiro; así como pasó cuando perdió a la mujer, a la dama aquella que un día le abandonara, dejándole el espíritu pendiendo de un hilo.

Hasta hoy se desconoce si se fue amando a quien la vida —en un juego sucio- le pusiera como prueba en su camino; pero, por el semblante que mostraba cuando le encontraron, parecía más bien que con felicidad, la señora de lo eterno, a la eternidad, se lo había llevado.

¡Memorias desamparadas! Todas quedaron fluctuando en el ambiente con las notas fantasmales que, durante el día, tocaba el antiguo piano con pletórica inocencia.

34. SUEÑO DE INVIERNO

Está cayendo copiosamente la nieve. Las hojuelas en el aire, bailando van. Se mecen salpicadas por el prisma colorido, de los rayos de la luz que las besa sin cesar.

Un Pegaso de alas rosadas vuela, recorriendo el universo lleno de estrellas muertas; de estrellas yertas que sin vida... brillan al contacto eterno de sus labios diamantinos, sobre la vía láctea adolecida por los hoyos negros, donde están por sucumbir: los defectos, las pasiones, los vicios y la vitalidad de los malos deseos.

Los rastros de las almas se disipan como si fuesen humo de neblina, suspiros de éter, llanto de luna... sus sombras se esfuman y sus rasgos se pierden entre el velo que cubre con extrañeza, el rostro terso de la eternidad.

Los espíritus deliberan. Del cielo se desprenden piedras pragmáticas y con ellas se destierran: torpeza, ignorancia, falsedad... todas esas flores adormecidas que un día empañaron -con su mal aliento e imperfección- a las voces de las ánimas que vagaban errantes, intentando encontrar el camino hacia los ecos de los susurros, que libre de abrojos les permitiera, marcar el paso firme hacia su propia paz.

Al fondo -como una visión en horas de vigilia- se ve navegar entre las constelaciones al fantasma de "Drekar" (el largo barco vikingo); la sombra de su proa al chocar con las altas olas "verdecinas", daba tenebrosos alaridos que salían desde su garganta, donde crujían los trozos de madera que aun flotando le mantenían, sobre la vorágine de las aguas densas y sombrías del mar embravecido, que enardecido y lleno del barullo de los animales marinos, arrojaba a la costa, miles de conchas de caracolas, que al quedar dispersadas sobre el manto de betún inmenso, escarchado en granito brillante, parecían mujeres paridas, dejando escapar sus gemidos crueles y desesperados y agonizantes.

¡Sueño de invierno! ¡Llegó la hora de despertar! No existen pesadillas que abrumen al intelecto ni a la memoria ni a las múltiples formas que tiene el ser humano para poder pensar y razonar. Los pasos que hoy doy al caminar no sucumben ni se arrastran... avanzan cada vez más seguros del camino a transitar.

Y con el Pegaso de alas rosadas con que solía día a día, noche a noche, soñar, me he elevado para imaginar la luz que hace más placentera mi lúgubre obscuridad. Y al tratar de embarcarme en "Drekar", navego en aguas que nunca me condujeron a la trayectoria que éste llevaba en alta mar.

Vi a la muerte que vivía en los tumbos del mar que estallaban en las rocas, cuando el amanecer, tomando de la mano al sol y al océano, bañaba de luz divina la capa absorbente de la arena blanca y negra; de la arena plomiza y reluciente. Y es que no me daba cuenta, ¡ay!, ni cuenta me daba, que la santa blanca me había montado en su vieja, sarrosa y crujiente carreta.

35. AMOR CONTROVERSIAL

No censures al aire que lleva poesía a tus oídos, ni al susurro que llena de vida tus vacíos, ni al agua que canta a tu nostalgia, ante la falta de medicina para sanar tus heridas. Esa vorágine -seguramente- estará cicatrizando esas llagas tuyas infectadas de egoísmo y desamor. No censures a la tierra que el Creador usó para moldearte; ni al fuego que, con sus lenguas voraces, abrasa a la sagacidad del dolor.

Late aun la tristeza que convierte en cenizas, a los albores destellantes de la pasión; suena aún la "Balada para Adelina", salida del teclado del piano que viste de medio luto y que con destreza acarician las manos de Richard Clayderman; y los recuerdos agonizantes, aquellas remembranzas, cruelmente vuelven y me envuelven con sus ardides y me engañan con soledad y amarga delicadeza.

Censura, si deseas, todo lo que te recuerde a mí. Censúrate a ti mismo por haber mentido así, al haberme amado bajo el velo tenebroso, hecho de tinieblas y de interés inescrupuloso.

Zúrcete los labios, porque ellos me regalaron el néctar de los besos con que me embrujaste... hiel venenosa con que me embriagaste, hasta que caí en las tramas que hiciste para que creyera en ti, ganándote mi confianza.

Tanta bondad, atención y caballerosidad, a veces me hacían desconfiar... sabía que detrás de ti estaban esas sombras y misterios por develar. Mas, hice caso omiso a la intuición, a las advertencias y señales de alerta que mi sexto sentido me enviara. Obvié todas las llamadas, no hice caso a los avisos. Quisiese decir que me arrepiento por haberte entregado alma, vida y corazón, pero, no fue así.

¡Tarde te descubrí! ¡Qué dolor causa el engaño! El estrés me sometió y enflaqueció. Todo lo que veía a mi alrededor, me recordaba a ti; todo me conducía, a los falsos momentos de gloria con que superfluamente, me llenaste a mí. Hasta el aire transpiraba el olor armonioso que desprendía nuestra piel en llamas, al alcanzar el éxtasis en alas del amor.

Quisiera poder quemar las sábanas y las almohadas que fueron testigos fieles de todo eso, mas, si lo hago, me perdería en los harapos, esas tiras mugrosas que hábilmente me cubren del helado frío, que hace traquear mis huesos.

Y me abandono a la nada y también al todo. Me abono con mis propias lágrimas. La razón me instiga al decirme que es hora de soltarte y dejarte disperso, a tu libre albedrío, como lo hago al darle vida a mis sentires con estos versos.

La dignidad, el amor propio, la esperanza; la fidelidad, la lealtad, la confianza... todo lo que me arrebataste, por mi falta de precaución, es el pecado venial que me persigue a deshora perturbando mi razón.

Creo haber recuperado al escribir estas líneas, lo que no te pude decir cuando éramos, todo eso que mal llamamos amistad con derechos; pues este poema es el desahogo que hago para evitar la auto destrucción por el despecho que me consume. Eres la maldición que me llegó de repente y que, aunque no quiera, sigo llevando dentro como un carbón encendido que me consume el corazón, que de milagro sigue latiendo muy dentro de mi pecho, al centro izquierdo del esternón.

Y así no te ame más, déjame decirte que, aunque me costó horrores perdonarte, también me fue difícil desearte algún mal. Mi mayor anhelo es conseguir, no pensarte con ahínco; la libertad tiene un costo alto y es palpitante como una hoja seca arrastrada por el viento, entre marzo y abril.

Y hoy que escucho los boleros románticos, estos ya no estrangulan mi existir, ni me empujan con la fuerza que una vez sentí por ti.

Lo que una vez amé, hoy estoy dejando ir. Aun me cuesta percibir la bondad en las personas que una vez conocí y en las que -ingenuamente- por inexperiencia, una y otra vez, creí.

36. DESÉRTICO ABANDONO

Allí, donde el cielo suele conectarse con la tierra, se ven al Sena y al Dordoña vertiendo sus aguas cristalinas sobre la pila que almacena el llanto de los inocentes. Desde siempre, los ángeles guardianes de los tiempos filtran los sonidos de sus dolosas trompetas, con los que emergen las raíces agónicas de los árboles que son los pulmones y la vitalidad del planeta.

¡Desértico abandono! Los pavos reales abren sus alas y en ademanes de adoración al Señor de los Señores hacen unánime genuflexión. Los "Pegasos ostracinos" extienden sus alas satinadas y con furia se elevan desplazándose por el aire. Quisieran olvidar lo que sus ojos vieron... quisieran borrar las huellas de la destrucción cruenta; quisieran ser magos y desaparecer de un tajo: ego, envidia, maldad, odio... esos sentimientos burdos que como un flagelo descienden de las coyundas que sostienen las manos de quienes no saben de empatía, porque tienen hueco el pecho... vacío... sin corazón.

Los unicornios nacarados quisiesen poder atar las manos de aquellos que no saben cómo dar una pizca de amor; porque ellos desconocen, porque ellos ignoran, el significado que implica la palabra perdón. Quisieran tener poder para que de las manos de los hombres surjan lazos fraternales y no los latigazos que dejan como guiñapos a las almas bondadosas y sublimes, a las ánimas que aún creen en las bondades humanas.

¡Despoblado abandono! Las almas místicas y el numen de los búhos se desplazan con los halos luminosos... con los hilos plateados y despeinados en las sienes de la luna... esos que allanan y llenan al "embúdico" centro de las aguas quietas que tienden trampas funestas, sobre los terrenos fangosos de las lagunas.

¡Sombrío abandono! La serenidad divina ha vestido el ambiente. El musculoso Poseidón –rey de las aguas- viaja con aire seguro, sosteniendo entre sus manos... el tridente; y de pie sobre delfines pardos y blancos, salvaguarda las bravías aguas de los mares y océanos. Mas... ¿quién salvaguardará a los pocos inocentes que, por salvar a muchos, a la muerte se han expuesto?

¡Nadie supo! ¡Nadie vio! Los pocos que están con vida, no saben ya qué hacer. El abrumador abandono de la verdad y del creer, les apagó la voz, les cercenó la lengua y les zurció la boca, exprimiendo todo aquello que era fuente del saber.

Mientras, otros ríos de la tierra se desbordan. Volcanes lanzan sin piedad el fuego que les calcina. Los mares escupen olas furiosas y acaban con todo a su paso. La tierra tiembla reclamando lo que se le arrebató. Los polos se deshacen. El calor en aumento va. Las especies vivas desapareciendo están y con ellas, en un futuro cercano -antes de que cante de nuevo tres veces el gallo- la humanidad completa le habrá de acompañar.

Y no habrá entonces quien nos diga: ¡basta ya! Se nos habrá hecho tarde..."¡too late!" –diríamos en perfecto inglés-.

37. EN EL DESVÁN

En el desván de los recuerdos atrofiados, encontré aquél "bouquet" de rosas amarillas. Ésas que me regalaras cuando me pretendías... cuando en un susurro, me dijiste: "Tú, eres mía".

Mis ojos ávidamente buscaban, escudriñaban cada espacio polvoso y aterido, como deseando hallar alguna otra cosa que me recordara a ti. Y se posaron de repente sobre el baúl de madera. La mente trabajaba, con las neuronas alborotadas. El barullo adormecido de nuestras muchas vivencias, de repente, de la nada, se asomaba... llegaba... aparecía.

Las jarras de vino estaban empolvadas, intactas, inamovibles, intocables, como si nunca hubiesen sido usadas. Las mariposas rosadas de lunares negros y cafés estaban disecadas, yacían yertas sobre los pétalos marchitos del "bunch" de las rosas amarillas, después de haberles robado un beso al contarles en secreto, aquella profecía. Las cartas que me enviaste y que no me atreví a leer, estaban todas juntas, amarradas con el cordel de cuero, con el que, en un arrebato de decepción abrupta, las até y guardé.

Las muchas ideas que viajan por la mente lo hacen fácilmente como un avión de papel. Después de reavivar lo que parecía muerto, aflora al pensamiento lo último que vi al fondo de tu mirada, al momento de partir... cuando sin luchar, sin dar la pelea, en burda desigualdad decidí que era mejor que hicieras tus maletas y te fueras.

Aquellos reflejos de amor palidecían con la nobleza que siempre cubrió a tu alma; junto al amor inmenso que no supiste esclarecer porque para vos, valían más los hechos que las palabras no dichas o las calladas a tiempo.

Y desato las cincuenta cartas que estaban ya marcadas, con el tiento de la huella del cordel, eternizado en ellas. En cada una me decías lo que tu boca no supo o no pensó necesario dejarme saber:

"Te amo más que a mi vida, porque sos mi vida; no una muñeca que anhelo tener conmigo por un rato nada más. Te amo porque sos el aire que respiro. Sos el perfume de la flor que me enamora al abrirse con el amanecer. Sos la

brizna que salpica mi rostro en una caricia. Sos rocío que resbala desde dentro de mi piel, dejando disperso su aroma que enloquece a mis hormonas, con el ávido deseo de hacerte todo el día el amor con pasión... llama que arderá eternamente perpetuándose en mi querer. Sos la miel de la colmena... sos la reina, yo tu obrero; yo tu zángano que cumple tus más íntimos deseos; el que hace lo que sea, lo que pidas, por tu amor. Sin tu aliento, mi vida pierde sentido, porque preferiría estar muerto, a quedarme sin la calidez de tu boca y sin la dulzura de tus besos en mis días".

Así, una a una fui leyendo cada línea que escribieras. Cada una estaba llena con las gotas de miel pura con que endulzaras mis ocultos sentimientos. Mas, ¿cómo retroceder el tiempo? Salgo con el alma hecha trizas del desván. Los recuerdos atrofiados se tornaron en oxígeno; fueron hálito matutino, vespertino y nocturno, animando a mis sueños con anhelos cada noche, porque no sabes, no imaginas vida mía, cómo ansío volver a soñar contigo.

Consciente de que todo lo que fue no volverá a suscitarse, confío se nos conceda la dicha o la desgracia, de regresar para amarnos en otras épocas, con más ansias que cubran con amor y esperanza, a la lujuria y al deseo. En otros cuerpos que se fundan en sus remotos, innombrables y olvidados momentos.

38. EXTASIADA

Cada mañana, al despertar... medito. Con los ojos cerrados en profunda concentración, observo la inmensidad del cielo bendito. Siento flotar a las nubes al centro de mi pecho cual alfombras esponjosas; y sobre ellas, creo ver a mis seres queridos, ellos –quienes por órdenes divinas- se adelantaron en la huida con la muerte, livianos de equipaje... sin valijas.

Descargo mi alforja llena de sentimientos encontrados. Ansío tanto hallar los perdones olvidados. Deseo con ahínco profundo nadar en las aguas celestes-claras de los ríos del cariño, en donde la turbulencia de los odios y rencores viaja en los torbellinos internos de la corriente donde han sucumbido sin rumbo fijo. Mientras... mi alma hace su viaje astral, eterno e idílico.

Las ramas de los algarrobos se mecen junto a los fragmentos algebraicos de sus hojas, las que en trance profundo caen -casi pulverizadas- sobre el suelo arcilloso y humedecido. Me extasío... en mi éxtasis profundo escucho los palpitares de aquellos que -en un arranque de rabia- perdieron todo lo más querido.

La soledad —mi compañera- solloza a los susurros agitados de mis gemidos, estremeciendo con sus quebrantos a los pálpitos adyacentes en respiración clandestina, de aquellos encuentros en donde aún yazgo; porque no supe borrar los caminos que entre uno y otro paso y entre una y otra huella, todavía condujeran erradamente a mi espíritu.

En esas grietas empolvadas sopla el viento seco y muerto, sobre los cadáveres descompuestos de los dones y las virtudes; los que valoré únicamente en momentos de agonía, porque exhalaba el vaho sudado de los quejidos quejumbrosos, en cada intento fallido.

Mas ahora, después de tanto haberme sacudido, controlo las luces blancas que entran como bólido allanando mis pensamientos, mis emociones y mis sentidos... y, aunque no volviera la animosidad divina a invadir las moléculas genéticas en mi cuerpo, seguirán siendo parte de lo vivido; de lo que un día tuve, de todo lo más tangible que hube conocido.

Termino de meditar y le doy gracias a la vida y también a los albures que me tendieran las redes enredadas del destino; suelto por la boca la última exhalación, la bocanada tardía de oxígeno que almacenaran mis pulmones cansados y envejecidos; recito con profundidad el "om" de mi alabanza y bendigo lo que se fue… agradezco por lo que tengo y también por todo aquello que Dios me presta y me pide le devuelva; también agradezco, por todo eso que para él no es necesario que yo tenga y le solicito me envíe lo que mi inteligencia no sabe cómo pedir.

Vuelo con las alas de los ángeles. Mis visiones me arrastran niebla adentro dentro de la burbuja cristalina del viento aterido en invierno nocturnal. Como una pluma frágil y desmechada en su intento por partir, eterizada levito a la deriva posándome sobre las almas de las rosas y el aliento desvanecido de lo que una vez fuese parte tangible, de mi atolondrada existencia.

Me despierto del abismal trance de alabanza. Estoy con la consciencia tranquila y con el alma empática, humilde y sosegada… así diría: ¡extasiada!

39. EL MAYOR SÍMBOLO DE FRATERNIDAD

El viento marino trae consigo la fresca brisa salitrada. Nos hemos sentado en una banca, de frente a la bahía. En un mano a mano, rodeados de aquel paisaje, propusimos declamar los exquisitos versos del poeta nicaragüense, don Rubén Darío.

Al otro lado, los transeúntes desdibujan sus sombras, al caminar sin rumbo por las plazoletas. El cielo muestra como un filme a color, el rodaje del "Master Piece" de Dios y el silente regocijo del estado Nirvana, de serenidad invade nuestro sonido interior.

El ambiente es cataléptico. La armonía impera. La paz es total. Nuestras almas nos gritan —silenciosamente- su ingravidez e inmortalidad... la muerte circula camuflada y transita los caminos que la vida nos da.

Buda, Pitágoras y Jesús se fusionan en una sola oratoria. En éste trance nos alejamos "deltamente" hacia la energía universal. Y estando en el más allá, recitando 'Lo Fatal', vimos a Darío gozándose de nuestro número teatral, de nuestros ademanes genuinos al interpretar, los primeros versos de aquel poema magistral, que empieza así:

"Dichoso el árbol, que es apenas sensitivo, y más la piedra dura porque ésa ya no siente, pues no hay dolor más grande que el dolor de ser vivo, ni mayor pesadumbre que la vida consciente".

La brisa marina arreciaba ya. Poco a poco nos fue despertando de aquel letargo placentero y mortal. Nuestros ojos se abrieron y hablamos, si alguno recordaba lo que -en éxtasis total- habíamos experimentado.

Y ¡sí! Todos recordamos ver al bardo aplaudir y reír. Nos sentimos regocijados y con deseos plenos de volver a aquel lugar de relajación placentera a declamar los poemas de Agustini y de Bécquer; de Neruda, de Nervo, de Espino y de Benedetti.

Quizás ellos estarían ahí presentes como lo estuvo complacido Darío; y nosotros saldríamos nuevamente a recitar los versos de todas aquellas plumas... plumas excelsas cargadas de plenitud y de gracia eterna.

Atrás quedaría el temor de ser perseguidos por la señora siniestra que nos atemoriza con dejarnos para siempre con los ojos cerrados; con dejarnos extraviados y en el limbo perdidos; pues como poetas nos sentimos seguros... sentimos orgullo de seguir los pasos de aquellos que dejaron huella indeleble y un mensaje crucial de amor tangible -cual bandera ondeante en las astas y los estandartes- que algunos siembran como baluartes en las mentes frágiles de la humanidad.

Quizás ellos se gocen al vernos dramatizar cada una de sus obras en la eternidad. Tal vez entonces podrán dilucidar que algo bueno hicieron para salvar a los seres humanos de toda crueldad. Por ello, a todo pulmón nos atreveremos a cantar, que "la poesía" debería de ser el mayor símbolo de fraternidad que rija a la humanidad.

40. ROSAS SANGUINARIAS

Rosas sanguinarias yacen dormidas en el jarrón. Las flores coloridas que despiertan cada mañana al frente del cristal de la ventana, desmayadas están. Las hojas de los laureles yacen ateridas y yermas. Las lágrimas que dejó la lluvia al caer sobre sus corolas están huecas y vacías. A pesar de todo ello, sus espíritus flotan livianos, levitan y se elevan como plumas, hasta que se estrellan en las espinas de los cactus, que las hacen sangrar y reventarse y dejar de volar.

Y un clavel meditabundo, se atrevió a dejar atrás los miedos. Escribió un poema que le hizo soñar. Meditó y su voz interna emitió sonidos raros, algunos se engulleron melíferamente al centro de su garganta, que sonora y juvenil canta como si fuese un tenor, deseando interpretar a Plácido Domingo, a Carreras o al mismo Pavarotti.

Y escucha con pesar las voces anónimas de las rosas sanguinarias y las flores coloridas, pero, todas yacen desteñidas y de uno en uno han ido botando sus aterciopelados pétalos que, con la suavidad de su satén, quedaron tallados en sus propias huellas desborradas en el granito del piso de polvo y arcilla.

Las que yacen marchitas, se esconden tras disfraces y se nombran con seudónimos en la temeridad obscura, fría y sombría con que se cobijan las noches y los atardeceres de los días. Mas, el clavel meditabundo, en sus visiones oníricas, trata de atrapar las letras de los versos que hubo escrito, aquellos versos que se borraron, como si fuesen tocados por una mano invisible que se equivocó al escribir y borró el carbón del viejo lápiz de grafito, con que dio forma a cada letra que en el papel se disipó.

Después de haber puesto aquel papiro a trasluz y de tratar de adivinar lo que decía aquel poema (que, en un momento de vigilia, su fértil mente parió), dio su último suspiro y su aliento dispersó, terminando de absorber las vidas de las rosas que soltaron sus corazones con las últimas gotas de coral anidadas en los pistilos que agonizaban en sus propios sueños, con determinante delirio.

Allí, al centro de las espirales... al centro de los caracoles, en sus colochos interiores, yacía la vida, yacía el fulgor que de sus tallos se evaporaba con el pasar etéreo que daba la muerte en su errante caminar.

Y el clavel expiró. Al partir al más allá vio las letras del poema divagando libremente por la eternidad, hasta dar forma a los versos, que en sus intentos fallidos no pudo recuperar. Y su alma se complace al ver resucitar a las flores desteñidas y desmayadas y yermas. Les vio volver a la vida con el soplo divino que animara sus almas, hasta volver a poblar los campos que se alegran en latidos matutinos.

Y a las rosas aquellas, las mismas que dieron su sangre mutilando la hermosura que les hubo dado Dios, las vio llegar un día más tarde con sus pétalos juntitos, hasta la puerta que custodia san Pedro con su báculo dorado.

Y así, las ensangrentadas pasaron invictas a adornar el Edén. Sus tallos estaban limpios de espinas y asperidad. Y en las coronas que yacen fijas en las testas rubias y negras de los coros de ángeles de las huestes celestiales, se les ve sonreír alegres cuando suenan las arpas y las trompetas y se unen con su color y aroma a aquellos que al unísono cantan sus alabanzas al Creador y Señor de los Señores.

¡Alabado sea el Señor y su Santo nombre! ¡Qué grande es nuestro Dios! ¡Sea siempre amado el Santo de los Santos! ¡Sea siempre adorado, Adonai! -Gritaban ángeles y rosas inamovibles, olorosas y sangrientas-.

41. LA ESPERA

Hay un ramo frondoso de rosas y flores silvestres que todos los días sobrevive asilado en el jarrón. Llena de color, aroma y armonía -a lo largo y a lo ancho- todo el salón. Sobre los pasillos del caserón, se ven las huellas frescas que revelan los secretos de un inmenso, sincero y puro amor.

Es una mañana soleada, llena de algarabía y sutileza. Es otoño y los árboles están dejando calvas sus cabezas. Una núbil doncella se dispone a salir -como es costumbre- a recorrer el mismo sendero donde se alzan airosos los frondosos cedros, saucos y sauces llorones. Allí donde las amapolas construyen sus aromáticos y coloridos cercos. Recorrido religioso que ejerce diariamente, mientras retorna al nido, su bien amado.

Y sobre el suelo alfombrado de hojas secas y amarillas, la joven enamorada camina y camina hacia arriba por la ribera del río. Va acompañada del canto de los pájaros y del revoloteo de las mariposas monarcas. Frente a las aguas cristalinas y sonrientes, se sienta a comer los mangos que han caído maduros, desde las ramas altas de los manglares floridos.

Hay algo nuevo en este día. La bella mujercita decidió estrenar su vestido negro, el que fue diseñado en tela de lino estampado y de donde sobresalen rosas rosadas y gencianas blanquecinas. Su cabello largo y rojizo se abraza fuertemente en una trenza ancha y apretada la que, entre vaivenes coquetos cruza de un lado al otro hacia delante de su pecho.

Para pasar las horas, llevó consigo, el clásico más conocido de William Shakespeare... (Romeo y Julieta); con su lectura se entretiene y viaja y sueña, haciendo divertidas las horas prolongadas de la espera.

Mas, cuando hubo leído dos de sus capítulos (decidió releer los que hablaban de "Los Capuleto") y de tanto leer y releer, cayó aletargada como una hoja seca en los abrazos de los largos brazos de Morfeo. Y como una piedra fue arrastrada río adentro, en la nave clandestina que conduce entre la niebla, el capitán y soberano de los sueños.

Y así, pasan las horas y no ha sentido la llegada de su amado. Como en un cuento de hadas, él se agacha para despertarla con un beso enamorado (como si fuese el príncipe azul de algunas de las dulces historietas de príncipes y princesas, fabricadas por Walt Disney).

Ella esboza una sonrisa cuando siente su presencia. Abre los ojos lentamente y sus pestañas tupidas revolotean como un gorrión ante una flor abierta... así es de plena su emoción cuando lo ve frente a frente. Él sabe... presiente que ella lo ama sinceramente. Han pasado del noviazgo a algo más. Son amantes fogosos que no pueden esperar y antes del regreso al viejo caserón, se poseen y se entregan. Sus ropas se ven dispersas vistiendo las piedras negras que les sirven de paredes y que son testigos fieles de la magia que les une cada día cuando se hacen el amor en campo abierto.

La espera... la espera ha sido saciada. No hay ansias locas ni verdades a medias. Lo que sienten es el deseo que arde con las llamas de ese fuego bravo en que se funden los eslabones de las cadenas que dan forma al instinto carnal que les condena.

42. LOS ARPEGIOS DE LA VIDA

Los arpegios de la vida hay que aprender a escuchar y en el día a día tratar de armonizar su sonoridad suave o los duros desafinamientos de sus crueles y lóbregas embestidas.

Elementos, herramientas, experiencia, todo está puesto en nuestra espalda antes de adquirir consciencia. Golpes, soledad, tristeza... es lo que la gitana dice está escrito, en las líneas del mapa que ha sido rayado en las palmas de tus manos, ese con el que viniste al mundo, desde algún lugar distante y extraño.

¡Embates fuertes los que te dará el destino! -Acierta la gallega que lee la suerte en el callejón de polvo y piedras-. Cada uno decide cómo ha de lidiar con ellos: ya sea labrando el camino con pasos que dejen huellas; o quizás bailando al ritmo de los sonidos que desde algún lugar se desprenden aturdidos; o quizás recogiendo los frutos podridos de sus terribles condenas.

¡Qué pena! Nadie sabe cómo romper los eslabones de las cadenas que a través de los tiempos los subyugan y esclavizan a sentencias perpetuas y eternas. Y hoy que vivimos en un mundo disparejo, los jueces manejan las leyes con la justicia ciega. Esa mujer de cemento y de bronce que permanece vendada sosteniendo la balanza de los errores y las virtudes; de las verdades y desaciertos. Se le ve en despachos de abogados, en las oficinas de los juzgados y en los escritorios de las cortes, donde legislan magistrados y diputados, en una completa indecencia, en un completo desorden.

Ella sigue inmóvil, fría, yerta. Prefiere estar así y no ver los actos represivos ni la brutalidad producto de la inclemencia. Es mejor permanecer a oscuras -allí, en las sombras del hálito desgarrador y profundo- que dar gritos mudos en la lucha que libran los desposeídos, que ante el opresor no merecen un ápice de credibilidad ni de libertad. El tirano no se conduele ni se condolerá jamás, por el llanto incesante de los inocentes que desde las cárceles claman por perdón y piedad.

Las madres yacen agobiadas. Sus hijos llenan las cárceles por delitos no cometidos. Y aunque saben que ellos merecen vivir de manera diferente, no saben cómo harán la lucha para seguir de frente.

Desigualdad, odio, rencor y egocentrismo. La patria que es de todos ahora es de unos pocos. De locos comunistas y sus falsas promesas, gritando a todo pulmón que no habrá ya en sus pueblos el triste y ermitaño flagelo de la pobreza; que ya no reinará en sus pueblos desigualdad ni discriminación.

Estos tipos llegan al poder con las manos vacías. Critican a las potencias por su riqueza, por el manejo de sus arcas, por el suministro de sus tiendas y hasta por su moneda; estos señores conquistadores de lo ajeno son más millonarios que cualquier capitalista que haya trabajado y rendido cuentas por la honesta obtención de sus dineros y almacenan riquezas y se olvidan pronto de lo que prometieron, cuando aprenden a saborear el gusto de la plata y a obtener estatus con los bolsillos llenos.

Los sacerdotes ya no absuelven y tampoco condenan. Algunos tienen miedo de despertar consciencias. Están siendo cazados por maniáticos furiosos, por partidistas lunáticos que venden de a poco su pobre dignidad por miedo a represalias, o a ser asediados, perseguidos y muertos.

Y cuando el hambre grita más fuerte que la fe y la voz de la esperanza se disipa como el éter, no queda más que unirse como un gasterópodo a la fuerza que demuestra el más poderoso.

Y en medio del "yo pecador", el Credo, el Padre Nuestro y el Ave María, muchos se dan a escondidas golpes en el pecho -en la soledad abrumadora de sus cuartos- esperando en silencio la respuesta que tanto ansían y ser absueltos por tanta estupidez, producto de la violencia, la falacia y la apariencia.

Nadie sabe a ciencia cierta cómo se debe lidiar con los tropiezos que la vida nos presenta; ni con los opresores que viven negociando qué cabezas —de quienes no comulgan al extremo con su alucinante mezquindad de pensamiento- rodaran por las cuchillas afiladas de sus oprobiosas guillotinas; o tras una bala perdida, disparada a mansalva, por inhumanos y vendidos seguidillas.

Sólo Dios sabe el por qué da a los pueblos malos gobernantes, emperadores, monarcas, faraones (es cuestión de épocas, la forma en que se les llame). Será porque las mentes de la frágil raza humana merecen lo que tienen por ser tan indolentes a la brutalidad que brinda, la oprobiosa desfachatez mundana.

43. TODO LO QUE MUERE TIENDE A RENACER... A REGRESAR

Cuando el alma flota en un viaje astral los sentimientos incógnitos e impredecibles de los yoes afloran densamente como la niebla, desde el cordón umbilical que la une a la vestimenta de carne y hueso. La psique volátilmente piensa en el descanso eterno sin lograr imaginar que, todo lo que muere, tarde que temprano, tiende a renacer... a regresar.

La soledad esa noche estaba en su estado más puro. Se escuchaba chuchear a los búhos y tras de los cristales de las ventanas, se veían encendidos los focos intermitentes de las luciérnagas, como pequeñas gotas de luz que llenaban de color un vaso vacío, repleto de los ecos tenebrosos del silencio.

Dentro de la vivienda, los cabos de las velas que alumbraban la ancha sala del elegante y clásico caserón estaban altas, azuladas, titilantes y con un borde amarillento que las abrillantaba. Mientras las ánimas del hijo y la nuera del dueño de la mini mansión se aventuraban en su acostumbrada excursión sidérea, pues se estaban desprendiendo de su cuerpo en la habitación de al lado, después de haberse -intensamente- amado.

Siete eruditos en espiritismo estaban con las manos unidas sobre la mesa redonda donde estaban sentados para iniciar la sesión que les había llevado -desde hacía tiempo ya- a descubrir los porqués de las decisiones inquisidoras y dogmáticas que el catolicismo impusiera a todo aquel que pensara diferente a los ritos y enseñanzas que ellos inculcaban a diario desde hacía mucho, mucho rato atrás; todo aquel que pensara que el alma era inmortal, que moría y renacía, y viceversa, era acusado de herejía y condenado a torturas inimaginables; o bien, eran mal juzgados con veredictos a conveniencia emitidos por jueces que se guiaban por los testimonios de fanáticos religiosos y de gente inescrupulosa; y, sin más evidencias, emitían sus sentencias para llevar a la hoguera, a todos los señalados, a quienes se veían pasar encapuchados y amarrados de pies y manos, para que los demás aprendieran la lección y no osaran caer en tentación. Así se deshacían del libre pensamiento, quemándolos en las llamas asesinas que encendían gustosos los individuos ignorantes, desposeídos de conocimiento que no tenían idea de cómo mejorar sus argumentos.

Estaban en París, Francia. Corrían los años finales del siglo XIX. Dos jovencitas de entre once y quince años de edad, eran las que contaban con el don especial de la "mediumnicidad". En trance, escribían lo que el ente que les poseía dictaba hasta concluir con cada una de aquellas fascinantes, locas e increíbles historias, pues en ellas se dice que bajó Juana de Arco y contó la validez de sus memorias.

De repente, quien fungía como fiscal y porta voz de la esotérica reunión, dijo: *"Hay unas cuantas hojas firmadas por el espíritu de la verdad"*. A petición de los presentes las leyó -una a una- y en síntesis aquella energía seria y positiva dijo:

> *"Al fin pude combinar la fórmula de un fuerte conjuro que nos ayudará a revertir la situación del mundo en este momento fatal, donde la guerra, el odio y la maldad están reinando e imperando como dueños totales de la humanidad. Lo hice con el herbolario de las hierbas mágicas que le tomó años de investigación a un sabio Druida que hubo existido en eras pasadas; ese sacerdote ancestral ya ha reencarnado y está aquí sentado. Es ni más ni menos que el nuevo miembro que han invitado a esta -para algunos- convulsionada y misteriosa reunión".*

Y agregó:

"Hube encontrado -después de tanto husmear- su recetario. Seguí el fluido del ectoplasma que surgía al centro de las sombras de cada uno de los troncos invisibles y erguidos de los árboles fantasmagóricos de los laureles... ¡allí lo hallé!, exactamente donde él solía bailar, orar y presentar sus ofrendas al oráculo de sus ancestros... allí, bajo la marca de las espigadas rosas, gladiolos, claveles y crisantemos que, a pesar de las estaciones impías, florecían a fuerza tras los abrojos y pajonales que cubrían las tumbas escondidas en el oculto cementerio.

Era una caja mediana labrada en filigrana, que al abrirse despedía el concentrado aroma a madera de pino recién cortado; su interior estaba delicadamente forrado con los hilos de seda fina que forjaban el satén que, de rojo brillante e intenso por dentro le tapizaba, dándole esa imagen enigmática que se necesitaba 'a priori' para lograr avizorar los secretos que, por mucho tiempo mantuvo custodiados.

No sé decir en donde se encuentran los escritos que traerán a la vida lo que fue catapultado (todo lo exacerbado -dolores, agravios, etc.- que deben de ser -sin duda- reparados) junto a los cadáveres que ya no pueden decir nada a su favor sobre sus existencias pasadas porque no pasan de ser huéspedes hechos de osamenta y cabellos dentro de un ataúd que se deshace con la humedad del foso, o simplemente restos esqueléticos que fueron incinerados y escurridos dentro de una urna que pasará a poblar la sobriedad de los osarios".

El invitado estaba sorprendido. No podía creer que él era un reencarnado. Mas, se convenció cuando le preguntó a aquel que se decía poseedor de la verdad y del manual que al parecer él había escrito: ¿quién era Dios? Y el ente, sin titubear un segundo, le respondió:

"Dios es la fuente irrefutable de luz. Es sobrenatural y el único a quien se le debe culto. Es quien tiene el poder absoluto sobre la realidad y el destino de toda la humanidad. Es responsable de la creación del cosmos y del arcano de la existencia".

Se quedó pasmado, pues esas frases que le hubo contestado aquel animoso brío eran las que siempre mentalmente repetía al observar cada noche el cielo estrellado con su telescopio dorado, desde el segundo piso de la humilde vivienda que, con su esposa, desde siempre había habitado.

Todo transcurría en paz. Preguntas y respuestas iban y venían. Se escucharon de los confines del universo, fúnebres sonidos de liras y de arpas que se desgajaban estremeciendo los sentidos. Sus ecos quejumbrosos llegaron a quedarse al fondo del nido que hicieran las dudas en el intelecto para gobernar a los destinos y a la pobreza espiritual que, día a día, sumía a las emociones dentro de las burbujas que el caos rotundo hacía en el entramado ilusorio de la mente adormecida por los halos nocturnos del cansancio, producto del agotamiento que provoca la desesperación corporal; esos alaridos que tiende a dar -cada vez y cuando- el cuerpo ansioso por reposar, despejarse y recuperarse de los embrollos diurnos que el destino prepara diariamente con sagacidad.

Mas, se vieron solamente dos luces brillando por la negritud del célico manto. Los caminos truncados al parecer se habían reencontrado. Alguien dispuso que no había porqué hacer más hoyos negros ni bifurcaciones que dispusieran del regreso de las ánimas que volátiles vagaban por las bienaventuradas e inmensurables alturas.

Una escalinata de plata fue tendida a lo ancho y largo del cielo infinito. Su resplandor platinado entraba por cada una de las hendijas de las puertas y ventanas del palacete de abetos donde sesionaban. Los ojos ciegos -tras las efímeras cortinas de humo- vieron bajar por ella a las pesadillas abruptas que se regocijaron bajo la frazada cálida del afecto.

Todo lo que antes fuera comparado con la realidad, quedó atrapado en la telaraña por donde se filtraban los malos pensamientos, esos que son expertos vagabundos que generan la temeridad onírica... ese temor que el subconsciente no se atreve a revelar porque presiente su posible significado.

¿Añoranza? ¿Felicidad? ¿Decepción? ¡No! Simplemente nadie despertó... ¡nadie! La mesa redonda giró y se elevó. Todos estaban levitando inconscientes en torno a ella. Se quedaron flotando lentamente con sus sillas, como cenizas sopladas suavemente por el aire transparente... gravitaban como lo harían los astronautas del futuro al aventurarse por los terrenos hoyados de la luna.

Las ánimas de los soñadores del cuarto de al lado, seguían viajando por la vía láctea universal y se quedaron posadas -entre Unicornio y Tauro, como si formaran parte de las bellas muertas refulgentes... como si se tratase de "Betelgueuze y Rigel"-. Ellas ya eran, cual dos enamorados que tiritaban de amor al centro de la constelación de Orión. Sus sustancias fueron encontradas por la policía y por los intransigentes pueblerinos así... abrazadas, ateridas y yertas entre las sábanas de lino blanco que vestían su cama.

A como es la vida la muerte será -reza un dicho popular-. Los anhelos son simples y transitorios y, en el espacio infinito, los astros se escondieron... ¡sí! aquellos trozos notorios de gloria eran los fragmentos de varias parejas de piedras chispeantes que pariera al paso un meteoro fugaz que pasó sonriendo por la faz de ónice de aquella noche parisina. A ellas (a esas piedras) el Espíritu Divino les dio soplo de vida, lo que les permitió huir y ocultarse desmemoriadas bajo las estrechas enaguas de Selene -cuando mostraba sobre las aguas quietas del arroyo que por el lugar corría- su faz altiva y difusa en un delgado y alucinógeno cuarto menguante. Esos trozos de roca eran las mismas almas gemelas que alguna vez desnudas partieron y que hoy por hoy, aguardan pacientes por la orden suprema que les indicará el momento preciso en que han de bajar para una nueva materia ocupar.

Y, me preguntarán qué fue del Espíritu de la Verdad. Pues, él yace allí errante. Camina sin cesar por todo el espacio, los tiempos y lugares, porque es un perseverante que no pierde la constancia ni la fe.

Quien escribe, asevera que comulga de cerca con el francés Allan Kardec. Creo con vehemencia que todos al morir hemos de nuevo de regresar a la vida para enmendar lo pendiente y evolucionar ya que, desde el punto de partida, desde el desconocimiento incomprensible del origen de la existencia, la ciencia y la espiritualidad son senderos largos que aun debemos estudiar, escudriñar, experimentar y consolidar.

44. RUMORES

¡Ay! ¡Ay!... no sabes cómo me molestan esos rumores que –de boca en boca- vuelan como aves de rapiña, queriendo devorar tu honra. Entre las líneas entrecortadas de tus vivencias, nadie sabe lo terrible que has pasado, en tu corta y lúgubre existencia.

¿Qué es lo que te sucedió? ¿Qué hubiste hecho para que ellos se atreviesen, a despedazar cada uno de tus fallidos momentos?

Hoy que estás en agonía, todos están diciendo más lo bueno que lo malo que les parecías. Están haciendo de ti su plato preferido. Engullen tus problemas y situaciones adversas y se gozan devorándote a diestra y siniestra, como degustando el más exquisito de los postres, así... sin remordimiento y sin morderse la lengua, porque todos ellos creen ser perfectos... seres libres de apuñalar a otros, porque están convencidos de no tener defectos.

Y te desguazan sin piedad, donde quiera que van y con quien desee escuchar, cómo aprender a hacer trizas a un igual, sin la consciencia lapidar. ¿Conoce acaso alguien los pasos de la procesión, que con ritmo funerario y taquicárdico has llevado desde hace mucho sonando con dolor extremo dentro, haciendo que casi se te paralice la bomba que te da vida dentro del pecho? Acaso quienes que te critican, ¿saben de lo bueno y lo malo que te ha manchado el alma y mancillado en demasía, lo poco que te quedaba como pulpa de inocencia?

El entusiasmo -algunas veces- desbordó el interés desmedido con el que tropezaste de seguido; y no lograste sobre ponerte nunca, porque esperabas que el sol que te quemaba -voraz y ensangrentado- se transformara en fuerte viento y arrancara las espinas que hincaban y herían hondo, en lo profundo, a tu alma desgarrada y lacerada por el desamor, el desconsuelo y el descontento.

Y en el camino de los falsos procederes, fueron inconsistentes las dudas de tus ayeres. Serpientes de fuego circundaron tus orillas y los años delimitaron sus lenguas bifurcadas, como a una momia sin vísceras por dentro.

Permite señora que te haga este homenaje, con el trazo humilde de estas líneas. Permíteme enaltecer el honor del que eres merecedora, por ser como fuiste y eres: digna, valiente, directa, original y recta. Tallo en el papel —en esta tarde triste de septiembre- las palabras aquí dichas. Los improperios proferidos por quienes ven en los demás errores viles y burda falsedad, alimentaron sus falsos egos y sus yoes egoístas nutrieron con tu frágil humanidad.

Es que pecaste —señora- mas no lo hiciste a escondidas, como suelen hacerlo ellos. Tus faltas dejaste al aire libre, porque nunca pensaste que falsos amigos, un día te tildarían con perversa saña e indigna alevosía.

Yo, no te culpo de nada. No tengo por qué juzgar tu fallido proceder. También he pecado... libre de culpa no estoy, pues si no lo he hecho al derecho, seguro lo hice al revés y de todas formas, al igual que usted... ¡pequé!, señora, ¡pequé!

Como el resto de la gente, jugué el juego del velo escondiendo tras de sí, lo que era obvio... aunque las manchas de los errores allí quedaron, señalándome y condenándome sin piedad, cual coronas de flores yertas a los pies del ataúd... ese cajón que no contiene mis restos, sino que lleva las sobras que los buitres ya no comieron y dejaron de tu cuerpo; tu materia que hoy se yergue recta, acostada, inerte y solitaria, sobre el frío forro de seda blanco, que protege las paredes de pino con que fue hecho, el lecho en el que reposas con una débil sonrisa -que plácidamente muestra tu rostro aun terso- y un rosario sostenido por tus manos, colocadas cuidadosamente al centro de tu pecho, como implorando al "Lord" de los cielos... ¡perdón! Perdón por todo lo grave que, en vida, pudieses haber hecho.

Deja, pues, señora, que el tiempo pase. Él se encargará de callar a todos aquellos que impíamente te manosearon la vida y que, inescrupulosamente, rumorearon sobre ti todo lo que quisieron y hasta lo que de tu vida no sabías, ellos lo fabricaban, haciendo de tu historia una espada que blandieron sin piedad en tu espalda.

Deja que el aire sople sus rachas huracanadas y que haga que al fin fenezca la llama del cirio que arde, sin acabarse porque no puede desmayarse... y extinta de nostalgia e ignominia, su sombra se ha de reflejar tras las hendijas y los agujeros que los decires excavaron, allí, entre los pedruscos que dan forma al epitafio borroso que alguien arrepentido escribió en la lápida platinada que da realce a tu tumba: *"Si algún día te fallé, hoy te pido disculpas; si alguna vez te ofendí, de verdad que me arrepiento; si el arrepentimiento matara, juro no sería yo, quien estaría aquí dentro".*

45. TARDE TEMPESTUOSA

¡Qué tarde tempestuosa! Las ráfagas de viento con brizna, están azotando con furia las puertecillas de madera y vidrio del elegante ventanal; aquí, en el hostal donde me estoy quedando (tratando de volver a encontrarme a mí misma) en la soledad abrumadora del descanso del paisaje nocturno del jardín y de los colores vistosos de los enjambres de mariposas monarcas y hermosos cardinales que sobre vuelan las barbas acuosas del río que pasa justo al frente del pórtico de madera, donde suelo en una hamaca acostarme a meditar, veo la incontinencia de las nubes con furia bajar.

Las ventanitas de madera de la puerta principal se han abierto de par en par y el viento iracundo entra y alborota más mi cabello largo, semi canoso e hirsuto. Con aquella escena recuerdo, sensaciones que me hacen algunas veces llorar y otras reír y cantar. Así, me retiro a mi recámara a descansar. Enciendo la calefacción y el equipo de sonido donde inserto un disco compacto. Me dispongo a escuchar música clásica... los valses de Strauss y las mazurcas de Chopin -época de oro que me encanta y que no sé, si alguna otra vez, volverá-.

Abro mi cuaderno de apuntes, ese en el que almaceno los borradores de los versos que he escrito y que estoy pronta de digitalizar, en la memoria de mi computadora personal; cuando lo haya completado, llamaré a mi editorial para publicar, ésta otra cosecha inspirativa y forjadora con la que mis lectores, podrán conocerme, quizás no completamente, mas, se darán una idea de quien yo fui en realidad. Quizás así puedan entender, lo que no supe explicarles bien… mi manera de amar y las inspiraciones de todos los cantares que he silbado por los andurriales que el destino trazó para mí, por aquello de los aprendizajes que debía adquirir, no en la evolución corpórea, sino en el camino adyacente del alma y de lo espiritual.

Desde afuera se escucha el traquetear de los dedos de los saucos y de las huesudas manos de los abedules; suenan como mis falanges cuando tratan de avisar, que, en algún momento, mis instantes serán convertidos en el hálito de un bolero… ése que suelo escuchar y tararear cada mañana, cuando ya está despejado y risueño el intelecto.

Retrocedo unas cuantas páginas atrás. Leo los poemas que he escrito ya. Repaso una y otra vez las líneas en las que se repite afanosamente la palabra "ansiedad" y, borro lo que parece un coro, un estribillo que se repite y cansa. Y se me pasan las horas. No amaina la tempestad y el viento sigue rugiendo, como si fuese un león hambriento, en busca de la presa que anhela devorar.

Me preparé un té de canela y crema. Reestrené nuevamente cada vivencia. Al fondo Chopin y sus mazurcas, intercalando con los valses de Strauss. Ellos me ayudan a imaginar los suspiros que tuve que dar, cuando hube de rechazar a un amor imposible que a mi puerta vino a tocar.

El cadencioso tic-tac del reloj de pared, simula los pasos de mi espíritu vagabundo que aún errante viaja, como leal compañero junto a mis pensamientos... así entre la hoja del papel donde yacen asidos los sentimientos que acongojan mis poemas y las circunstancias vividas. Esas mismas que me han obligado a pasar un velo de olvido sobre las causantes de mis males... al amor del individuo que conocí y amé y que nunca dijo que me amaba; quien con su falso proceder hizo brotar abruptamente el fluido torrente de mi llanto.

Doy un sorbo a mi té de canela con crema. He terminado de escribir otra nueva vivencia. Tomo mi colcha hecha de franela y me cobijo de los pies a la cabeza. Escucho el canto de los búhos y las cigüeñas y entre una y otra mazurca de Chopin, los valses de Strauss se vuelven efímeros en cada una de las imágenes oníricas que han dado vida a mi soñar.

Y aquí estoy... dormida y gozando de mis sueños. Cuando haya de despertar, la tempestad habrá cesado y yo podré escuchar el dulce trino de las golondrinas, sobrevolando la tersa piel de los girasoles y los claveles.

46. DERRUMBE DE PENAS

Van volando sin rumbo, a la intemperie, los pensamientos. Las ventanas de la consciencia se van abriendo a su paso. Las acciones mal interpretan la nostalgia del amor que busca —en un perenne intercambio- a la verdad que se oculta entre maledicencia y opinión.

¡Derrumbe de penas! Se abre el túnel obscuro de la desesperación. La hecatombe ha hecho de las suyas sacrificando a las víctimas sesgadas de dolor y desamor. ¡Resignación sacrílega! Alguien teme encontrar la luz de los intentos fallidos y de los sentimientos que envejecieron pálidos y forajidos.

No hay cascadas tramposas en donde se anida la virtud. Es "ajenjoso" el sabor y desespera, cuando no se sabe amar y se intuye que está pronta a llegar, la nave que trasladará al más allá, al alma inmortal.

¡Cien lustros pasan! Las piezas del dominó cayeron una a una. Como un castillo de naipes, lo material se derrumba. En un sarcófago pintado de turquesa y de coral, los restos de tu materia, inertes descansarán. Y todas las pertenencias que abrazaras en el plano terrenal -por las que peleabas hasta tus ojos sangrar- serán enterradas contigo en la cámara funeraria -donde inerte y aterido, como un cadáver de hoja bajo la nieve, tu cuerpo endurecido yacerá- así, como si fueses un miembro de la realeza egipcia, como si fueses un mustafá o un califa.

Y si acaso la suerte te acompaña, alguien llegará a contarte las historias de "las mil y una noches". Tu cuerpo momificado, bien podrá parecer, el del rey "Harun al-Rashid", con la única diferencia que tus oídos no escucharán, las semblanzas que esa voz, a tu oído narrará.

¡Escombros mortales! En algún momento, otro mortal entrará esperanzado, creyendo se enriquecerá si roba tu momia ancestral. ¡Desesperación total! ¡Triste y solo está el sepulcro! ¡La tumba impenetrable se yergue en el paisaje! La última morada fue tallada y sellada. Pedruscos hay y en todos los ángulos y lados de la bóveda piramidal, conjeturas fueron escritas sobre el barro y el granito.

Se escuchan los rumores que lleva y trae el viento, sobre las profecías que un iluminado dijera con énfasis, en las profundidades cercanas a la gruta donde se cree que reposan los restos perfumados de un monarca imperial.

En el Valle de los Reyes, sobre las dunas del desierto, alguien reza cuando el viento arrastra los saludables sonidos tibetanos en áspero silencio... y sobre el río Nilo, se avista navegando, una barcaza real. Dicen que en ella arderá el cuerpo de una noble reina. Que se inhumarían sus restos... que los jeroglíficos que hablan de su reinado se han ido borrando con el pasar de los años. Que se han desmoronado las paredes húmedas y frías de los túneles y pasajes que dan testimonio fiel -erguidos en constante laberinto- del ultraje a su memoria y a cada una de las glorias, de quienes fueron dejados en estado de reposo -entre las escenas terribles de una pesadilla que agobia- vacía de reflejo y de sombras que divagan penantes, llenas de miedo, de pesadumbre y soledad.

¡Desplazamiento y verdad! Se escuchan los ecos de lamentos quejumbrosos, tras los bloques de alabastro donde yacen descansando los cuerpos descarnados de reinas y reyes; de faraones y monarcas; de mustafás y califas; de emperadores y otros nobles. Que se ven por los oasis a los sepultureros y a los sacerdotes que hicieron los ritos de sus exequias, haciendo sahumerios de hierbas buenas y ofrendando aceites y frutas a dioses de piedra, para lograr que sus almas alcancen la paz eterna.

Y aquí acabo de contar lo que es un derrumbe de penas. Queda aquí plasmada la moraleja, en un papiro lacrado con las lágrimas de cera, que brotan de los lagrimales yertos de los abedules: *"Es mejor vivir la vida de presente en presente. El pasado ya pasó, es ilusión inexistente, que solamente se avista, en las remembranzas ocultas del inconsciente. Y... el futuro, ¿qué pasa con el futuro? Éste es fuente de sugestión, superstición y hechizo, pues no hay nada positivo en las almas de la gente, porque se les ha muerto la fe y la confianza, porque se les murieron amores y esperanzas"*.

47. ENTRE OBSCURIDAD Y DESACIERTO

Muchas veces me ha inundado -sin derecho a reclamar- la soledad del pasado, escondida sin piedad entre los velos obscuros de los aciagos recuerdos que no se van... los mismos que han aturdido sin piedad las nubes de mi pensar.

Me inclino hacia el regocijo que me produce el meditar. Elevo mis plegarias... ¡he comenzado a orar! Siento al Señor escucharme porque la mente he vaciado de los pensamientos superfluos que de él me puedan distanciar.

Este hábito adquirido ha logrado en un suspiro hacer a mi alma cantar; ella canta, reza y canta en cada mañana santa, en que siente la presencia del divino Creador, bajando hasta donde ella se arrodilla en oración.

Su Salvador le recorre con la savia que lo inunda y llena con su energía sus células más profundas; aquellas que componen el ADN del cuerpo que ella habita, entre el bullicio de la vida que produce en su silencio, cada momento palpitante en las manos de la muerte... su muerte, su transfiguración; su transición camino al cambio.

Todo ello es como un billete premiado con las mayores ilusiones. Tan sólo de pensar que no habitarás más en un mundo desollado por el odio y la maldad, es un alivio total.

¡Qué supremacía! ¡Cuánto amor inminente! Sólo un padre como él puede ser misericordioso con la mente ennegrecida de tanta gente embrutecida, por lo gozos que presenta la falacia y la mentira. Gente que está amarrada a altos cargos de consciencia; gente que no abandona las falsas apariencias.

Siento a mis venas explotando... ¡qué divino momento! Supuran mis poros amor y felicidad; la fe y la dicha plena, acaparan con el aire, cada huella que he de dejar cuando por las avenidas de la vida, deje yo de transitar.

Sólo él y yo lo sabemos... nadie puede imaginar, lo que tuve que pasar... es difícil involucrarse en el éxtasis total sin que alguien más sepa, todo lo que ello deja... el beneficio presente cuando se comulga despacio, así, lentamente a la luz plena, aborreciendo las culpas que nos procuran las penas, cuando dejamos ir lo que a la consciencia condena.

¿Obscuridad? ¿Desacierto? La verdad que la vida que vivía como un árido desierto, ahora está más poblada que un verdoso campo abierto.

48. PÁLPITO ILUSORIO

Y todavía pienso que hay ángeles en mi entorno. Y todavía siento que ellos me cuidan. Doy cada paso sobre los tramos fangosos del sobrio y penitente tintineo de los andares nocturnos. Día a día voy caminando firme y serena. Agradezco al cielo por cada tic-tac que dan las manecillas del reloj, al desplazarse lentamente sobre la esfera iracunda.

Todo lo que mis ojos ven: el todo que mis manos tocan; el deleite de los sabores que embriagan mi paladar, paseándose por mi boca; el recuerdo de los besos y de las caricias, recorriendo cada ápice del cuerpo hambriento y desnudo... son palpitaciones de corazones que muerden los dolores del amor, sobre emociones y ensueños taciturnos.

¡Pálpito ilusorio! Y yo todavía pienso que hay ángeles custodios. Todo ello es descrito con destreza por mi lápiz y su ceba -deslizándose silente- sobre la página grisácea del papel doliente. Allí, en esa hoja donde aún se siente el amargor de las lágrimas derramadas por saucos, sauces, robles y cedros, los que fueron heridos de muerte, con el hacha que levantaran miles de manos humanas, criminales, pendencieras y hambrientas. Y todo... todo para que ella naciera y yo pudiese dejar reflejado en su marfil -entre rugosos y estrujados dobleces- el festejo de las metáforas que adornando van mis versos.

La lealtad de los hechos, cual pálpito ilusorio ha sido desparramado en las tonadas melancólicas y tristes, con que los ángeles guardianes cantan sus endechas entre notas de calamidad, angustia, desgracia y pobreza.

Al fin, desde dentro del pecho, me voy dando cuenta, que no existen ni justicia ni valores. Solamente pasos firmes, de esos que dejan huellas, con los que cada uno hará prevalecer lo que cuenten sus historias. Esas historias que no cuentan las mentes putrefactas donde no existen los sueños, porque no hay "leyes mosaicas"; porque la duda consume; porque la fe es débil y abstracta, para poder subir la empinada escalinata.

Por ello pienso que, de seguir agradeciendo, alguien que no sea yo, me hará olvidar el pasado, escribiendo entre líneas; entre palabra y palabra; sobre la hoja blanca sangrienta -parida por el árbol herido- la culpa de las manos, esas que empuñan las hachas, cercenando sus raíces.

¡Pálpito ilusorio!... y yo todavía pienso que hay ángeles custodios, pues siento el abrazo piadoso que da el Señor a mi alma pecadora, cuando arrepentida, en la soledad de la alcoba, clama por el perdón de sus pecados; así, como lo hiciera el rey David que, compuso para el Creador en agónica compunción, el Salmo cincuenta, que comienza: *"Ten piedad de mí, oh, Dios, conforme a tu misericordia; conforme a la multitud de tus piedades, borra mis rebeliones..."*. (San Biblia – Reina Valera 1960).

49. ENCARCELAMIENTO MORTAL

Una jaula se ha construido con barrotes de ilusiones y encantos. Ahí confinaron a una novia y a su corazón enamorado. Hay sonajas en la cárcel. Su carcelero baila cada canción. Ella ve su bamboleo y su ritmo singular, desplazarse sutilmente, con las notas extenuantes del idilio por el aire. Son las notas de un violín y las de un saxofón, que viajan con las lágrimas de un piano y un acordeón.

Al centro de cada una, la novia se ve a ella misma. Ha perdido la noción. No sabe en qué tiempo está. No sabe si logrará escapar como ceniza hacia la óptica sensación que la conduce al altar, allá donde su novio la espera. El joven aún no sabe que ella, en la jaula mortecina -entre inhalaciones y suspiros finales- su mirada tierna se va. Sucumben sus latidos. Su corazón se detiene y con él sus ojos de mar. Ambos están cruzando, despacio y sin darse cuenta, los portales de la vida hacia la meta final... así, como la llama de una vela que se achica cuando se ha de apagar.

Y no entiende. No comprende... ¿por qué su amada se está dilatando así? Hasta que un ángel del mosaico de la cúpula central, baja y le susurra que ella, plácida en el cielo está. Los ojos se le humedecen... la mujer que ha amado de forma incondicional se fue sin avisar... ni una palabra de aliento, ni un poco de sosiego, nada logra que él esté en paz.

Y entre suspiros y llantos y dolor, va y se toma la pócima indolora que guardó, por si acaso alguna vez, le tocara aminorar los sufrimientos del amor; y su alma levita lentamente, como una hoja seca por el aire... y sin rumbo se echa con su amada volar. Y en su reencuentro, recorren por fin, cada confín del universo.

Y volaron... volaron. El amor les alcanzó ya. Ella le estira los brazos... en un sueño profundo el novio ha caído sobre el piso de ladrillos amarillos que se empalman, uno a uno, en el nicho principal de la Catedral. ¡Sí! Ha caído fulminado por un infarto mortal. Invitados y familiares, le han visto expirar. Al cielo partió con ella. Con ella feliz está.

Ambos ahora son etéreos. Sus almas se fundieron sobre el velo levitante que les cubrió el rostro, hasta partir gustosos con la primera dama, dueña y señora de la eternidad.

50. LOS ECOS DE LOS LIRIOS Y LAS ROSAS

Se han vestido los días con el lenguaje de las flores. Campanas de cristal suenan por el aire transparente. Expresiones románticas han rodeado el ambiente. Las rosas rojas se han abierto con devoción que impresiona, porque han de llamar entre aromas, a la dulzura del amor que surge de sus entrañas.

Ese sentimiento que palpita con emoción sobre el imán de sus tallos espinados -los que lucen cansados de olvido, tras de maduras aceitunas- sobre el velo de los campos de olivos afelpados, son cual sudores de lluvia caída, dando vida a las laderas, montañas y campiñas.

Y es así, que una canoa delgada y displicente -entre las aguas plácidas del río del querer se desplaza- por el caudal por donde viajan los ecos de las almas de las rosas rojas y los de las campanas de cristal de los lirios sedosos -de blancura inmaculada y belleza virginal-.

Ambos... lirios blancos y rosas rojas —con sus campanarios abiertos de sonajas sonoras- abrazan al sonido del canto del ocaso, con susurros suspirantes y apasionados que murmuran los eternos deseos y aprisionan al "te quiero", que el sol con sus rayos mañaneros envía caluroso a sus pétalos y al dulce tintineo de los cristales traslúcidos, cuando los ecos del amor rozan con sutileza las lágrimas de sus péndulos.

Y la canoa avanza llevándose con ella aquellos ecos viajeros cargados con los sudores del rojo sangriento y satinado, que resbala por los tallos espinosos de las rosas y sobre las lágrimas de las campanas de cristal, de los lirios vírgenes e inmaculados.

Los dos son cual sudores sangrientos azuzados por espinas asidas a tallos satinados y las lágrimas "dingdongneantes" de los lirios nacarados, resbalan como un llanto traslúcido… como agua de cascada; como el desgarramiento sombrío que siente la mujer casada, al sentirse traicionada.

Y se desliza despacio… con cautela y tiento, hasta besar los labios agrestes de las orillas que circundan -con una alfombra de hojas secas- la boca carnosa y callada de la ribera que ve tras de los troncos flotantes de las estepas; y, el río la arrastra hacia el océano, con los ecos que se pierden entre los "ayes" cenicientos de los lirios yertos y los cantos religiosos que tararean los pistilos asustados de las rosas negras.

51. EL LLANTO DE LOS HALCONES PEREGRINOS

Buscando en lo profundo del mar de los quereres, me tropecé en el fondo con lágrimas de nácar, las que se habían desprendido de los ojos almendrados y sombríos, de una bandada de halcones que en éxodo emigraban en un vuelo inusual, triste y atolondrado.

Ellos se encontraban buscando el Norte de su destino, pero la brújula -en el tiempo- se había detenido. Y así, fue arrastrado su llanto por el oleaje enfurecido. Cada lágrima que mojaban sus párpados recubiertos con la nostalgia de las nubes esponjadas, fueron llevadas a reventar con furia, en la mies del olvido; allí al fondo, en las simas siniestras del océano enigmático, tramposo y embravecido.

Abajo, la arena cegaba. En la costa los rayos del sol compungido -por el dolor que sentían aquellas aves en su ascenso- eran como un castigo. Las tortugas Laúd y las tortugas Carey, anidaban en la orilla. Las almas confundidas de otros pájaros surcaban el aire. Sobre la avenida de los valles y colinas, una garúa se desvanecía, así, con tiento y despacio, como incitando a los pájaros a partir el horizonte con el batir de sus alas y al mismo tiempo acallar el canto de las voces de los coros celestiales.

Las lágrimas nacaradas de los halcones que peregrinaban perdidos en el aire, estaban siendo desgranadas -como perlas cristalinas- clandestinamente, por los tritones marinos entre los bancos de coral, allí donde las ostras todavía son virginales y las sirenas -enigmáticas Musas- cantan posadas sobre las piedras en las noches selénicas y enamoradizas y todo es un secreto manejado con sigilo, entre la noche estrellada y el mar.

Y en el camino hacia las profundidades de las aguas salinas de los inmensos mares, como una serpiente de humo, entre los moluscos jaspeados y "verdecinos", encontré rodando las lágrimas de nácar de los halcones peregrinos, las que, en una terrible vorágine, se deshacían en llanto sosegado, derramándose y perdiéndose sobre el reventar estruendoso y perturbador de las olas; como tentando a los desatinos que les tejió en sus ardides el destino, desacomodándoles la vida sin razón.

52. ANCIANIDAD

¡Oh ancianidad! Eres el sosiego de los sentidos. Del pensamiento, sos el silente fuego apagado. Del alma, esa mecha cuyas llamas aun titilan y tiritan, desde las velas ungidas con los aceites de romero de la sabiduría. Del espíritu, aquella corriente continua amarrada al reflejo arrugado y pecoso del cuerpo marchito, como hoja de verano frente al cristal del espejo.

En tus campos abiertos –genial maestra- pude vivir las andanzas de las cuatro estaciones. Sentí el llanto de las lágrimas de ajenjo que, a escondidas, derramaban los ojos de los poetas; palpé el sosiego en las letras de sus versos, con las que eliminé las perturbaciones, las dudas, los miedos y los tormentos.

¡Oh ancianidad! Tu enigmático poder está cargado de los estigmas que marcan y hacen vivas las experiencias; de los colores naranja en cada otoño; del amor infinito de Dios hacia la humanidad. Él, que se esmeró en plasmar todo su arte en los lienzos de los horizontes, los amaneceres, los atardeceres y los anocheceres, para el deleite de los ojos de sus hijos terrenales.

Tu enigmático poder está cargado: de los fríos e implacables vientos invernales, cuando los pinos verdes lucen sus bufandas de nieve marfilada; de los cálidos veranos, el que aprovechan los pájaros para dar conciertos a las mañanas y a las cascadas; de las primaveras, en que las mariposas y vergeles, visten los multicolores del arcoíris.

¡Oh ancianidad! ¡No importa cuán vieja se vea mi materia en el espejo! Mi alma es joven, ama y agradece el privilegio de tu transitar por mis avenidas. Los años que he vivido... tus coloridos presagios... tu vasta y hermosa poesía, reflejada en mis sienes plateadas por las andanzas clandestinas de las manecillas del reloj y de los años transcurridos sin medida por mi existencia -algunas veces poblada y otras, sombría- ese existir que mi corazón me recuerda que está allí hasta que un día, otros la vean exánime y yerta con su traje de madera y satén para siempre dormida, en el regazo de la muerte con la cobija de la vida calentando la inmortalidad del alma y el aterido hielo que recubre los cuerpos inertes.

53. CODICIA

Hay buitres, cóndores, cuervos de lengua larga y voraz. Ellos vuelan en busca de la carroña o de la podredumbre de algún cadáver que su hambre saciará. Es fétido el ambiente. Sus garras afiladas, darán certero el navajazo sobre la carne putrefacta hasta llegar al hueso. Picos y garras, hojas filosas que desgarrarán sin piedad, los tendones que sus lenguas por sus gargantas engullirán, de esos cuerpos ateridos, yertos y sombríos.

Animales carroñeros entre los vientos y los tiempos. No hay clausura en su trayecto. Muchos de ellos han abierto sus oídos para escuchar de los demás sólo malos comentarios... comentarios siniestros. Para ellos no existe la crítica constructiva. Tienen los ojos opacos, la pupila dilatada, la mirada entristecida y perdida en no sé qué. Se hacen de la vista gorda. No tienen misericordia. Carecen de compasión. Dan la espalda a la desgracia ajena. Disimulan ante la crueldad de los hechos que se vuelcan, hasta convertirse en miserables pedazos de desechos.

Su pasatiempo es la censura que a fuerza te ha de callar. Es impedimento que degrada y rompe todas las reglas... las reglas que han creado las falsas sociedades. Es hoja arrancada con furia. Es hoja que aún viva disfraza su agonía y viaja por las avenidas del rencor y de la envidia; del orgullo y la mentira, del falso secretismo y de la abrupta partida clandestina. Es espina de cactus, es veneno de alacrán. Es imagen de barro al centro del pantanal. Es sombra que se tatúa permanentemente en la piel, dejando su huella imborrable y siniestra... es la hediondez de la ignominia. Es el sudor que supura por los poros las toxinas. Es sangre coagulada taponeando las venas. Es basura arrojada por la boca sin pensar. Son palabras que cual dagas, hieren sin piedad.

Alguien grita por allá, que todo esto no es más que codicia pendenciera que arrebata lo bueno llenando tu consciencia de intranquilidad... señal férrea de avaricia y de crueldad. Es animal solapando su instinto en la burda soledad. Es el cuervo que caza solitario. Fieras aladas de carroña que despedazan a su presa, ese cadáver que devoran porque ha muerto consumido y abrasado por el fuego que alimentó a su maldad.

Mas, la rueda gira hacia adelante, nunca lo hace hacia atrás. Los sentimientos que carcomen y consumen tu frágil humanidad, son el karma que a tus días sin piedad abrumará. Llegó el momento de cambiar. Cambia tus pensamientos y guíalos a otra frecuencia, donde la verdad y la pureza encuentren de nuevo su lugar.

No te dejes arrastrar por lo que ha pasado ya. Lo que pasó, pasó y fue para mejorar. Olvida y vive tu vida, no te vuelvas a engañar. Y esta vez sé el buitre que no se deja contagiar. Modera tu temperatura corporal y mantén la vista aguda. No codicies porque podrías caer y tocar el fondo de un pozo sin agua y una vez dentro de él, te aseguro que perderás el aliento, pues en tu desespero, no podrás respirar.

54. VOLVERÉ A DESPERTAR

¡Despertaré! ¡He de hacerlo! -Gritaba mi alma al ver que repentinamente abandonaba su cuerpo-. Se sumergió en el más allá cuando el cansancio la sostuvo -entre los halos sublimes del encanto- encerrado en la burbuja majestuosa de los sueños.

Presiente cómo pasan asiduas las centurias y dentro del óvulo de su orfandad, vuela ligera de un lado al otro entre llanos y sierras; entre montañas y praderas. ¡Es leve la esperanza! Se desplaza con el aire entre aromas subliminales de cientos de azahares cayendo como lluvia, desde las ramas de los frondosos y tupidos naranjales.

Presiente que es el siglo veinte y tantos el que corre. Han pasado desde entonces, una cadena de años. Y ve el halo de la santa blanca que se acerca con sigilo a la humareda levantada entre la vigilia tormentosa y la supremacía divagante del ensueño.

¡Despierta de tu letargo! Escuchó el grito que, con voz de mando, le dirigiera La Parca desde la barca de Caronte que se mecía en la placidez de las aguas del Hades. *¡Despierta! ¡Despierta!* Escuchaba su voz

tambaleante, quebrada por el susurro del grito que se dispersa, entre las sábanas ralas, frías y silentes.

Ahí, entre los sonidos sordomudos y la voracidad que tiene la caída de la noche, viaja etérea, la astralmente hecha de humo; viaja áureamente la hecha con espesura de niebla; la moldeada con las ondas tenebrosas que desprenden -en soledad- los radares invisibles de los murciélagos ciegos y el quejido que desgarran ululantes -desde la espesura de los bosques y las selvas- las gargantas profundas de los búhos reales.

Y ve mi ánima el cierre presuroso del manto sagrado del cielo umbrío y desolado. Sobre las aguas turbulentas del océano bravío divisa a las decenas de navíos que trafican -por todos los puntos cardinales- con almas abrumadas que se mecen al vaivén de la corriente, sin rumbo fijo; arrastradas -Dios sabrá dónde- por las olas del océano que revientan dentro de las cuevas rocosas, inanimadas y húmedas habitadas por los grandes, por los temidos, por los más peligrosos monstruos marinos.

Y mi alma atiende al llamado aquel. Vuelve como una golondrina de papel. Se goza en los rosicleres de las auroras y en el fuego encendido y quemante de los ocasos desgajados en el horizonte; y aunque no encuentra salida para los equívocos, confía en que algún día volverá y que su retorno final habrá de disfrutar en lo que ahora parece verdad atemporal.

55. HASTA LUEGO

Para decir adiós, no basta con levantar la mano y agitar un pañuelo. Tan sólo es menester acostarse un día y no abrir los ojos una mañana cualquiera, porque nos quedamos dormidos en el para siempre, en las profundidades del carruaje de Morfeo, dios de los sueños.

Hoy has partido con la santa blanca hacia los Portales del Creador. Quizás no te diste cuenta, estabas diciendo "adiós". Los que aquí quedamos consternados y con el corazón compungido de dolor, sabemos que estás gozando —allá arriba- de las maravillas del Señor. Y aunque las lágrimas rueden como una cascada interminable y el desánimo nos agobie al verte inerte dentro de un ataúd, sabemos que algún día cualquiera, iremos detrás de ti, así, lento pero sin pausa, caminando el mismo sendero que hubiste de haber transitado, liviano de equipaje, sin pasado, sin presente, sin futuro, sin historia.

No sé cuándo volveremos a encontrarnos, porque la lista de espera es infinita y ninguno sabe a ciencia cierta, los años que le quedan por vivir en éste mundo injusto e impío, al que llamamos La Tierra; pero segura estoy de que el reencuentro se dará, si no en otra vida, en el reino de los cielos, cuando haya de recorrer -como lo estás haciendo ahora- las avenidas aromadas con los lirios que se yerguen en los jardines del universo, donde los "devas" cantan las loas en coro, dejando sentir los clamores de sus arpas por los vergeles que enaltecen la gloria del Eterno.

Es por eso, que no te digo adiós, sino "hasta luego". Estará presente en la memoria: tu sonrisa, tu alegría, tu jocosidad y el positivismo que izaste como tu bandera permanente.

Mis oraciones hoy se deslizan -desde lo profundo de mi alma- hacia el gran "Lord" y le pido que descanses en su paz; que brille para tu ánima su luz y te envuelva para siempre en la calidez de su amor. Es por ello que me atrevo y te digo "hasta luego" porque yo haré aquí lo mío para poder volver a verte en las inmensidades del cielo.

56. EL ÁRBOL DEL NO SER

En las ramas esqueléticas del árbol del no ser, se extirpan los diviesos de las falsas apariencias. La existencia corpórea es tan sólo finitud. Somos semillas que germinan como el dátil; somos hormigas que trabajan arduamente para suplir su alacena, en los tiempos invernales.

Hasta aquí, todo es espectacularmente fenomenal, mas, es menester asimilar que la vida es transitoria. Para morir, ha sido necesario llegar hasta aquí y respirar para existir. Hemos de partir como la abeja, con los dulzores de las flores. Debemos de entrenarnos para aprender a soltarnos -suavemente- de las secas y quebradizas ramas del árbol del no ser.

¡Qué maravilloso es ver a la naturaleza obrar! ¡Qué delicia es sentir el vaho del aire, después de una llovizna al caer la tarde! Aquí estoy escribiendo a las doce y cuarto de la noche. Imagino los gemidos que da el río al infartarse en un orgasmo profundo, cuando desemboca en las heladas y serpenteantes corrientes que zigzaguean, en las profundidades oscuras del mar. Y a las sierras veo envueltas en anillos de neblina. Agobiados de cansancio, se cierran mis ojos y el sueño me vence. Mi espíritu se desprende de su materia mortal y me lleva a pasear por sitios que no conozco, allá por los confines infinitos donde toda ideal promesa, flota como una pompa de jabón en un cuarto imaginario.

Al despertar, mi subconsciente está consciente y el efecto "dejá vu" -del que muchos suelen hablar- flota como un susurro que transpira y se tambalea ebrio por el ambiente. Y volveré si acaso de nuevo a soñar abrazada a la ilusión que me provee Morfeo; nostalgias y añoranzas en cada entretiempo la vida me presta y me presenta, mientras llega el momento de partir al origen cuando mis células al fin dejen de respirar y se regeneren para renacer con inédita identidad… en otro cuerpo nuevo.

Mi materia vieja, será llevada a reposar eternamente, mientras mi alma se desplazará como el éter o como el ente colorido de una mariposa revoloteando entre los cedros y los naranjos perfumados, donde los pájaros tenores —cada mañana- suelen tejer sus nidos y cantar; donde el astro rey aparece aun envuelto en las estelas de colores, que se desprenden como trozos de gloria, desde la hermosa aurora boreal.

Y me olvidaré para siempre del árbol del no ser. Seré invariablemente quien fui, hasta que me echen -los que amo- en las fauces temidas del olvido; en el para mientras, fingiré que no me he ido, aunque la luz del Eterno me indique nuevamente que, para volver a nacer, es que he partido.

57. PASAJE PICASSIANO

Ha esbozado el cielo una sonrisa de confeti. Las lágrimas con que explotaron las nubes caen como trozos de cristal sobre las flores, que se desgajan coloreando al manantial. El rompecabezas de las piedras calizas, por fin se ha completado con las piezas que sutilmente se soltaron de las ramas de los madroños -que en moños- alfombraron el suelo donde yacen asidos los pies de raíces gruesas de los ceibos altaneros, de los marañones perfumados y de los abedules que se yerguen entre amapolas, laureles, mirtos y claveles, que han sido incinerados por el sol ardiente del medio día.

¡El reflejo inocuo abraza aquel paisaje! ¡Pasaje Picassiano! Los ríos en "zig-zag" gráfico, son como un manto cayendo apasionado, sobre el que se ven nadar gansos aventureros y cisnes negros y blancos. A la vera del camino, resplandece en oro diamantino, el sol vertiginoso. Y en una cálida vorágine sudorosa, plácida y matutina, se aglutina en el alma, todo lo más hermoso; todo aquello que brinda paz y calma. Y, ¡ay!, me siento como una hoja de papel que levita con las letras desteñidas por los senderos que fielmente custodian Hadas y Elfos y otros espíritus de la fauna y de la flora. Y complacida aterrizo y ahora yazgo por los llanos y los prados, acostada sobre el vergel de las azucenas dormidas.

Mi ánima poseída ha caído en trance, quedó sin aliento, inerte. Ella en su último suspiro, soltó al exhalar, su color cano y opaco, entre los brazos ateridos por el frío viento invernal. El tono brillante con que elegantemente vestía, ese tono que le regalaran los rayos de Selene al pasar, los perdió con las estelas grisáceas del humo cenizo con que le pintó la bruma, cuando resaltaron los cristales en la cara de la noche y se fundieron los corales en los brazos de la mar.

Todo esto sucedió, después que se le vio pálida, yerta y aterida, bajo las copas frondosas de los cedros, que soltaban sus hojas homenajeando su partida hacia lo desconocido, hacia lo inmaterial, hacia la eternidad adherida al universo eterno y los simbolismos que forman su zodíaco sideral.

58. FUSIÓN

El obrero va con la azada al hombro, desde la salida del sol hasta su encuentro con Selene. Él, es el soñador que surca y siembra semillas, desde el amanecer hasta la caída del ocaso.

Espera poder ver la cosecha a recoger -al final de su tiempo-; así como el pescador admira dentro de la red a los peces grandes y de vívidos colores, que ha logrado pescar para comer; o como el navegante del océano de aguas claras que divisa la paz de los corales sangrientos, meciéndose suavemente sobre la arena rosada.

¡Fusión! Un eclipse de luna y una lluvia de meteoros; una estrella de pelo largo en un ramillete de flores; todo se junta en el vapor de las nubes -formando figuras diferentes- entre los ángulos de las constelaciones. En el brillo de Orión o en los diamantes de Las Pléyades, navegan sigilosas las miradas profundas.

El obrero de la azada que tiene ojos que enamoran, inspira con su belleza encantadora al numen de mis letras, que en silencio se desplaza con la pluma hecha de humo sobre el papel siniestro, arrugado y ya amarillo, donde la tinta ha derramado y construido, los más hermosos versos que ningún mortal hubo escrito ni lector asiduo haya leído. Estos fueron compuestos entre las notas musicales de arpas hebreas, a los misterios del hierro al rojo vivo que se funde incauto, en las llamas ardientes del amor que alguien hubo perdido por las entrañas del camino.

Y el sol sale de nuevo. Un nuevo amanecer anunció el gallo. En medio de la espesura de la niebla y el rosicler acaramelado de la aurora matutina, vuelve el obrero a tomar su azadón, a enyuntar los bueyes y con el chuzo en una mano y el fuete en la otra, ve como la carreta de horcones dentados, nuevamente inicia la ardua y dura tarea del arado.

Pasan las auroras, los soles, los ocasos y las lunas. Pasan los cometas y las estrellas fugaces -brillando entre la bruma-. La tierra sigue siendo abonada y preparada. Una cosecha se recoge y otra es iniciada. Fusión que no termina de enriquecer la meta que se ha propuesto hacer en poemas, la fértil pluma de un poeta.

Y aquí termino ya lo que parece un cuento, pero no es más que otra historia real las que les cuento.

Esa es la hermosa vida de quien vive en el campo, rodeado del color de la creación profunda, que vierte la mente divina del vate que gobierna con destreza -las acuarelas de colores que enjugan los pinceles y que pintan en los lienzos, a los picos agrestes de montañas y cerros; a los verdores de los bosques; a los celestes turquesa de las aguas de los océanos; a la transparencia de las aguas de los manantiales, dentro de las cuales se ven a cientos de peces diversos nadar-.

Y cada nuevo amanecer, atardecer o anochecer, sin importar el tiempo ni el lugar, yo que soy aprendiz de poeta, intento deslumbrar con mis letras plasmadas en la hoja de papel -parida del árbol de laurel- letras como pinceladas de vida, describiendo los sudores del obrero y al arcoíris que se desprende de sus ojos avivados como ríos de un todo embelesado por la divinidad creadora, en los reflejos de los cristales de los espejuelos de las estrellas diurnas y nocturnas que brillan muertas en lo alto, junto a un eclipse de luna.

59. ULTRAJE

¡Oh virgen! Joven famélica y harapienta. En juerga entregaste, sin darte cuenta, tu pureza... esa virtud que perdiste viajó en declive sobre las aguas sucias de la holgada variante de la inconsciencia, hacia las honduras de tu humilde origen. Ahora el don Juan que te arrebató la castidad que te hacía valiosa, celebra altivo su triunfo glorioso.

En vasos largos y al frío del hielo, se ha servido —nervioso y risueño- un trago tras otro de licores finos... y con esa sonrisa burlona, se le ve brindar por su hazaña cruenta, sin mínimas señas de arrepentimiento. Sus ojos perdieron el brillo inusual, cuando hubo saciado sus bajos instintos, su instinto de bestia herida con daga mortal. Se le vio pensativo y ensimismado, admirándote de lejos entre las sábanas, después de que hubo llevado a cabo, aquella acción violenta y fatal.

Y tú te secabas las lúgubres lágrimas. Se podía ver como restregabas, con furia, tus finas manos aterciopeladas, sobre tu rostro grácil de manzana; pero estas fluían resbalando lento y otras veces cayendo con furia, cual lluvia soleada siendo absorbida por el arrebol apagado de tus mejillas; tu faz abrumada y consumida tenía incrustado en el ceño, la ignominia... el dolor circulaba con el aire hediondo, impregnado de bestialidad, filtrándose por las hendijas que tenían las tablas rotas y quebradas que daban forma a aquel sucio lecho.

¿Qué fue lo que pasó con aquel buen sujeto? Su animalismo imperó al consumar este hecho. La lujuria por la calidez de tu níveo cuerpo y el inocente ronroneo de tus movimientos acrecentó sus instintos de lobo hambriento, engullendo en sus fauces, todo buen sentimiento.

El tiempo pasó y con letras de humo, alguien deletreó sobre las nubes grisáceas, la palabra: "viento". Viento que en sus fuertes ráfagas te arrebatara, sin vestigios de bondad, tu castidad e inocencia.

Ahora todos saben que te convertiste en mujer y que nada mitigó el padecimiento que vivió tu ser; que llevas a cuestas los maderos apolillados, con los que se yergue la maldad humana.

¡Éste hecho fue forzado y bochornoso! Mas, eres tan volátil como acetona o éter y alguien en tus vías se atravesará, como un tren que descarrilará sus vagones y destruirá los míseros harapos que algún día te arrancó un enfermo patán.

Con alegría que perdurará, habrás de olvidar, los viles sufrimientos que albergan los recuerdos; remembranzas que te asaltan cuando menos esperas y no sucumben y te atemorizan, cuando aparecen -sin ser llamados- sobre la senda que te has trazado para conseguir la felicidad.

Y los ultrajes algún día habrás de cambiar, por trajes monárquicos que realzarán, tu belleza interna que se exterioriza, en la ajena presencia de quien un día fuiste. Sabrás que no todos los seres humanos cavilan de forma miserable y cruel. Crecerá tu autoestima y entonces sabrás que haber superado esta dura prueba, te da el derecho de poder expresarte ante otras mujeres que deban cuidar, lo más valioso que todos tenemos y que bien sabemos cómo llamar... me refiero, ¡oh, joven señora!, me refiero a la ¡dignidad!

60. VERSOS DE HIEL

Creyó valdría la pena luchar por el amor. Se vocalizó la tristeza que llevaba en su interior. Volvieron a estallar los sentimientos de hiel y todo fue más intenso, grotesco, diverso: el andar tendencioso del reloj; las campanadas de duelo en la lontananza; la flauta dolorida que suena y el órgano del templo vertiendo sus notas solitarias. Todos... ¡todos! –Se dijo- lloran por la tristeza que habita silenciosa como una araña pálida, que lento se arrincona escondiendo los secretos que se escapan de la red que tejió -con los hilos que en el invierno soltara como savia bendita, un sauce llorón-.

Adoloridos pensamientos surgen de su mente vagabunda. Su mirada divaga con ellos desde el muelle de madera y ambos -mirada y pensamiento- se pierden en las olas rastrilladas del océano tranquilo donde se refleja la sombra del vuelo de las gaviotas blancas que, se confunden con las nubes al desplazarse libremente cielo arriba; al observar a las algodonadas flotando libres, ve a las aves que ansiosas cantan y sueltan al volar, el estrés que cada una cargaba y que les oprimía el pecho; y, desde sus ojos amarillentos, posados en aquel blanquecino universo célico, se resbala una pequeña y cristalina lágrima furtiva que se funde en las ondulaciones que van y vienen del piélago salino.

El hueco de la herida que le dejó el amor seguía abierto y sangrando de odio y de rencor. Entre tanto ensimismamiento, una mariposa multicolor -como un ángel custodio- hacia donde estaba bajó; se posó en su nariz extendiendo sus hermosas alas y telepáticamente, susurró a su oído: "*No temas, soy ese amor que un día te abandonó. Ese amor traicionero y desagradecido, que ahora viene hasta ti, a implorar tu perdón*".

Estaba sorprendido ante tal revelación. La bella mariposa, en su nariz se quedó. Sus ojos se posaron al interior de sus iris. Sus antenas inquietas aguardaban su respuesta. Y fue cuando entendió que era real este encuentro y no una casualidad del destino, que surgiera como frágil ilusión.

Después del hipnótico trance sucedido, decide de nuevo volver a retomar, lo que la depresión en su expresión más profunda le arrebatara lentamente, cuando su alma se quebraba entre pena y confusión.

Y escribe... su ímpetu de poeta renació al caer el sol. La alada de colores, por el horizonte se perdió. El siguió una nueva vida, el perdón que ese día, con el corazón abierto a la bella concedió, lo liberó de las cadenas que le agriaron su interior. Ahora no hay versos amargos y le escribe sin cesar a los perdones otorgados y a los amores que vendrán.

61. Y EL TROVADOR DIJO: "ES UN POEMA NADA MÁS"

Están colgando sentimientos lúgubres desde las nubes de bronce, carmesí y coral. Hay reunión de cuervos en lo alto del campanario del castillo medieval. Los dorados se han mezclado con los grises. Las gárgolas de piedra –en la obscuridad- se gozan en los miedos de las inanimadas ánimas de la humanidad.

Y el trovador solía decir: ¡es un poema nada más!, y escucha los susurros que dan los ecos nocturnos en su paseo fantasmal. Una humareda diáfana -como paloma sin rumbo- se cuela entre las ramas secas del almendro... ella se desplaza por el ambiente tétrico nocturnal. En sus estelas efímeras, envió un mensaje urgente al sabio y viejo zorzal: *"La señora de la guadaña está llegando por el amor... desea llevárselo a su viaje eternal, allá donde no se escuchan los alaridos de la angustia ni duelen las llagas abiertas y sangrientas del dolor".*

Las pasiones se encuentran... se buscaron para reñir. Del cielo se desprende el sonido de las arpas celtas y ellas –las pasiones intensas- sepultan sus sentimientos... los mismos que una vez hubieron de teñir con los rasgos que dejaron en su andar los deseos que sus almas —presas de desesperación- hubieron de cubrir de ceniciento gris.

El viento arrastra en sus rachas pendencieras: olores a madera de sándalo recién cortada; pequeñas partículas de flores "liláceas" de lavanda florida y espinas desprendidas de los tallos de las rosas hechiceras. Mientras, los cuervos sesionan... discuten al desnudo la llegada de la "guadañera".

Aún sin llegar a consenso, ven encenderse los carbones húmedos en las fauces de los dragones de metal -que custodian las paredes mohosas del castillo medieval-. Y sobre el camino que la dama del misterio recorrerá, han arrojado llamaradas intensas, como lenguas furiosas de fuego desprendidas desde el cráter de un violento volcán. Creen que ella no tiene poder en demasía, para pisar aquellas avenidas ardientemente encendidas.

Las cenizas del amor, todos se propusieron camuflar. Los tentáculos enrollados del pulpo de la desolación quedaron asidos al ataúd decorado que está expuesto en el salón. Los cuervos se retiraron sin consensuar. Y el zorzal que recibió el mensaje diáfano -en las señales que en su tiempo le enviara la humareda desvanecida- tuvo que abrir las puertas de las cárceles, a los cuerpos inanimados que no tenían que partir con la mujer que cada vez y cuando llega, viene, va y desaparece como una estela de niebla brumosa y espesa. E insultando la inteligencia de la dama aquella... -quien se encuentra sigilosa esperando con paciencia sobre los restos de piedra fríos de la anciana gárgola Silas- como si fuese el mago Merlín —el sabio y viejo zorzal reanima a los amores que la dama de blanco no pudo llevarse a su guarida-... les dio un voto de confianza devolviéndoles a la vida.

Mas, no hay más ecos fantasmales rondando por las salidas... solamente quedaron susurrando los versos de un poema que celebra la muerte de la guadañera, en las metáforas que viven en las avenidas de los destinos y por los polvorientos andurriales que caminan quienes -a pesar de todo- se sienten vivos, eso dijo en su cantar el trovador, a los pacientes del destino.

Y todas las estaciones se agrupan a festejar... Otoño, alfombró la tierra; Primavera la llenó de color; Verano, le abraza caluroso e Invierno con amor la mojó. Todos los muertos están vivos. Los cuervos cantaron ya. Llegaron a un consenso, sentados alrededor de la mesa redonda en uno de los grandes salones del castillo medieval, en donde siempre (como al rey Arturo) –de tiempo en tiempo- otras almas inmortales les han visto sesionar.

62. NO HAY COBIJO EN EL RECUERDO

No hay secretos ni recuerdos que no tengan consecuencia. El diccionario no explica los conceptos indistintos de las palabras mudas y los decires muertos. La luz está apagada y la inspiración distante. Manos callosas, bien trabajadas, han hecho retoñar la vid con las horas que naufragan, en los hálitos que da la cobardía del tiempo, rebotando en los brocales de las ánforas repletas de discriminación, irrespeto y desigualdad.

¡No hay cobijo en el recuerdo, ni secretos que cobijen! Gorriones y golondrinas tienen sus principados en las copas altas de los cedros y en la profundidad de los valles. La flor del amor, dicen que es el remedio, en tiempos maravillosos en que la luz y su fulgor, ilumina la soledad de los sueños; convirtiendo las tempestades y los trastornos en buena cosecha, la que será recogida en las mieses del intelecto.

En las rimas románticas del poeta a los versos de la Musa que recuerda, yacen las espinas enclaustradas al centro del corazón, haciendo lo suyo... variando y construyendo todo lo que lleva dentro y suplantando de hecho la ira con perdón.

Son cosechas del recuerdo. Los grises y las cenizas que yacen dentro de las sombras que han dado forma a estos versos, son las voces de la soledad en los radares de los peces sordos, que coletean al eco sombrío que devuelve insatisfecha la naturaleza herida y muerta.

En la quietud de la noche se escucha sonar la música que lleva la telepatía del viento que se une a las palabras. Las rosas sin espinas traspasan la coraza mugrienta y harapienta del pobre y del mendigo. Y las exequias de un instante se vuelven incongruentes, descobijando el recuerdo que pernocta en las consecuencias, cuando las últimas estrellas brillen en el cielo por las almas de quienes aman lo que hacen los poetas.

63. IRACUNDA

Es la ira la causante. Ella es la que ha azuzado cual leña seca, encendiendo las llamas de la hoguera que ya arden con furia, junto a las sanguinarias lenguas de fuego que chisporrotean y hacen crujir los trozos de madera, que se hacen cenizas poco a poco, cuando el aire entra y les sopla por el boquete inmenso, de la boca de la chimenea. Llamas altas, brillantes y altaneras -lumbres de las que se alimentan- los rencores, las venganzas y las dudas traicioneras.

Con la desconfianza, afloraron las conjeturas. De la mente divagante, surgieron los pensamientos vanos; tropezaron ciegamente con los "tal-veces" y los "nunca", cerca del bajarete donde sigilosas bajan las corrientes realísticas del no, del quién sabe, del quizás y la malicia.

Se escucha en la lontananza los pasos acuerpados, por el eco que han dejado el taconeo y las pisadas de la inseguridad y el desdén; y las gotas que resbalan desde lo alto del techo, han dejado sus huellas como huecos contingentes -del reflejo promiscuo- de sombras fantasmales que asustan lo inexistente, con los destellos de los rayos que se desprenden del cielo como feroces serpientes, e iluminan el escondite donde se asilan los sustos, los disgustos y los sobresaltos bruscos, pérfidos e inminentes.

Las apariencias atacan y acaban toda existencia. Nadie viene con manuales, que moldeen la consciencia. Las espinas secas de la desilusión aprovechan, que los rasgos marcados por la vil inexperiencia fueran al fin borrados como letras de un poema -escrito con tinta de suspiro- sobre el colchón absorbente de la arena.

La flama de la hoguera con que se alimentaban las inseguridades que causaban las dudas, sigue ardiendo. Sus tonos desiguales, señalan incongruencias. No asumas, le ha dicho en voz baja y con miedo el yo interno; mejor es que preguntes antes de que tu mente -que no deja de maquinar- te diga algo que no es cierto.

Y al haber escuchado las campanadas dolosas, que entre hieles amargas le dio el presentimiento, la hoguera aquella que pendenciera se alzaba altiva y orgullosa, perdió brillo y color.

Y todo volvió a ser, como debía haber sido. Con las dudas muertas, las espinas secas perdieron filo y con eso, todo indicio de temor hubo desaparecido los instantes, de lo que por mucho antes, algunos catalogasen como el odio más intenso que produjera el amor.

64. DESCARRILAMIENTO

El tren de la vida ha perdido la ruta. Sus rieles desunidos lo conducen tras las huellas que por el cielo han dejado a su paso las estrellas. Se ven las nubes abrazadas sobre el horizonte dormido. Allá a lo lejos −desde el galillo de la abadía- se escapa de prisa el eco sonoro del "om" prolongado de los monjes budistas, junto al misterio profundo que reviste con sosiego la pesadez y angustia de sus almas.

Y recorre sin querer el camino bendito. Corre sobre sus rieles desunidos y enfermos. Apenas se ven pasar sus vagones tras del velo espeso y humeante de la bruma. Parece un fantasma desplazándose cauteloso entre los halos de la luz que se filtran entre las ramas de los saucos, los abetos y los sauces llorones.

Cae la lóbrega, silente y obscura noche. Los búhos hacen reverencia a la presencia de Selene. Los rieles se unen como por arte de magia. El tren descarrilado de nuevo se dirige hacia el acantilado donde perdió su sombra. Y allí... ¡allí desaparece! Se lo tragó la garganta fría y áspera; la que aprisiona la negrura de la dama que se mueve noctámbula entre agruras y reproches.

Todas las mañanas, se escuchan sus pitidos. Los espíritus de la niebla se esconden de su presencia, cuando el ocaso cae agitado y presuroso. Los pájaros se alzan asustados y refugian el trinar de su temor, en la dureza de las espinas de las rosas. Se siente el "dingdognear" de una campana a lo lejos. Ella anuncia la presencia de los vagones de la vida -que divagan errantes sin poder encontrar el escondite secreto- que resguarda su existencia.

¡Descarrilamiento! Cada aliento es un regalo bendecido que nos manda el Supremo, el Santo, el Eterno. Y aunque a veces nos lleva a la fuerza por senderos desconocidos, siempre continúa su ritmo embriagante y terreno, así... desandando caminos y ocultando miserias —bajo las hojas secas- donde yacen las huellas borrosas de cada destino impresas en barro, las mismas huellas que dejara a su paso la iniciada y espesa lluvia de estrellas.

65. EL PRECIO DE LA VEJEZ

Cuerdas asidas a madera están sonando con dulzura neptúnica. Todo se detiene en un adiós saturninamente poderoso. De semblante sereno se ve a Selene caminar errante, por el cielo que mantiene la sobriedad de su manto displicente y luctuoso.

El tiempo se encoje y la ópera de Pavarotti, suena en el transcurrir de sus majestuosos actos; mientras la vejez continúa su carrera, cobrando al individuo su precio más alto.

Arrugas afloran a nuestros rostros. Las pecas se asoman a manos y piernas. Se inflaman tobillos... los dientes se caen. Los padecimientos llegan a montones. La incontinencia hace lo suyo. Los hilos de plata florean las sienes. El andar se pausa; el hablar tirita; la lengua se enreda; los pensamientos traicionan trayendo una y otra vez los mismos recuerdos a la memoria. Se pierde el oído. Nos tiemblan las piernas. No somos locuaces ni listos; ya nadie nos tiene paciencia, porque hemos perdido -sin querer- las propiedades que nos ataban a los sentidos de la conciencia. Y siendo de nuevo niños, los nuestros nos ven con impertinencia.

Y el individuo viejo y solo paga el precio más alto que cobra la vida, cuando -como jugando- llega la vejez arrancando el juego entre los peones y las carreras de los caballos -de crines plateadas y despeinadas que corren rápidamente- sobre el hipódromo donde desplazan sus cascos álgidos y sonoros, queriendo ganar la partida en el tablero bicolor del ajedrez; o cuando se pierde el punto más alto de las fichas que caen cuando se ha perdido una partida de dominó -que hábil y constante- tendió las redes tejidas con los hilos de dominio con que se zurcen los halos culminantes de las décadas que se fueron como estrellas fugaces, porque fueron cosidas con puntadas hechas con las agujas pendencieras de segundos incesantes.

El tiempo se encoje y la ópera de Pavarotti suena en el transcurrir de sus majestuosos actos; las cuerdas asidas a violines, arpas, acordeones y bandoneones siguen sonando con dulzor neptúnico; el todo y la nada se han detenido con poder saturnino y sereno. Selene camina luminosa y errante sobre el manto del cielo sobrio y elegante. El tiempo sigue su transcurrir inclemente y la vejez continúa su carrera errante, cobrando al individuo su precio más alto.

66. VERSARES OBSOLETOS Y PERDIDOS

La savia contenida en los libros, con ansia y rapidez he aprendido a beber. Mas, en las páginas de los textos literarios que he leído en los días de mi hoy, veo que han hecho desaparecer la exuberante poesía del ayer.

¡Se esfumaron los cisnes elegantes de Góngora y Rubén!

Veo a la luna desde el cristal de mi ventana. Está erguida exquisitamente en el cielo, como invitándome a platicar. La observo con mucha serenidad, y, en este mientras tanto, enciendo varios cirios y los adhiero a los ladrillos brillosos que visten el terreno áspero y polvoso del suelo, con las lágrimas de espelma que han vertido, cuando el fuego los consume con sus ósculos flamígeros, en un abrazo abrasador. Estos, están irradiando mucha luz. El reflejo impetuoso de sus llamas altas resalta en el cristal del espejo que adorna mi cuarto. Sus flamas titilan, a veces centellean chisporroteando, ante el paso silente de su propia sombra, que les hace tiritar asustadizas... ellas saben que todo lo que vive, agoniza y muere.

¡Qué belleza extraña es esta que, sin querer me hiere!

Afuera, pareciera que se asoman los colores de los demás astros que pueblan la infinitud negruzca de la bóveda célica. Mientras, veo flotar por doquier, como una gran coloración carnavalesca, a los pétalos blancos, rojos y rosados de las camelias y, a los pétalos amarillos, morados y anaranjados de los lirios confundidos, justamente allí, en los recovecos ocultos de la imaginación, porque aún no han encontrado la razón de compartir por días, la misma agua y el mismo jarrón que está decorando la mesa redonda que adorna el centro de la sala; y, sus perfumes se extravían con el vuelo que llevan las plumas rosáceas de los pájaros cantores, los tenores tempraneros que cantan todas las mañanas, desde los árboles floridos y cubiertos de guayabas, despertando con sus hermosos trinares, a los rayos coloridos de los rosicleres, esos tonos que engalanan desde siempre a la aurora matinal.

Cierro los ojos y vuelo a la par de mi soñar. Visualizo una tarde lluviosa y al aguacero cayendo impetuosamente, sin cesar. El exhaustivo desatino de las pasiones se desata en una bravía combinación revolviendo el interior, haciendo que esa rara mezcla lleve como ingredientes desatino y dolor; y yo, en mis intrínsecos intentos, creo llegar a la triste conclusión, que no hay límites que definan la diferencia mayúscula que existe, entre el amor, la pasión, la lástima, el placer y las cuotas de suplicio con que la vida nos agobia matándonos de temor.

Lo brillante se opaca. Todo cae y se desliza. Al fondo del pantano una flor de lis flota asida a uno de los otros nelumbos que aromatizan lo putrefacto de las arenas movedizas; y, los sentimientos yertos, se hunden en el cieno ante mis ojos abiertos con las pupilas dilatadas, intentando reinsertar la sobriedad de las palabras que perdieron candidez y distinción, con el pasar de las centurias.

Se vuelcan -después de todo- los ecos de las frases de otras épocas con énfasis por mis oídos, remontándome a la musicalidad de los versos con los que aprendí a diferenciar lo finito de lo eterno; llevándome hasta esos tiempos que, en la modernidad de mi ahora, lucen como versares perdidos y obsoletos.

67. CELOS

Hay un áspero sabor enjugando al paladar. ¡Todo sabe a acerbo! Los celos han amalgamado con lozas de desconfianza a la consciencia tranquila. A ratos, la zozobra y el desencanto se posan sobre la almohada azulina de la misericordia y acaban con toda la paz que había en su interior.

Hay piedras negras sepultando los indicios de -lo que llegaría a ser- un verdadero amor. Se avistan los vagones del tren de la vida, corriendo descarrilados a alta velocidad. ¡Boceto del diario transcurrir! Cada paso que se dio al frente, fue olvidado con alevosía y saña y al fondo de la maleta de los sueños por alcanzar, sucumbió el existir.

Con las rachas del aire seco de abril -viaja pueril- el aliento. Se siente el vaho de lo que agría el diario vivir -posarse áspero y peligroso- al fondo del cofre que resguarda a los rencores -reyes supremos de la inferioridad-.

¡Se repiten los errores! Esos rumores —sin frenos- están corriendo por allí. Las circunstancias adversas son turbas arrolladoras, arenosas y desérticas... nadie las puede impedir.

¡Celos! Desconfianza permanente donde no existe asidero. Inseguridad que abruma matando los sentimientos. Existencia absoluta del ego que impide el paso a la felicidad (si no se rompen los escalones de la escalera enclenque por dónde has de subir si lo que anhelas es cambiar). Sinsabores ásperos que amargan el paladar. La mala intención nos señala con su dedo amenazante y nos hace ver sombras moviéndose en todo rincón y en todo lugar. Bipolaridad y esquizofrenia, se dejan sentir al llegar. ¡Todo cae en descontrol!... ¡qué fatal adversidad!

¿Celos? ¡Qué terrible enfermedad! ¡Aprende a vivir sin ellos! Deja que otros vivan la vida sin tus temores y vuelve de nuevo a soñar. Piensa que cada meta que logres alcanzar alimentará para bien la hoja del destino que no has podido llenar y te hará partícipe de una mejor realidad.

Recuerda: *"Si no te valoras hoy, nunca vas a estar seguro... nunca vas a vivir en paz"*.

68. CARENCIAS

Daltonismo solidario cual lazo de unión permanente. Calores y colores liberados por las prendas que vestimos, eliminando las sensaciones que nos produce el frío en cada paso... al andar.

Reacomodo las funciones de los sentires y el pesar. Linternas de luciérnagas alumbran las dantescas noches borrascosas -ahuyentando toda sombra de los limbos que fluctúan- en cada nimbo que se yergue, sobre las cabezas de los sabios y los santos que levitan como humo atemporal, en las cumbres apagadas de la eternidad.

¡Carencias! Son carencias... nada más. Los "devas" -desde allá arriba- mejoran sus argumentos. Presentan a papá Dios los pliegos, los papiros extensos, en los que se recuentan nuestras virtudes y defectos. Con suprema habilidad, sueltan uno a uno, los nudos de la fatalidad, con los que llegaron atadas nuestras almas al momento de nuestra llegada con la dama misteriosa, que se pasea diariamente por los pasillos sombríos de lo incierto e impredecible, donde se ven divagando los halos supremos y débiles de la ansiada inmortalidad.

Nada más son carencias... ¡carencias nada más! Y al interior de aquel nuevo hogar, los profetas predican. Pareciese que estamos dentro de la burbuja descolorida e irrompible de las eras, en que ellos llevaban el mensaje del Altísimo, para mejorar nuestra existencia; en esos senderos donde se veía avivado el fuego del Espíritu Divino sobre el reflejo agrietado de la simplicidad sumergida en las corrientes bravías de las aguas quietas de la inocencia perdida en los vaivenes tenues en donde ella va y viene con el vaho desprendido de los pétalos compungidos, taciturnos y obscuros de pálidas orquídeas, en donde se aloja el huésped con la conciencia vacía, vaciada completamente de vivencia y de verdad.

Allí, las llamas apagadas de la fe y la esperanza... se reavivan. Los "devas" se blindan y blanden sus espadas. Sus luces brillantes emergiendo van del rostro invisible del Santo de los Santos. Su llama incandescente rompe la cristalina espuma con destreza abrumadora y se ven de nuevo los deslices de las horas, y los segundos, y los minutos efímeros y apresurados, corriendo de prisa a destiempo con el pasado, hasta reventar el círculo espumoso y dilatado, en el que la existencia es parte tangible del no tiempo.

Más que una utopía, una ilusión o la intangibilidad… Eran solamente síntomas graves de ¡carencias! Nada más… ¡carencias! Aunados a trozos desparramados de irremediable soledad.

69. PRESAGIO

Todo el entorno del ensueño es árido. En cada escena, hay nubarrones que aseguran que algo desagradable pasará y el corazón agitado, entre pálpitos nerviosos, sabe del mal presagio.

Me veo levitar sobre la arena del Mar Muerto. Hay indicios de que éste se ha secado. A un costado hay huesos dispersos y al otro, los esqueletos cuasi completos -de quienes se ahogaron- evaporizándose con las sombras de las olas -que fantasmagóricas se levantan- entre los espectros de las rocas erosionadas, dando el aspecto de temeridad a aquel feo y desolado escenario.

Hay mensajeros que bajan del cielo. Desenfundan sus espadas al pisar el suelo. *¡Son ellos! ¡Son ellos!* -Se escuchaban voces de gente que no veo, gritando a lo lejos-. *¡Elohim envió a sus justicieros!*

La humanidad calla, sabe que las profecías se cumplieron. Los eslabones de las cadenas de la verdad abruman, angustian y queman. Lástima que nadie atendió el llamado y ahora no hay vuelta atrás ¡Hemos de enmendar los errores! ¡Hemos de cumplir condena! ¡Hemos de pagar con creces, estupideces y penas! Este fenómeno raro que me ata a lo desconocido, absoluto divaga y disoluto se queda flotando entre los gritos de mis "ayes" y el aire que susurra la pronta llegada del sufragio, deshilachándose con los santos halos que han dejado a su paso, epifanía y adviento.

La nada invade con su velo humeante. Al fin se desvanece el yo imaginario. ¡Paradoja del destino! Todo lo vivido fue falsa ilusión y karma perpetuo que conmigo vino y que conmigo irá y en cada vida, seguirá con atención mis pasos y dará detalles de mi peregrinar.

¡Presagio! ¡Presagio! ¡Presagio! -Repite seguido, la voz ronca y desesperante de la alarma del radio al sonar-... fue esa palabra que hube seleccionado para que me hiciera, cada mañana, despertar.

70. ALBA

Alba pura que, en mis días, dueña has sido de mis sueños; del aliento, de mi anhelo, de mis cabellos hirsutos, alborotados por el viento, con olor a hierba buena. Te has adueñado de todo... de las rosas sin espinas, con que me engañara el amor; y de las páginas que la vida aun me tiene tejidas, entre las mañanas y las tardes, en que el adviento me regala el sosiego que me traen, tantas noches decembrinas, cuando el alma abrumada, se siente de alas caídas.

Me seduces con tus rayos. Me iluminas con tu luz; entre tus rosicleres, el viento matutino besa tiernamente, mi rostro al pasar. Lejana albacea que custodias mis momentos y los hálitos y los deseos, que furtivamente almaceno, en un lugar oculto en lo más recóndito del pecho.

¡Oh, alba, que, con un beso, despiertas el fulgor del sol! Tú suavizas los instantes fugitivos, esos que se esconden y de un momento a otro, hacen trizas los sentidos, encarcelando los pensamientos tras el filo que ha perdido la espada justiciera, que la mente traicionera blandiera en la telaraña, que como una frazada de niebla cubre cada costado, del ancho carro de Morfeo.

Y siguiendo voy tus huellas... esas pisadas imborrables que me conducen por donde nadie miente ni se corroe, ni se corrompe. Me sigues y colaboras más de lo que esperaba. Aciertas al acertijo que alguien que no me ama, escondió tras del laberinto en las letras de un anagrama; y entre tanta adivinanza me has develado mi historia, entre los sinsabores que acarrean los delirios, en las furtivas avenidas del dolor y la miseria.

Eres la dueña absoluta de mis escenas oníricas y también de las visiones locas que me provoca la vigilia; esas mortecinas y embusteras, que huelen a mirtos quemados por el fuego del ocaso cuando se ha acabado el día.

Y respiro al meditar al sentirte llegar. Y veo a la noche limpiarse el cristal de cada lágrima; y a Selene esconderse tras el rastro que el cometa dejó pintado al pasar.

¡Oh, alba! ¡Oh, alba mía! Llévate a la eternidad los comentarios que te hago. En tu cabalgata, allí por los rincones del zodíaco sideral, en un soplo divino haz que los reciba mi ángel guardián; así, el día que La Parca me entregue el boleto hacia mi estancia final, podré partir segura a los brazos del Creador y vivir allá en su casa cobijada por su manto, por su amor y por su paz.

71. SONIDOS DE ROMANCE

Los suspiros del horizonte están exhalando brizna. Está transpirando calidez el atardecer. Las salta-piñuelas se ven, como trozos de granito erguidos por el cielo; van camino hacia el espeso bosque de los pinos, donde yacen sus pichones calentándose en sus nidos.

Se mecen los ramajes de los inmensos cedros. Aplauden las palmeras; se están cayendo los cocos. Algunas golondrinas -de azul y blanco vestidas- interpretan su canto solitario al pasar por el pantano, donde ya se ven abiertas hermosas flores de loto -que junto a cientos de nenúfares- con el barro van flotando.

El parque de los besos se ilumina. El búho guardián de los tiempos dibuja su sombra emplumada y deja escapar su chuchear, entre las piedras de granizo, que con fuerza escupiera el cielo embravecido, ante el luto que lleva el ave carroñera arraigado en los sentidos.

Y el alma tiembla a consecuencia de una tonada que al escuchar atenta, reconoce en la lontananza...

eran los sonidos plácidos del romance que llegaba, cuando creía que nada era ya recuperable.

Y estalló de emoción su corazón enamorado. El horizonte cayó desplomado al caer la noche. Las salta-piñuelas se acurrucan en los nidos con sus pichones. Las golondrinas vestidas de añil intenso y de nieve, han dejado de cantar al silencio nocturno que se acercaba, cuando vieron al búho guardián desdibujar las horas, desde los relojes imaginarios de agujas fantasmagóricas.

Notas musicales invisibles, se desgajan sonoras, álgidas y enigmáticas de lo alto de las montañas; sus retumbos nevados consuelan a la silueta flaca y frágil del amor que llora arrepentido. ¡Pobrecito! Dicen que le ha confiado al árbol de la verdad, los reclamos que tenía atorados como penas en un rincón sombrío del corazón, aquellas que aún le compungen el espíritu y lamen las heridas del alma con recuerdos de nostalgia y pequeños trozos de perdón. Promete -hincado ante la estatua de aire del dolor de sus ayeres- no volver a caer en el pecado desmedido ni en los garrafales errores que cometiera -sin pensar- en el pasado.

La soledad que abruma por aquellos parajes se ha detenido airosa... cree que no habrá enmienda y ha hecho suyas cada una de las batallas; esas guerras que el amor no supo cómo ganar viéndose obligado a resignarse con los frutos que le generara la inconsciencia y los deseos abruptos que produce la pasión desenfrenada.

Los sonidos del romance se disipan como éter. Ya no suenan; y, el alma aquella que creyó escucharlos, se esfuma ensimismada, triste y acongojada... desaparece con su hálito inanimado y con los ecos que llevan en sus pétalos perfumados las flores de loto -que lucen esbeltas y regias- al centro espeso del lodo espumoso del pantano.

72. TURBULENCIA

Dicen que no hay pena más grande que aquellas que sin piedad te abaten desgarrando alma, vida y corazón. Aflicciones como las que se producen en una madre, cuando sufre por la pérdida de alguno de los frutos engendrados en sus entrañas. Para ese tipo de dolor -han dicho las abuelas- no hay ungüento ni medicina alguna que calme la desgracia que llega sin avisar causando desolación.

La daga filosa de la muerte se blande -algunas veces- atravesando el pecho de estos ángeles protectores; de esos ángeles guardianes que nos asignan cuando nacemos y que solemos llamar "mamá". Si analizamos, veremos que existen calificativos para todo tipo de pérdida... si un hijo pierde a una madre o a un padre, le llaman huérfano; si alguien pierde a un cónyuge, entra en estado de viudez; pero cuando una madre o un padre pierde a un hijo, no existe ningún adjetivo para nombrar a esa terrible consternación que les agobiará lo que les queda por vivir, estrujándoles como un papel viejo y rugoso, toda bienquerencia guardada con amor; y aunque la vida les exprima el pecho, los recuerdos desnudos harán explotar los lagrimales de los ojos, al traer a la memoria -como una cinta de cine- los episodios de la vida del ser amado que, entre los brazos de la muerte, de repente se esfumó.

Y es que estamos acostumbrados a lo que dice la ley de la existencia... *"los hijos han de cerrar los ojos a sus padres al momento que hayan alcanzado la meta y concluido cada una de las tareas que les fueran encomendadas, al ser enviados como humanos a La Tierra"*; pero nuestra mente irracional y limitada pasa un velo temerario sobre el raciocinio que impide que los ojos vean y la mente imagine que toda regla tiene una excepción, pudiendo ser la situación completamente al revés.

¡Qué terrible confusión!

En medio del torbellino que nos arrastra con la vida, los nudos ciegos que el destino tiene aglomerados y escondidos sin desatar, al soltarse -sea de una sola vez o poco a poco- nos habrán de cobrar la cuota que nos falta por cancelar; aquella que se guarda con sigilo en el interior del alma, así... como si fuese el mayor y más delicado de los secretos; la nota de pago o el pagaré al deudor, que algunos tienen como un "as" bajo la manga, albergando íntimamente la ilusión de que lo podrán utilizar para negociar con la "santa blanca", al momento que ella llegue apresurada a llevarnos a los confines de la eternidad; pero esto de nada nos servirá... será roto y consumido por las llamas que incineran y subyugan todo tipo de emoción; y mientras el viento mortuorio en sus rachas arranque la vestimenta a los huesos prolijos, Caronte y la señora de armazón áspero y carozo, jugarán a los dados en las avenidas de la infamia, que la soledad empedrara con ladrillos de hormigón, bajo el álgido abrigo del azar.

Las vidas de todos aquellos que quedan con boleto anónimo en mano, se les ha de ver divagando con la mirada perdida en las nubes grises y empurradas, prontas a derramar su llanto espeso sobre las aceras de los callejones luctuosos. Ventarrones confundidos, soplarán sus melodías funerarias por los caminos espinosos de la mala fortuna y la opresión del pecho seguirá siendo tal, que nadie se atreverá a hablar de pérdidas fatales, porque ellos mismos han de encontrarse perdidos en un tremendo laberinto, donde los desafíos son inmensos, sórdidos y de completa obstrucción mental.

No será hasta que los pensamientos alcancen el punto medio de serenidad, cuando el sufrimiento que acongoja, que debilita y mata todo hálito animoso, con celo y resignación desaparecerá. Y el espíritu de quien ha sufrido menoscabo tal, cuando haya de partir su alma lo hará gustosa y su halo de paz se elevará al cielo, allá donde pace serena la bondad… allá donde habita la "divina unidad".

73. EQUINOCCIO

Ella -Selene- se ha comprometido a sí misma. Detesta sentirse abandonada, pero, inerme ha quedado, sin estar comprometida. Aceptó collares del Sol y anillos que él le regaló, todos con grabados y rubíes; tallados con jades y trozos de espuma, de brizna y de bruma.

¡Equinoccio! Los días y las noches de su vida, tienen la misma duración. Pareciese que se han detenido en el punto medio, las agujas del reloj. Es una flor marmórea, abierta y asida a su tallo. Sus hojas se han marchitado y ha ido botando sus pétalos tersos, momificados de dolor; así como cuando los truenos -en noches ateridas de invierno- desgranan las piedras de granizo cristalinas -que incubaron en sus fértiles matrices, las nubes esponjadas, preñadas con semillas de tormento y aflicción-.

Tucos de hielo, salpican el suelo y golpean -indiscriminadamente- a su doloso y agónico corazón itinerante. Y la tierra que ella pisa y tapiza, unas veces con alegría y otras con pesares y amor, está siendo rajada, rasgada y hecha trizas. Y escucha el rebote y el sonido de su corazón que da brincos -angustiado- sobre el terreno agrietado, que ella ha ido abonando con lágrimas de alquitrán de espesor brilloso, lloro que suelta a paso lento, cual gimientes burbujas de sofoco y temor.

Su vida ha escenificado otro episodio. Sus ojos yacen clavados sobre el manto estrellado. Sus párpados calvos se han cerrado. Sus pupilas dormilonas, chispean a la luz de la fogata, que arde con rigor sobre los carbones encendidos de la quemante soledad en la tenebrosa obscuridad alucinante del cielo; es allí por donde muchos dicen haber visto a su alma atrincherada en un rincón silente. Allí, ojos amigos le vieron sollozar -apesarada y pensativa- entre suspiros; dizque estaba donando los dolos, esos con los que diariamente se cobijara y con los que trataba de capturar los ecos, de la última cuota de aire que su bien amado respiró y que ella no supo atrapar el día aquel, en que él partiera a su morada final... allá en los jardines floridos del Señor.

Y el Sol se apagó. Asomó solamente por doce horas -que parecía que Pitágoras hubiese multiplicado por dos-. La noche es larga, negra y tumultuosa. Luceros y cometas se ven paseando entre las auroras boreales y las constelaciones. Y ella, la Luna, sigue allí colgada del cielo. Está esperando que los brazos de sus rayos se abran en un abrazo que ha de darle gustosa, a su eterno prometido… el mar. Él, que en vaivenes le zangolotea, llevándole en sus andanzas, jugando con granos de arena y caracolas; corales y perlas níveas; pulpos y caballos marinos; él, que le recuerda con respeto, que todo aquello que dejó, fue pendido de las vigas -de madera ancha- que soportan los tejados de los enigmáticos áticos del olvido álgido, infinito y sombrío.

Pasa otro día más… ¡equinoccio! Los días y las noches de su vida, tienen la misma duración. Ella -Selene- se ha comprometido a sí misma. Detesta sentirse desvalida, pero, abandonada ha quedado, sin estar comprometida.

74. LA DOÑA DE LA FAZ DESFIGURADA

Por los caminos del desdén va cabalgando -en un carruaje de antaño luctuoso- una mujer. Dicen que va vestida de ónice y rojo carmel; que su corcel es gris, de una hermosa crin cana y una hirsuta cola negra y grisácea, brillante y hermosamente tupida.

Esta dama misteriosa, lleva en la bolsa derecha de su capuz -satinado en morado y azul- un pergamino que sobresale enrollado, lacrado y amarrado con un lazo ancho de mantequilla, que se mece al viento, así, como desatándose al ritmo de las notas funerarias, desprendidas de las arpas y las trompetas cenicientas de los ángeles guerreros. Y se siente su fluir sacrosanto y ceremonioso, recorrer sueños, visiones y vigilias, que Miguel, jefe del ejército que resguarda El Edén, custodia con ahínco y rectitud, en un marco idóneo, divino, idílico y sempiterno. Al lado izquierdo de la banca frontal de su coche fantasmal, yace una hoz, con la que deja acéfalos a los pecados veniales y capitales -que en cada existencia- cometieran los inocentes e inexpertos mortales.

Los curiosos han dicho, que es una pesadilla viajando confundida, por los confines estrechos del universo profundo; que es posible, se haya extraviado buscando el camino exacto, porque su carreta flota desorientada dentro de la burbuja, donde yacen presas las almas migrantes.

Algunos han dicho, que es un mensajero andariego, un soldado raso de la divinidad, que custodia a quien se le ha asignado, sin paga; y que divaga errante de un lado al otro, porque no encuentra la dirección correcta de su destino; él vuela por un cielo añil, con nubes sucias y desteñidas, coronadas por hojas de dilemas agrupadas en moños y por ramas de abrojos dispersas en el trayecto espinoso; y con miedo se oculta en las cuevas helénicas -que los cangrejos blancos y bermejos han hecho- cuando baja la marea en las pozas celestiales, cubiertas por corrientes ponzoñosas, zigzagueantes y extrañas.

Mas, al parecer, todos van por el mismo camino... *¡Ángel?* -dicen unos-; *¿mujer! ¿Pesadilla!* -dicen los demás-. De repente los aires álgidos y puros murmuran entre ellos que esta señora, tan sólo es la temida, la argenta y demacrada, la doña de gestos descompuestos y de faz cadavérica desfigurada; ella, es quien les ayudará a pasar el río Aqueronte -en la barca que capitanea Caronte, quien recorrerá a remo, el camino sulfuroso hacia la morada de los muertos- cuando cada uno vaya a habitar -como un cliente vitalicio- la fosa helada y húmeda donde se pudrirá el vestido corpóreo que le acompañó... la piel, el traje que más se amó.

Y allá -concluyeron los vientos alisios que retozaban en el trópico- en los confines infinitos del espacio taciturno, luciendo un espeluznante azul negruzco, habrán de brillar los cientos de ánimas inanimadas y desnudas de toda vitalidad; las que fueron víctimas de los vicios de sus espíritus pobres y descontentos, que cargaron en las mochilas hediondas de sus vidas, terribles desagravios que llevaron a cuestas durante toda la existencia, donde surgieron grietas en las que cayó el poco raciocinio cuajado, que el hálito de los "devas" escupieran oníricamente en sus bocas abiertas, tratando de hacer despertar lo poco que aún les quedaba de su intrínseca consciencia.

75. PALABRAS, SENTIMIENTOS, FELICIDAD

Hay murmullos de palabras hechas de humo que transforman sentimientos y hacen cenizas, en la penumbra, a las emociones trémulas; desbaratan, pues, a esas sensaciones que musitan por un cariño ausente, allí, entre las ramas tupidas y los verdores que lucen -en los amaneceres lluviosos- los pinos, cipreses y demás cuerpos vivos con que la naturaleza puebla la floresta en las madrugadas que escupen fumaradas de niebla, haciendo creer que la luz no aparecerá y que todo ha de permanecer en una perenne oscuridad que atormenta a la existencia con imágenes fantasmagóricas de ultratumba, golpeando la imaginación y haciendo turbulencias al fondo de la consciencia.

Las notas sublimes de los violines de los coros célicos transcurren por el lugar donde me encuentro sola con mis cavilares profundos. Se despierta mi intuición y creo escuchar los susurros de Dios en los sonidos de las aguas; en los aplausos de las ramas de los árboles; en las abejas zumbando de flor en flor; en el canto de las aguas de los arroyos, ríos y cascadas; en la brisa que cae y besa a los jazmines que no se abren hasta muy caída la tarde; en las mariposas y pajaritos llenando el verdor negruzco de la grama con un sinnúmero de colores; en los olores desprendidos y mezclados de todo lo que está poblando este perfecto paraíso.

Se pierde la vista en la lejanía. Las tormentas internas que atoraban sus vislumbres y truenos como un nudo en las fosas nasales impidiéndome respirar, se transforman en llovizna cuando el gran "Lord" decide que vea en la inmensidad de la creación su arco de siete tonalidades; es como palpar lo divino con las manos y soñar con sobar las pinceladas anaranjadas -como lenguas de fuego intenso- que cada tarde se escurren cubriendo los grises y azulados vestidos de los cerros, para dejar al ocaso a su libre albedrío engalanando la antesala que antecede a la caída de la noche.

Los ecos vibrantes de los clarinetes de los arcángeles que comandan a las filas de los ejércitos del universo se desgajan y evocan a las pestañas de los ojos somnolientos para que, al espabilarse, suelten el ovillo enredado donde escondieron a los besos confundidos que, las pupilas humanas e incrédulas cansadas de llorar, mantuvieron cautivos como un secreto mudo por un largo lapso, dentro de las luminosidades opacas de los iris.

Como un solista afónico, el viento da sus bufonadas y mece con rigor a las sombras fantasmales del amor, la añoranza, la angustia y la mentira. Sus siluetas hambrientas viajan y se atascan en el lóbrego perímetro donde yace cayendo un débil rayo de luna que, fijo se desvanece en las aguas quietas de la laguna, en un intrépido y fugaz cuarto creciente, ya opacado por la oscuridad del manto nocturno sin estrellas.

Yo sigo sentada en el mismo sitio y decido capturar con la cámara de alta definición del teléfono celular, aquel paisaje hermoso demás y así fue. Pude luego observar al agrandar la foto que tomé, la inmensidad del infinito tapiz de luto iluminado por el resplandor blanquecino del delgado hilo de plata, que era como una mancha alargada o quizás como la estela de un cometa que cubría una buena parte de aquel anchísimo vestido de ónice.

Bajo las luminiscencias que vierten los focos de cientos de luciérnagas, se escuchan los gemidos aturdidores y los sollozos secos, sórdidos y clandestinos que dan las almas púdicas al encontrarse con lo eterno. Ellas derraman sus lágrimas gruesas de hielo, rompiendo -de alguna forma- la inocencia que hay detrás de sus ventanas cerradas a la fe y a la verdad.

En cualquier rostro -sostengo lo que digo- sea este animal, vegetal o humano, cuando ese par de niñas esféricas y avivadas deciden manifestarse, piden a las vellosidades de los párpados -que son los guardas que las protegen- abrirse para permitir a los mares desparramados con su lloro permanente, el lavado de sus culpas y el perdón de sus pecados.

Y cae aquel torrente chirle y salino desde las esferas visuales y vidriosas. Se enmendaron los errores y se tacharon los males. Aquel lagrimeo empapó el rubor albugíneo de las mejillas agrietadas y ajenas a la hermosa juventud. Y, los ósculos aprisionados aprovechan para escapar. Van asidos a cada gorgorita y antes de aterrizar, saltan y vuelan con alas invisibles y sobrias hacia la eternidad.

Desde los confines del universo infinito se escuchan los susurros que deambulan sorprendidos. Tras el vaho sudado de la bruma se dejan sentir las réplicas moribundas de las sintonías desahuciadas que aun suspiran por un amor insensible, yermo e indiferente.

En la lontananza, musitan las notas nostálgicas de una guitarra que aún hace sonar sus cuerdas raídas por el tiempo, ante las olas desamparadas que se rastrillan arrastrando en la misma corriente a los rastros que dejara la felicidad pálida, efímera y aturdida, cuando fue golpeada por los manotazos de la soledad y los desplantes irremediables de la ignominia.

Toda esa alegría que los lirios arrullaron más de una noche al interior de su pistilo, desapareció, se esfumó sin dejar sus marcas tatuadas en la anchura del terreno donde se yergue el pensil. Se ahuecó el lecho donde aún palpitaba el deseo y el anhelo. El cariño febril no existe, sin más ni más... huyó de mí.

Hoy, me he permitido dar vida a un personaje. Ese individuo soy yo, el actor principal de esta historia. Puedo decir que he logrado sentir entre las candilejas del teatro de la memoria, al molote que han hecho las neuronas regenerándose con gran algarabía en el cerebro. Los ánsares que habitan de hace mucho a estos mis pensamientos no saben qué hacer -en el ahora- con el vuelo que emprendieron en silencio los abrazos no dados, esos que dejé ovillados en los quizás, en los "tal-veces", en los "hasta nunca" y en los insinceros "para siempre".

Es por ello que monologando me digo: 'todo aquello que no dimos se ha de repetir como la melodía que nos estremece y nos deja la piel chinita al escucharla', porque es menester guardar la esperanza y mantener enamorado a nuestro oído. Y cuando las letras de esas tonadas son entonadas en las voces de solistas y tenores y emergen -quizás- de un viejo disco de larga duración, sus notas se escapan acariciándonos el corazón así, como si se tratase de un Romeo desesperado que va en busca del amor de su amada, no importándole si ha perdido o no la razón.

¡Sí!, yo muchas veces me he detenido en el trayecto hoyado del destino a escuchar las vitrolas victorianas de los ancianos -mis vecinos- que se trasladan a aquellos tiempos donde el vals era el rey de los imperios; o bien, aminoro el paso, cuando al pasar de lejos por alguna cantina, escucho atentamente las antiguas rocolas sonando los hermosos tangos del legendario Carlos Gardel. Para mí, todo ello es motivo para no desfallecer... es aliciente para pensar en renacer. El embeleso es tal que, ningún ser de la especie humana ha podido develar el misterio que esconde abiertamente -en su escarpado laberinto- el intelecto.

La palabra y el sentimiento siguen atrevidamente atravesando y manoseando sin permiso, a tantas mentalidades inquietantes e inocentes. Es lo que ha sucedido conmigo.

Ambas guardan parecidos significados dentro de sus inconciliables conceptos. Ellas nunca han de ser evacuadas, pues son como las letras que dieron fama a tantas canciones memorables que, en algún momento fueron interpretadas alterando los ánimos indigentes, hayan sido estos sentidos por un amor perdido, conmocionado u olvidado o simplemente tomadas como un consejo que llegó tarde en el momento en que la vida nos dio una lección que no pudimos aprender porque -a nuestro real entender- estábamos desfasados, complicados y al garete.

Continuamente palabra y sentimiento siguen estando unidos; es como si la bomba que nos da vida en el pecho y los labios de nuestras bocas, hubiesen estado perpetuamente cosidos. No hay peligro ni tretas que puedan hacer tambalearse a los estados anímicos y foráneos, pues cuando el ser humano se enreda en amores, los sentires se quedan para siempre disfrutando de los enmarañados guiones confundidos en sus redes.

Entonces es que logro concluir que todo lo surgido de cada suceso acaecido en nuestro existir es como una herencia que se debió -tarde o temprano- recibir. Las huellas de los logros se tallarán. Serán como tatúes que nadie podrá borrar, porque hablarán de lo que conseguiste al persistir, confirmando que eres un individuo que no cesa de buscar, de investigar, de escarbar donde sea que se encuentre lo que muchos anhelan y no logran encontrar ni tocar... me refiero a la felicidad, hermano... a la felicidad.

76. ENTRE SOLEDAD Y HASTÍO

Estaba sola en casa y buscaba la manera de cómo entretenerme con la belleza que solo tiene el sonido vacuo del silencio. Escuchaba afuera ulular al viento. En cada uno de sus fuertes soplidos, me traía los recuerdos vanos y perdidos... recalcaba en traer a la memoria, lo que hacía mucho tiempo había dejado en los callejones abarrotados de malas sensaciones y de olvido.

Es martes, 22 de enero del año 2019. Estoy en San Francisco, California, Estados Unidos de América. En el reloj de pared que tengo frente a mí, sigue transcurriendo el tiempo sin descanso, con un tic-tac agónico, errantemente moribundo que me provoca desestabilidad y desesperación. Sus agujas pendencieras marcan las 12:22 de la madrugada. Me detengo en el umbral de la puerta que conduce hacia mi rincón favorito, ese que me sirve para analizar a solas mis vicisitudes, alegrías, tristezas; ese cuyo hermetismo coadyuva a que encuentre una salida a cada desagravio y una solución a lo que parecía no tener respuesta aparente. Mis ojos inquietos se posan sobre la vieja hendija por donde siempre dejo asomarse a los sueños. La chimenea tenía su gran boca abierta y dentro, unos cuantos trozos de leña semi apagados y cenicientos. Los revuelvo y alimento el fuego, agregando más madera y le atizo despacio, hasta que las llamas se yerguen de nuevo.

Tomo mi libro preferido: las obras selectas de don Miguel de Cervantes Saavedra (que me regalara un buen y querido amigo, que hace diecisiete días -de manera repentina- partió por el desconocido sendero del no retorno, ese que conduce directo hacia las infinitudes de lo eterno). Me dispongo a leer "La española inglesa". Preparo el sillón, acomodo los cojines (quiero sentirme más cómoda), halo el banquito para suspender mis piernas, tomo la colcha que me calienta más y me preparo un café con vino tinto, para palear un poco el desconsuelo que me agobia con soledad y hastío.

Enciendo mi equipo de sonido. He insertado un disco compacto desde donde emergen los mejores conciertos de Mozart. Tomo el "best seller", corro la cortina para ver a través del cristal de la ventana a las gotas de lluvia caer densamente así… como si en su gotear permanente, deseara decirme algún secreto… algo que desconozco.

Al fin me siento. Comienza el viaje favorito de la mano del legado que dejara a la humanidad, "El manco de Lepanto". Voy leyendo y me sumerjo de tal manera, que vivo el momento del secuestro de la jovencita española por los soldados ingleses. Cuando ya llevo leída la décima página, comienzo a sorber mi café con vino; de repente se deja sentir el destello de un rayo que cayó como un latigazo del cielo empurrado, hiriendo el suelo a tal grado, que se sentían los gemidos que daban sus grietas con sollozos amargos; y a continuación, la estruendosa y temida voz de un siniestro trueno que me secuestró las cavilaciones profundas con un susto, cuando mi fértil imaginación dibujaba con maestría, el recorrido que daba por el bosque enamoradizo, exactamente donde se habían perdido la joven doncella campesina, católica y española y el refinado noble y protestante caballero inglés.

Después de las bravuconadas del tiempo en vendaval y del aire que como un toro resoplaba, Mozart me lleva otra vez sobre el desplazamiento sutil de sus melodías. El solo de violín llega con la dulzura breve de un adagio, una nota musical repetida e invariable que expresa la fragilidad del pensamiento, que te transporta y aconseja, como un maestro que se compromete en dejarte una clara enseñanza o una experiencia sólida cuya base es el conocimiento.

¡Qué relajada me siento! Atrás he dejado los malos presentimientos y todo aquello que alguna vez me dejó sin aliento. La lluvia ha amainado. Sólo se ve una brisa leve, salpicando el cristal de la ventana. Se siente el olorcito a tierra mojada y al pasar la mano sobre el sudor interno del vidrio de la ventana, puedo ver las gotas cristalinas de rocío, besando con ternura las hojas agachadas de los limoneros, soltando su cítrico perfume, que se filtra aromatizando -como el zumo de sus frutos- cada espacio abierto, impregnado antes de nostalgia y desazón.

Apago la luz y me vuelvo a sentar, solamente rodeada del resplandor del fogonazo que sale de la chimenea y de la cadencia coludida que llevan piano, violín y clavecín en los conciertos del gran Joannes Chrysostomus Wolfgangus Theophilus Mozart. Y así, me quedé ensoñada y relajada en el regazo del sillón, dormitando en el carruaje que conduce el dios y soberano de los sueños, bajo la lana suave de la frazada que me calienta en este bravío e impetuoso invierno.

77. FRAUDULENTA INDIGNACIÓN

Decime vos -dizque eres- conocedor de mis días, ¿dónde quedó el espacio vacío que tu cántaro barroso llenara con fraudulenta indignación?

Las Hadas -mis madrinas- coleccionan en la selva solitaria, las aventuras del día en cada sueño de los Elfos. Las caléndulas se abren aromatizando las aguas de los ríos oníricos, que plácidas se desplazan y bostezan ante el croar aturdidor de las ranas, que piden -con insistencia- al cielo que llueva y que la lluvia arrastre todo el fango, que reviste de podredumbre este dolor. Y las golondrinas vuelan sin rumbo, porque iban "idas" de este mundo, como lo hacen mis pensamientos al tratar de dilucidar, el porqué de tu escena teatral, carente de imaginación.

Me hubiese tomado mejor la píldora del humor -murmuraban las emociones estrujando a la razón- para dejar escapar sin temor las lágrimas aquellas que están atrapadas dentro de los ojos inmersos en las pozas de las aguas yertas de frialdad, desconsuelo, tristeza y desolación.

Es que siento que me faltó amor -le voy diciendo a las hojas húmedas, caídas extenuadas en su orgasmo junto al suelo que las apretujó-. Y las estrellas tejen -con sus puntas diamantinas- el traje platinado que ha de estrenar la luna en fase nueva; y se han emborrachado del negro esplendor de esa noche, vaciando -ante las miradas sospechosas- el espacio inhóspito que cohabitó el corazón, dentro de ese cántaro de barro que llenaste de culpas dolosas, desagravios, cargos de consciencia... de todo eso que la mentira y la infidelidad -entre los brazos de leña verde medio encendida- hicieran arder con el fuego desprendido de las brasas y las cenizas agónicas de la lujuria desfalleciendo en su desesperación.

De allí... fue de allí que se formó el amasijo y se formuló el ungüento con el que mi rival te untó la piel, penetrando hondamente las cavidades de tus poros; enjalbegándote con sus resquemores las ideas y lo poco que te quedaba de sentimientos hacia mí... y me arrancó así de un tajo, de tus adentros.

La victoria y la alfombra roja tiendo, a la magia acumulada en el jugo embriagante que chorrea de la vulva abierta entre sus piernas, pues tuvo la habilidad que me hizo falta para despojarte -por completo- de lo más bonito que alguna vez estremeciera aquellos momentos... todo eso que algún día creí nuestro.

Mas... ya es demasiado tarde. Por mi parte, queda así la relación. No hay manera de revertir la situación, aunque -quizás- si estás arrepentido y haces un acto de contrición, puedas encontrar la paz que necesitas, para borrar el pecado carnal que sin miramiento alguno te consumió; pues he oído decir, que cuando se enmiendan los errores, es más fácil -para quien ha errado- que sea perdonado, a que se sienta digno para pedir perdón.

Mas -te dejo claro-... yo no te he condenado. Eres libre para emprender el vuelo y alejarte hacia ese otro nido, donde el calor confunde al amor con la pasión. Yo respeto y me ha quedado todo eso cristalino como el agua, pues cada uno, en su libre albedrío, hace su elección y... ¡ésa fue tu decisión!

78. CUATRO DE JULIO EN ESTADOS UNIDOS DE AMÉRICA

¿Recuerdas cariño mío tantos momentos vividos? Las remembranzas llegan cuando doy sorbos a las copas -que de vez en cuando lleno- de champán espumoso, brandi y vino tinto.

Todo en nuestra vida era brillo y color. Las estrellas en el cielo hacían un espectáculo floral. Nuestras veladas en las noches de julio, eran simplemente, algo sensacional. ¿Para qué palomitas de maíz y cine nocturno, si la belleza célica era hermosa y sin igual?

Las voces encantadoras de los tenores "Il Volo" nos transportaban al mundo de los soles italianos. Aquellas fonaciones sostenían al melodioso "discantus". Las gaviotas -por su parte- simulaban en su graznar un coro con sonidos graves y bajos, como si fuesen barítonos de alguna orquesta sinfónica, con timbre y tesitura incomparable.

Todo eso era como gotas de dulzura que caían con placidez en un verano invernal... así con la gélida temperatura "san franciscana" en donde cada paisaje -cuando está por morir la tarde- es pintado con la diversidad de los rojos y naranjas que llevan las caídas de los ocasos al desplazarse sobre las avenidas donde se plasman los ensueños; por allí, por donde sobre salen -entre la niebla- los moños azulados de heliotropos de tallos leñosos, perfumando de vainilla la sobria humedad que sudando va la lobreguez del ambiente.

Y nos causaba deleite ver la bóveda terráquea teñirse, con los rayos desprendidos de alguna aurora boreal. ¡Ay! "Amore mío", trae de nuevo las remembranzas y... ¡volvamos juntos a soñar! Sumerjámonos abrazados a los amaneceres que siguen siendo placenteros. A este techo terreno que sigue luciendo así... cual piedra de lapislázuli; a la brizna salina del agua de la bahía, que arrastra el canto de las focas y su palmotear fogoso; al celaje aplaudible de la sobriedad del tiempo, que continúa deteniendo el tránsito cadente de las agujas errantes en las esferas desiguales de los relojes.

Y nuestras miradas fijas -aunque perdidas en no sé qué- están transmitiendo aún la frecuencia ampliada del amor por doquier, uniéndonos a distancia.

En la lontananza se escuchan sonar los pífanos en tonos agudos -aquellos flautines atravesados- que llevan las bandas militares. Los rugidos de los aviones de las fuerzas armadas, junto a las detonaciones de los fuegos artificiales nos hacen volver atrás y recordar la efeméride por la independencia de éste hermoso país, cada cuatro de julio.

¿Escuchas cariño mío? ¡Anda! ¡Ponte el amplificador de sonidos y revive la emoción en tus oídos! Vuela de nuevo y otra vez escucha lo que la falta de audición te ha obligado a olvidar… ¡vamos a hacerlo juntos, como siempre lo hemos hecho! ¡Ven! ¡Trata de recordar!

79. ¡BASTA YA DE FEMINICIDIOS!

Fuerte es el grito que emerge de las gargantas estériles. La muerte está cansada de tanta inclemencia. Ha llegado el momento de decir: ¡basta ya! ¡Basta ya de horrores! Los feminicidios son las burdas dagas que hieren, oprimen y subyugan afianzando los flagelos que habitan las fosas gélidas de la imperfección mohosa, estrujando con furia el triste papel teatral de las esperanzas cenicientas y albugíneas, escondidas tras el brillo de las luces grises de los miedos y temores profundos, fluctuando en su humeante niebla.

¡Mujeres! ¡Mujeres! ¡No existe en el mundo vasallo inocente! ¡Denuncia!, ¡protesta!, ¡es tuyo ese grito!... ¡éste, es el instante preciso! Hay que hacer conciencia, por ti y por mí y por todas aquellas que callan -en la soledad sombría– cubriendo sus angustias, penurias y dolos, con el velo roído por la silueta umbría de una sonrisa, que fue abolida de tu rostro triste, con flagrante premeditación, en un hecho irónico y alevoso, cegado de la burda y abstracta filosofía de centurias pasadas, aplicada aún en estos míseros y nuevos días.

Hay manos que aplauden sin cesar esta ignominia y bocas que alaban el morbo que flota sobre las aguas hediondas del pantano, donde algún inescrupuloso ahogó todo indicio de respeto, en los hálitos desgarradores que rastrillan las grietas aradas con los gemidos lastimeros de tu prolongada agonía.

¡No seas ingenua! Ni una más merece ser destruida y maltratada; violada y herida; ni recibir golpes y menos llorar en silencio, porque algún salvaje –en una muestra absurda de machismo– se le haya ocurrido quitarte la vida; importa, ¡sí importa!... pues eres el vientre que incuba los hálitos divinos de la existencia misma.

Esos olores maternos que desprenden tus poros y dulces se esparcen, deseando eliminar las caras feas que producen los odios, arrastran conmigo en la sangre, tu dolor profundo expresado en mis letras; son ecos terribles de sonidos fúnebres, emergiendo de los tambores que retumban, con los golpes agudos de las injusticias que yacen en guerra.

Mujer... ¡grita! ¡Grita con ímpetu! ¡Que se escuchen los quejumbrosos clamores de tu voz apagada! ¡Iza con orgullo la bandera de la libertad! ¡Hazlo con valentía, orgullo y dignidad! Mereces vivir ¡oh mujer!, y alcanzar la tan aclamada gloria inmortal; esa que yace en algún lugar, donde notoriedad y reputación, van de la mano con el concepto sublime de amarte primero a ti antes que a nadie más.

80. FLUCTÚAN LOS SENTIMIENTOS

Los sentimientos fluctúan -después de haber estado inmersos- en el charco cristalino del oasis del alma que -como bálsamo bendito- hubo ungido las heridas gangrenadas en sus cuerpos lacerados de vergüenza, de intolerancia, de impaciencia e ignominia.

Y fueron vendadas las lesiones con los suaves filamentos de que estaban hechos los harapos aquellos. Tucos de tiras humedecidos con aquel óleo beatífico cobijaron -todo este tiempo- al perdón, que yacía abrumado como un pájaro ulcerado, en un fétido, mohoso y olvidado rincón, donde estalactitas colgantes y mallas telarañosas se hamaqueaban de un lado al otro, dando a aquel espacio un aire siniestramente misterioso.

En las almas perfumadas de las orquídeas dormidas en aquel umbral, el sufrimiento soterrado da pálpitos abruptos en los pechos apesadumbrados. Las máquinas bombeadoras de sangre -ignorando el significado del concepto de razón- dan brincos bruscos sacudiendo la reyerta que tenían por la apuesta, quien pagara al mejor postor, si vencían a la bondad del espíritu volátil de los pensamientos que se desplazan desde la mente hasta la lengua y la boca, de quien ansía estar con la conciencia tranquila y con el descanso ganado, al poner la cabeza sobre la almohada donde se toman las decisiones sin titubear en los "sí" o en los "no".

El odio y la perfidia enseñoreados se paseaban -zangoloteados por los vaivenes de las olas del dolor-; no pensaban perderían lo apostado en beneficio del indulto, por el que abogaban los cavilares trémulos buscando una pronta solución a los conflictos que se habían generado entre el desdén y la razón.

El resto de las flores coloridas del vergel paradisíaco, han formado un origami con sus pétalos de seda; y éste -como un ave ficticia- se eleva sin rumbo con el viento seco del verano y el olor sutil de la lluvia del invierno, que arrastra -desde ya- la caída de las hojas descarnadas, elevándolas hacia el Oriente mágico de los sueños.

Frente al espejo del lago se ve flotar el vaho de los árboles de chilamate; la llegada de la primavera viste de morado y naranja y alfombrando está de esplendores dulces la resequedad de la arcilla.

No hay afelio en este punto cósmico. Los sentires peregrinan hacia el perihelio de perpetuo fulgor, exactamente, donde la pasión incinerara sin piedad al más puro afecto... el amor.

Orgullosa y serena, la mentira va saboreando -como si fuese el dulce más sabroso- las lágrimas salinas que derramaran angustiadas -tras de los velos ensimismados entre las candilejas del teatro- las penas. Y cuando mano desconocida bajó el telón, se desparramaron en la tarima las espinas de las dudas y los celos, que hincaron y rasgaron las pieles que aun sanaban, hasta hacer de nuevo sangrar al cariño puro que aún fluctuaba -agonizante y falto de oxígeno- por la candidez de los lares célicos.

Y los acontecimientos van hacia el reencuentro con paso firme. Sus pies golpean fuertemente el pavimento de las avenidas -marmóreas y añiles- que dan forma a los castillos donde coros y virtudes, entonan sus cantos gloriosos agradeciendo las bendiciones prometidas y cumplidas -al pie de la letra- por el Padre Eterno.

Los sentimientos fluctúan. Lo hacen por los andurriales donde alguien dejó olvidados -para siempre- los abrojos marchitos del rencor; de ese horrendo padecimiento que se movía, al compás que llevaba el humo denso de la niebla, que dejaba su huella enfermiza pavoneándose y viciando con su aliento el entorno; ahora sus almas sombrías se han llenado de luz, de paz de ánima y cuerpo y también de mucha fe.

Hoy, todo lo están viendo desde otra perspectiva… es como un conjunto de lecciones que deben de ser -con rigor- bien aprendidas; cultivando cada día la experiencia vivida… *"para ser feliz, hay que saber qué hacer para construir la armonía"*.

81. UNA NOCHE DE ESAS

Sobre el manto negro y errante con que se cubre en las noches el cielo, vi un día de tantos a un ser querido elevarse al infinito al dar su último suspiro. Era una noche de esas, en las que ninguna estrella se atrevió a asomar su faz por la negritud. Era una noche de esas, que se llenan de luto y soledad suprema.

¡Qué banalidad! ¡Todo fue en vano! Su nieta querida recibió la llamada de su abuela materna..."*¡tu papi está mal! Dice que no quiere ir al hospital. Que, si se ha de morir, quiere hacerlo en su casa y en su cama expirar*".

La joven nerviosa se alistó y en la monotonía de las calles silentes, emprendió el rumbo a paso apresurado junto a su pequeño hijo de doce años. Eran la una de la madrugada de un día de junio del año dos mil uno. Llegaron a la casa de los abuelos. Habló con él y logró convencerlo de dejarse ayudar. Le pidió a su abuela la llave del auto y partió hacia el garaje. Parqueó el carro frente a la casa y ayudó a su abuela a vestir a su querido viejo. Se montaron en el automóvil, ella, sus abuelos y su hijo. En todo el trayecto, no jadeó ni un momento. Sin embargo, quedó aún más enmudecido el entorno desde su llegada a aquel tenebroso, solitario y lúgubre hospital.

Primero se bajó su nieta que iba al volante casi volando. El hospital estaba cerrado. Aquella mujer, comenzó a sonar y a sonar las puertas de latón hasta que se vio a alguien asomarse "pipiriciego" y al explicarle dijo que él solamente era el cuidador y que iría a despertar al único médico de guardia que había ese día en ese bendito centro de salud asistencial. (Estábamos en algún país del tercer mundo, de esos que forman el Continente Americano).

Por fin, salió el tal mediquillo, todavía venía restregándose los ojos. Una mujer que parecía enfermera caminaba sonámbula sin dejar de bostezar por los pasillos. El abuelo aun podía mantenerse en pie. No parecía que le quedaban sólo unas horas de estadía en este mundo. Como un peregrino caminando en el desierto decía a gritos: "*¡Agua!, ¡denme agua!*", pero en aquel lugar ni vasos tenían; al facultativo y a su ayudante, todo les valía. Pasaron quince minutos desde que llegaron. Por fin el galeno dijo ¡hay que auscultarlo! La decisión fue tomada, pero ya algo tarde. El abuelo lento respiraba. Presentía que era lo último que sus cansados ojos nonagenarios verían.

La abuela estaba muy agotada. Su nieta decide llevarla a casa y dice a su hijo: *"Iré a dejar a la "mami" a casa a que descanse un rato. Te dejo este otro teléfono celular. Cualquier cosa en estos veinte minutos de ausencia, me llamas chiquito".* Así fue. Dejó a su abuela en casa y mientras regresaba al sitio, desconocía por completo lo que allí pasaba. Su hijo pensó que si llamaba a su madre -que venía conduciendo- para contarle lo que estaba sucediendo, podría accidentarse en el trayecto y ya no sería un ser querido a quien llorarían, si no que dos.

Adentro del cuarto le falto el aliento; sus ojos fijos se posaron en el techo, mientras sus pupilas se dilataban lento y, en la sala de espera, curioso y nervioso estaba rezando a su modo, su pequeño bisnieto. Sus luceros negros, almendrados y chinitos se agrandaron al ver entrar a la habitación donde el bisabuelo estaba, a los aparatos resucitadores y su corazón se aceleró, cuando empezó el conteo: "¡uno!, ¡dos!, ¡tres!, ¡descarga!" La puerta estaba media abierta. El cuerpo del anciano ya estaba yerto brincando sobre la camilla a cada golpe de los choques eléctricos que recibía en el pecho. De repente escuchó: *"No hay manera. ¡Falleció!"*.

En ese momento llegaba su nieta. Su hijo estaba inmóvil, pálido e impávido. Solamente pudo decir a su madre: *"Hace cinco minutos entraron con los aparatos de resucitación y acabo de escuchar que dijeron que el papi murió".* Ella en ese instante sintió el suelo hundirse a sus pies. Tuvo sentimientos de culpabilidad y dudas… el *'si no me hubiera ido, estaría aquí junto a nosotros'*, se apoderó de su mente. Entró desesperada a la habitación y le confirmaron lo que su hijo escuchó. Muerta de dolor se echó encima de él a llorar. Los besos y los te amo iban y venían.

Aquellos dos "matasanos" o eran estudiantes sin práctica alguna de medicina o no eran nada. Pidió entonces que se le emitiera el acta de defunción y pidió el valor de la preparación del cuerpo. Mientras, su hijo y ella iban a la casa de la "mami" a darle la cruel noticia y a traer para él su mejor traje.

No sabía cómo darle a su abuela aquella mala nueva. Se armó de valor al llegar y le dijo: *"Se nos fue el abuelo".* Ella con una serenidad asombrosa, la quedó viendo con los ventanales aguados, sin verter una lágrima. Solamente dijo: *"Somos de la muerte, es lo único que tenemos seguro".* La abuela también se vistió y partieron de nuevo para el lugar. Parecía mentira que aquel viejo sabio -a quien algunos amaban y otros no tanto- había partido por el valle de la muerte y el no retorno.

Salió el medicucho de la habitación repartiendo condolencias. Cuando se acercó al muchacho, éste le increpó diciendo: *"¡De nada sirve esto! Cuando llegamos, ninguno de ustedes mostró empatía, más bien parecía que no deseaban atendernos. ¡Hay que demandarlos, mamá! ¡Hay que demandarlos!* Con el rostro lloroso, humedecido por las lágrimas de dolor, el niño asustado, una y otra vez incansablemente les repetía: *"¡Indolentes!, eso es lo que ustedes son".*

Llegaron entonces otros familiares. El dizque doctor y la enfermera, cruzaban miradas interrogativas y vacías. Dieron la orden los deudos de preparar el cadáver. Una vez hecho esto, lo trasladaron dentro de esas cajas de madera tallada, con forro de satén blanco y una ventanilla de vidrio por donde se podía ver su rostro sereno y albugíneo.

Su vela fue pobre... no llegó ninguno de sus conocidos y tampoco quienes decían ser sus fieles amigos y que de su bondad lucraron. Su entierro, fue igual... a todos los que en vida les hizo favores, ni como estelas de humo se les vio aparecer.

En la lápida de cemento se ve un escueto epitafio: *"a aquel que dio todo en vida y que nadie despidió al morir"*.

Las flores amarillas, las lilas y los lirios blancos, lucieron sus rostros tristes y agónicos ante el desencuentro. Pasaron los días, y dicen que han visto sus pétalos asedados y frescos; y que, hasta han sentido su fragancia fuerte dispersándose en el ambiente, como cuando lo llevaron a enterrar aquel triste día.

82. REVELANDO LA VIDA EN POESÍA

Así llamé a mi primera antología, porque más que una recopilación de versos lo que allí plasmé, fueron mis sentimientos heridos y otras veces, emociones complacidas que se fugaron de mi mente, como pensamientos compungidos que estrujaron algunos instantes de felicidad fallida, haciendo de ellos, ¡poesía!

¡Revelaciones! ¡Ah! ¡Revelaciones!

Las esperanzas llegaron y se fueron en vivencias esparcidas -como estrellas que perdieron en algún momento el brillo- tras los latidos presurosos que la ilusión dio, cuando el amor cantó su mágico trino, con la esperanza que mis laceraciones dejaran de supurar -por su estrecha garganta- gemidos lastimosos a causa de la infidelidad y el dolor.

El odio se quemó en la fogata de las noches solitarias, cuando alguien presumía haber marcado los espacios que en mi vida ocupó, mas, al escribir mis relatos, al recalcar en cada una de esas historias, algo inesperado sucedió, manos invisibles lapidaron ese breviario con las piedras holladas y ennegrecidas de olvido, dejando todo eso a la intemperie para ser roído -como un velo enmohecido- sumergido con inclemencia en las fosas donde yacen las aguas descompuestas que resbalaron -en algún momento- sin rumbo por los canales perforados, traspasados por las balas asesinas del despecho y del desamor.

Mi alma se desparramó lentamente y secó cada lágrima vertida, con el paño tejido con las espinas aquellas que botó la rosa sanguinolenta, cuando trataba de impregnarme de su olor. Los hilos de mi nostálgico versar, formaron estrofas y estribillos completos que llevaban en sus letras, las ignotas e inteligibles sensaciones, como si fuesen pedazos de auroras o estelas de ocasos en su ir y venir apesadumbrado.

Cuando escribía, lo hacía poseída por las notas sublimes que emergían desde el aparato de sonido -mi fiel compañero incondicional e inspirativo- que tocaba una y otra vez y cuantas veces lo deseara, aquel disco compacto que contenía las melodías sensitivas… las composiciones hechas por Frédéric Chopin para acariciar -con manos de seda- mis abrumados oídos.

Fue así que saqué una a una cada remembranza... las que me hicieron bien y las que me hicieron mal. Las que me produjeron hastío e ignominia. Todo lo que con impetuoso desagravio diera forma al nido ahuecado, donde alguna vez -aturdida por el desdén y el desencanto- me lamí con desesperación las llagas abiertas, aquellas úlceras siniestras que se negaban a cicatrizar.

Y, ¡heme aquí! Tanta revelación me dejó incólume... sin lesión. No he parado de plasmar mis sentires. Llevo ya cinco libros publicados y hoy estoy, sigo aquí escribiendo nuevamente, y lo seguiré haciendo cada vez que me lo pida con urgencia el alma, la mente, el cuerpo, el espíritu y el corazón; o hasta que se hayan esfumado para siempre los humanos pensamientos o mientras sigan vivos los más fuertes, los que hacen de los instantes, situaciones imperecederas y eternas... los espirituales sentimientos.

83. MAGMA

Una brisa de frescura está por asomar a su vida. El manto de la tierra parirá néctar sobre cada una de las vías que deberá transitar. Su deseo es el magma incandescente de lujuria, que explota con rabia en los callejones coralinos, donde yace encerrada -tras cárceles de espinas- su incólume pasión.

Su piel es un volcán que supura por los poros, lava ardiente que lacera la debilidad de su dermis. Cual miel derretida resbala lentamente desde la cumbre de su cuerpo y se detiene sobre el corazón que salta, porque ya no aguanta más tortura a fuego lento.

Necesita que este fogonazo sea apagado rápido. Tiene miedo de que, los instantes vividos vuelvan a la triste realidad.

Una brizna serena, viene soplando desde el mar. Este manto de roca fundida en su interior ha de ser apagado con todo el amor que una vez recalentó su cuerpo y volverá a ser vapor que mantendrá avivado cada sentimiento álgido, agónico y yerto.

Como un náufrago que no encuentra escapatoria a su desesperante situación en el océano despejado, sucumbirá asido a lo que le quedó del recuerdo, cuando sus brazos encuentren en la infinitud, la balsa donde solía desperdiciar esos momentos que llenaban su cuerpo, que alimentaban su alma y recargaban con energía suprema, el espíritu que todavía estaba erguido en su lobreguez fantasmal.

Volará como hoja seca sobre los pantanos, donde brotan flores de loto plácidamente abiertas. Se escucharán los suspiros profundos de los nenúfares, posados en las aguas rastrilladas del estero nocturnal.

Una voz se escuchará -como un llamado del más allá- y los deseos, la lujuria, la pasión... todo lo que hiriera aquella piel mortal -al arder la carne con instinto animal- como una estela de humo -en la obscuridad- desaparecerá.

Magma, lava, ardor, resquemor... lo que un día fue, ya no será más.

84. PALADEANDO

¡Qué delicia es paladear las esperanzas! Es tener el ansia satisfecha como un barco navegando, en las aguas placenteras de una mente justa y abierta; es estar seguro de que las ilusiones se mantienen allí puras e inalterables y soñar con la dulzura almacenada en los halos que la aurora matutina lleva y filtra con sigilo por las hendijas de los vellos de las pestañas, antes de abrir los ojos y despertar, así, como una mano amiga que se extiende y soba la cabeza dejándome soñar.

Paladeo cada día del invierno frío y cruento, así como, cada lágrima derramada por las nubes; goteo salino que los ángeles capturan con sus dedos sedosos, para salpicar con ellas los pastos, donde yacen germinando semillas de amor, tolerancia, paciencia, paz y perdón.

Es así, que cada vez que se esponjan las níveas marmóreas del cielo, el lívido semblante de las ideas pace como un buey retozando sobre el verdor natural, que cubre de vida la distancia larga de éste trayecto que me ha tocado caminar; y en lo hondo de los surcos donde abdica la dignidad...

ahí agonizan los absurdos, porque las expectativas se asoman por cada uno de los orificios de la almohada húmeda y vieja, que ampara al intelecto en su inmortalidad.

Y, sigo paladeando lo que el destino me dio. Los ocasos que hoy caen son pálidos y morados; otros son rosados, fecundados por naranjas dorados. La nada levanta su dedo índice lánguido y largo y lo posa sobre los cabellos que caen fallidos de las cabezas de hojarasca de los otoños; mientras la vida, la existencia, pasa inmersa en una polvareda en torbellino, que revuelca y muerde los soslayados momentos, esos que otrora fueron cambiados por cada una de estas líneas, dando vida a los instantes superfluos que se me escabulleron en un suspiro, como arena entre las falanges huesudas, que dan forma a mis manos pecosas, cansadas, envejecidas y casi yertas.

85. TODO PASA Y TODO, PESA

Están transcurriendo a la velocidad de la luz, las auroras, los ocasos y los soles… también las páginas del diario escrito -por manos que desconozco- dando vida a las memorias muertas, de una desmemoriada historia.

Todo pasa y… todo pesa. En una tarde apacible, el alma abandona el cuerpo; al espíritu libre se le ve yendo, hacia donde se reúnen las energías de los condenados a muerte o de quienes han sido destinados a vagar por el mundo en una vida vacía, solitaria, errante y superflua.

Las camelias y las alondras están escuchando el cuento, que las Hadas del bosque escribieron en su momento. La soledad invade cada banal sentimiento. El silencio momentáneo irrumpe el vuelo que llevan, los abrumados pensamientos.

Al fondo, se alza el antiguo atelier del veterano pintor francés. En su interior yacen las pinturas que la sombra del artista -con destreza- plasmó sobre un viejo y amarillento lienzo rasgado. El paisaje yace pálido y apesadumbrado; como si la muerte misma lo hubiese revelado.

El genio de la memoria, saliendo está de su escondite y deja que la brisa ayude al viento a soplar hasta que las hojas otoñales se levanten y leviten sobre el lago de cristal.

La imaginación captura trozos de imágenes. Las aventuras se tatuaron en la piel y arden con la leña verde de los recuerdos; el calor es tal que se ha quebrado el vidrio empañado del espejo melancólico, donde se petrificaron los instantes agobiados, junto a las filosas astillas de lágrimas y tormentos que lo han enmarcado.

El vigor se escapa por unos segundos. Las manos frías de la insensatez se hunden dentro de las olas que revientan furiosas al paso de los truenos internos que, intensos chocan electrocutando los pálpitos débiles que aun daba el corazón.

Y la sombra del alma se quedó sudada en la transparencia de tu aliento. La espuma salada se convirtió en néctar que circula como niebla en las bocas vírgenes, hasta desvanecerse poco a poco en las ansias locas que alguna vez parieron versos volátiles a la virginidad de las rosas.

Todo pasa y todo, pesa. Entre un hincón y otro las espinas del infortunio me recuerdan que, en la supremacía de la nada, en el universo ancestral y eterno, la soledad es sólo eso... un fardo que se hunde con facilidad de palabra, en la belleza oculta de fallidas promesas.

86. COSTUMBRES

Están transcurriendo los días... pasmados, sin sol. El devenir de las horas agobia mi existir. El souvenir de las olas en su verdoso vaivén, me hacen recordar mis afanadas mañanas, tras del humo cenizo que se desprende castizo desde la taza caliente con aromático café.

Repito con la mente abierta, con gritos que se apagan desde mi garganta... ¡correr!, ¡correr! Acelerar el auto cada día... ¿para qué? Debo lidiar con el tráfico abrumador y cruel, y cumplir con el trabajo que me da de comer. Hábito abrumador que impide que disfrute de la familia, de mi hijo amado, de los amigos; de una buena película comiendo palomitas de maíz; de reír a carcajadas o deleitarme al leer ávidamente los libros filosóficos de Pitágoras, Sócrates y Platón o adentrarme en las aventuras del Ingenioso Hidalgo Don Quijote de la Mancha.

Todo está cronometrado: los pensamientos, la moda, las emociones, la sociedad; los pasos que vamos dando seguros o errados, por los corredores limítrofes entre el bien y el mal.

¡Costumbres! Resulta mejor vivir la vida de otros, que la propia existencia explotar y mejorar. No hay unción que indique si el camino hacia la cura es correcto, ni huellas que exhorten por dónde se debe continuar o parar.

El Hada madrina se cansó de esperar y tiró su varita mágica por el abismo del sueño donde cada uno -envuelto en sus propias pesadillas- hubo perdido su lugar. Mas, desde abajo parece que el suelo es el cielo. Las piedras allá al fondo se ven resplandecer como luceros que, al reflejo de la luna palpitan y centellean como un enjambre de luciérnagas.

Cada vivencia y recuerdo; cada momento eterno ha ido lacrando los párpados tras los ojos cerrados, de quienes no se atreven a ver los besos perpetuos que dan las mariposas en su vuelo colorido, latente y asedado.

Ellas -en su ritual vespertino- han decidido beber las lágrimas silentes que están llorando las tortugas. Y se posan sigilosas sobre sus lagrimales antes de que decidan mover sus patas de paleta e internarse en la profundidad de los mares, para limpiarse el agua que sin saber por qué o por quién, las ventanas de sus almas sin cesar y sin motivo aparente, han derramado.

Y sorben los lepidópteros cada gota salina, que lentamente se ha deslizado -entre dolo y lamento-sobre la piel rugosa de los ancestrales quelonios, liberándolos así de toda angustia y temor.

Imaginando todo eso, por un rato olvido las horribles manías escondidas que han envuelto con el fúnebre e insomne pañuelo del sonambulismo, la usanza, la ignominia y el destierro, a la belleza de mis despertares cotidianos, aparentes y superfluos.

87. MIGRACIÓN Y ACOGIDA

Tuvo que salir huyendo de su tierra amada. Fue acogido con desconfianza en lares extraños. Llevaba en su equipaje la sábana patriótica, con la que más de una vez enjugara las lágrimas.

Se embriagó su mente del famoso mal de patria. Lo que dejó atrás, allá en su suelo, le sumía por completo en pena amarga. Paladeó a cucharadas las hieles desparramadas en aquel lugar desconocido y huraño.

Más de una vez tocó fondo cuando cayó despedazado al pozo de la ignominia, donde las palabras proferidas en su propio idioma eran como agua evaporada en sus paredes de piedras húmedas, terroríficas y vacías.

Decidió guardar en la isla diminuta -en que convirtió su mente- lo poco que le quedaba de raciocinio y echó lo más sagrado de sus vivencias en un viejo cajón saturado de "Alzheimer" en un enjambre plagado de desmemoria y olvido.

Era preferible omitir los instantes por los que lloró. Al centro de lo vivido, se alzaba todavía la cordillera callosa de su alma, que se extendía a lo ancho del cielo como un manto que ocultaba, las telarañas del abismo donde sucumbieron las olas del mar sobre un cuerpo lacerado, inhóspito y a conveniencia, dormido.

Desapareció su angustia. Le dejó volar libre, entre los verdes que vestían el eje del atolón. Y se rodeó de pólipos de corales rojos cenicientos, teñidos por el humo espeso que emergía de las fumarolas, que llenaban de negrura el valle en donde más de una vez, dejara escapar lamentaciones funestas.

No se dio cuenta cuándo expiró el amor. No supo cuándo dio el último suspiro. Creyó haberlo visto morir, sobre el límite del bien que nace entre las plateadas sienes de cabezas experimentadas, que lucen regocijadas cabelleras, tupidas de nieves perpetuas y destrezas inverosímiles y vanas.

El hielo de la indiferencia agrietó y rompió, lo poco que aun guardaba a lo ancho del corazón. Desapareció repentinamente el cariño que profesó -como niebla sudando los álgidos glaciares- con el dolor que socavaron las lágrimas vertidas por longevos montes efímeros, por donde desesperado perdiera el sueño, que siempre llegaba espiritado, alborotando las greñas anudadas del desaliento sobre las almohadas duras donde diariamente descansaba.

Ríos de sangre helada escrutaron aquel valle. Sus sentimientos patinaron con el agua en torrente, desgajándose de lo alto de nuevas laderas que se alzaban altaneras entre los colores difusos del ocaso, los arreboles de la aurora y los tonos vívidos de cada primavera.

Lloró todas las lágrimas que en su interior tenía. Cientos de hojas cayeron. Las botaron los otoños que transcurrieron por su vida dejando los ramajes de sus huesos desnudos. El cielo gimoteó gencianas... flores de pétalos obscuros cayeron fúnebremente, besando con lástima a las coníferas sumergidas en jades nacarados.

Se congelaron los dolos que -al partir- echara con rapidez dentro de la maleta -casi vacía- con que llegó a tierra ajena; matriz que le ayudó a crecer y a prosperar, cuando a pulso logró demostrar de qué barro estaba hecho.

¡Todo estaba casi olvidado!

En el fondo de su consciencia reivindicada, palpitan todavía los colores azul y blanco. El añil y el marfil de la bandera que al nacer -como otra madre, con amor incondicional y desinteresado- en su regazo con ternura le cobijara.

Y en sus visiones, su onirismo le hacía caminar sonámbulo sobre el angosto canal de una garganta seca, desde donde se escapaban, los gritos desgarradores -que le dejaron sin voz varias veces en el pasado reciente- al clamar respeto y libertad para su amada Nicaragua. Ahora se le ve ido de este mundo, cantando otro himno en lengua foránea.

88. DÉJAME SABER

Antes de que muera, déjame saber a dónde irás cuando haya desaparecido; cuando ya no esté... cuando la luctuosa señora deba de llevarme a cancelar las cuentas pendientes que están por pagar.

Si no sabes o no quieres decirlo, te participo que mi espíritu etéreo reencarnará, en el emplumado cuerpo de la chova alpina... volando sin rumbo buscará tu energía fluctuante en cada lugar; porque, aunque tú quedes aquí, seguirás siendo mi otra mitad.

Mi alma dormitará dentro del nido de la codorniz, que estará colgando del techo del mundo, así, cuando el monaguillo vestido de blanco impecable y "ostracino" hale -al interior de la Capilla de Las Ánimas- las gruesas cuerdas donde penden los péndulos de bronce de las campanas pesadas, que dejarán escapar una nota de duelo, junto al eco de su lamento cruel, devastador y fatal, cuando de estos lares haya partido ya.

Ellas, las gordas de hierro fundido vibrarán con ironía cuando me presentes a mí, en una caja de madera de pino, elegantemente tendida; allí, estará mi cuerpo con su semblante sombrío y aterido, de frente al Santísimo Sacramento en la lobreguez absoluta del altar.

Entre los adornos florales, sobre saldrán lirios, corozos, claveles y amapolas con sus corolas erguidas, ahumadas con el humo despedido de los carbones cenicientos y medio encendidos en las tazas metálicas de los incensarios.

Titilarán las llamas de los pabilos de las velas y en total desamparo, derramarán lágrimas impertinentes y aceradas por mi partida abrupta, rápida y cándida. He de ver cómo manos extrañas te ayudarán a colocar mi féretro de frente, con mi cuerpo álgido y yerto dentro de su traje de leña conífera.

Los asistentes verán la mortaja cubriéndome el pecho; murmurarán de la palidez asombrosa, posesionada de mis manos níveas y finas; será motivo de sobra para comentar, la filigrana brillante y sobresaliente entrelazada cuidadosamente entre las fisuras de mis dedos largos. Se tratará del rosario exquisito que fue pasando -como una herencia- de mano en mano hasta la última descendiente hembra de mis ancestros; en aquella época remota, fue delicadamente labrado con espinas de rosas y cactus; y asimismo, el Cristo negro desnudo que quedó apenado, al descubierto.

Antes de morir, déjame saber, amado mío: ¿dónde estarás? ¿En qué lugar te habré de encontrar? Mientras mi espíritu andariego viaje errante por los castillos fastuosos del Olimpo, o por los gloriosos jardines del Edén, es menester -amado mío- saber, por dónde habré de encontrarte otra vez.

Quiero que estés seguro de que te esperaré en el más allá, pues es menester; pero, ante todo déjame saber por dónde andarás; mi alma abrazará a la tuya -escrito desde siempre está- aunque te encuentres perdido en las constelaciones con que los "devas" coronaron la eternidad.

89. UN DÍA PARA OLVIDAR

Antorchas encendidas con vivas llamaradas, alumbran los caminos que transité una vez. Aquí reina la calma y la sombra de mi alma, yace vagabundeando en el umbral de la vejez.

Cabellos escarchados de luna y nieve, ondulan. Toda la cabellera está encolochada... hirsuta. La mente distraída fue sacudida en soledad y los recuerdos -atrevidos- se asoman cautelosos por la ventana del olvido, tirándose con arrojo a las profundidades del abismo, donde se puede ver -como una cinta en blanco y negro- lo bueno y lo malo que a tu lado viví.

Y yacen aun latiendo las brasas de las pasiones y aquellos años mozos que dedicara a ti. Transcurren a destiempo las agujas del reloj. Su tic-tac se va apagando, como lo hace mi voz.

En la fumarola en que -mi presente aciago, se untara de hollín- ardió la leña seca de la pasión y los deseos; quedaron embijados los óleos con los que ungí los banales sentimientos; esos, con los que -por algún período- froté las añoranzas que dieron forma inminente a este poema que parió la mente, por todas las memorias que transitan liberadas y por todo aquello que ahora ya no siento.

Otros versos y cavilares andariegos, encontré plasmados y dispersos en un papiro rajado, enrollado y atado con un lazo rojo, desteñido y abrillantado, al fondo del baúl de madera y cuero, donde soterré todo indicio de cariño, que alguna vez sentí en triste menoscabo.

Es que tu infidelidad le ganó al amor -me repetía dentro, muy dentro, una voz interior-. Atrás quedó la promesa proferida en el altar. No hubo retroceso, le fallaste al Señor y me sentenciaste sumiéndome en el dolor.

Hoy que veo las fotos de aquel fugaz momento -nuestras imágenes difusas y evaporadas, como cada uno de los pasos que dimos lento- yo vestida de blanco, radiante, con una gran sonrisa... ¡feliz!; tú, galante con tu saco gris, dándonos frente al cura, el legendario ¡sí!

Una copa de champán tomada en nuestras manos y entrelazada como un par de alianzas en nuestros brazos... un grande agasajo fue ese día. Nos dispusimos a brindar -sin siquiera imaginar- que lo hacíamos por una abrupta y humeante felicidad.

Entonces, se asoma a mis ojos una lágrima furtiva y agresiva. Se disipa como éter en el borde de las pestañas donde sucumbieron -desde hace tiempo- la inverosimilitud de los enojos yertos.

El día que me enamoré de ti ha quedado omitido, listo para ser borrado por un final sin delirio, ha quedado alejado como vino añejo en el viñero; no creo volver a revivir los instantes que tanto daño, mentira e ignominia produjeron.

90. CARTA A MI AMADO

Amado mío:

Quiero acompañarte en éste transitar. Caminemos tomados de la mano, sea en días soleados o en noches frías de temporal. ¡No nos soltemos jamás! Acompañémonos uno al otro. Démonos palabras de aliento... sólo así soportaremos las embestidas que, el toro bravo de la vida nos ha preparado, sin previo aviso... así, en total desorientación y certero desacierto.

Y... dejémonos llevar. ¡Sigamos disfrutando! Bailemos -como en los viejos tiempos- la dulce melodía del vals de Chayanne. Juntemos nuestros rostros en una caricia eterna, muestra del cariño sumergido en nuestras almas, como un enjambre tejido en el pecho, con puntadas en cruz.

Vivamos las emociones con placer abrazador. Bordeemos nuevamente el corazón y el pensamiento con las hebras platinadas de las sienes caneando ilusiones y momentos; y todo lo que quede al garete, suelto, sea lo que sea, echémoslo por allí, como si se tratase de cenizas esparcidas por el viento.

¡No nos martiricemos! Dejemos atrás el calvario de los santiamenes desabridos; de las tareas difíciles; de los instantes lóbregos y de los dolos tristes. Hagamos un paquete de todo eso y dejémoslo divagando, tras las sombras espiritadas, flacas y humeantes de la niebla espeluznante del olvido abrazador.

Cobijémonos de nuevo con la sábana de todo aquello, que nos trajo paz y seguridad... sabemos que el amor aun fluctúa. Recordemos que lo nuestro va más allá de la desaparición de nuestros cuerpos, de toda esa materia hecha de piel y huesos, vestimenta que ha de besar la tierra agreste, cuando yazgamos elegantes, álgidos, albugíneos y yertos, dentro de un cajón de madera fina y labrada, que habrá de tragarse la tumba mohosa y obscura, sombreada por altivas palmeras erguidas en las avenidas escalofriantes del camposanto.

Amado mío... ¡no es necesario volver a jurar! Mirémonos a los ojos, ¡eso bastará! ¡No hay nada que subastar! Ya sabes, acá te espero, como si fuese la primera vez que nos veremos. ¿Recuerdas? ¡Yo sí recuerdo!

Soy y seré siempre tuya, como el higo a la higuera; como el mar a la arena, porque tú y yo somos dos ánimas que habrán de reconocerse, las veces que se hayan de encontrar, sea en invierno o en verano; sea en otoño o en primavera; o cuando los pájaros en vuelo decidan volverse a besar.

De ti, por siempre y para siempre, se despide ya, quien te ama, quien te amase, y quien siempre te amará.

91. LA HUIDA DEL AMOR

Todos los sábados del año, ella escribió una carta a su amado. A ese hombre que partió dándole un beso tierno en la mejilla. A ese tipo que murmuró en su huida un "hasta luego". A él, que cada enero, le regalara un ramo fresco de geranios, una caja de chocolates y un corazón satinado en fino terciopelo.

Sus pupilas melosas se vuelven acuosas. Un océano en vorágine revuelca los pensamientos que la abruman manoseando sus memorias. No pierde las esperanzas de verle un día regresar y de volver a ser la pareja enamorada, que paseaba entre risas y coqueteos, tomándose las manos, cada mañana al despertar.

Ha escrito cincuenta y dos cartas desde que él la abandonó. Cincuenta y dos fines de semana, con sus lágrimas mojó. Todavía se le ve con la mirada perdida observando -tras de los cristales transparentes de los ventanales- el sendero que recorriera su cariño más preciado.

En su nostalgia visiona -producto de la imaginación- el recuerdo de cuándo él se alejó por el puentecito de madera, que se alzaba en la hondonada cubierta por el río. Se le vienen las remembranzas y cree verle de nuevo, con su traje gris, sus zapatos lustrados y su maleta de cuero curtido.

Y ahogaba el desacierto al centro del corazón. Lágrimas silenciosas, han rodado cada vez, abonando la esperanza de volverle a tener. Mas, todo es transitorio y el tiempo también. Las llamas quemantes que envuelven su amor profundo, incinerándole el alma y a su corazón sufrido e iracundo, le van dejando cicatrices... verdugones que señalan que su amor es utopía, porque por él, todo fue tramado con la burda red de la mentira cruel.

Y así, cada vez que persiste y se pierde en el laberinto que da vida a sus pesares de amor, deshoja margaritas... ha acabado con ellas en el vergel... y, cuando llega al último pétalo por arrancar, las flores blancas de amarillo corazón, le dicen: *"no me quiere"* y le agrietan la emoción. Mas, ella... ella sigue perdida en la ilusión.

92. REENCUENTRO

Un viaje ha de marcar el inicio del reencuentro, tras del orbe de las apariencias ensoñadoras. De las copas que rebosan del llanto -que ha vertido sobre el suelo la nube dolosa- caen cristales difusos hechos añicos de estrellas.

Sus trozos, forman una nueva constelación celestial, en la que se ve a un ángel ligado al planeta Tierra; y en las diversas huestes de los alados "devas", se escuchan los cantos que llenan de gozo a todo el universo misterioso y ancestral.

Almas parten con la dama de la guadaña. Otras llegan de nuevo a la vida, a vivirla. Todo termina donde ha comenzado y todo comienza donde ha terminado.

Los consortes estupefactos de la mente se embarcan en el barco ilusorio de las emociones; dejando escrito en la bitácora un mensaje utópico a lo superfluo de las sensaciones ahogadas, dentro de una burbuja falsa que se revienta al leve soplo de las verdades.

Se desvanecerán los malos humores en las aguas turbulentas del infortunio. La aventura y lo impredecible, tirarán los dados. Desde arriba las constelaciones, echarán un ojo a cada ímpetu -que exánime- vaya a abandonar los deseos, evitando el crecimiento y la evolución del alma.

¡Está próximo a darse el reencuentro esperado! En la nueva vida no existirán apócrifas apariencias. Las nubes despejarán las zonas luctuosas y en la nueva constelación celestial, los rayos del sol han de quemar el karma que envuelve con su nebulosa, a ese espíritu errante que habita de siempre el cuerpo redondo del planeta que gira; ha de botar por el inframundo, la negatividad y el pesimismo, que le impide rodearse de positivismo y dará soplo vívido a la paz que se ha muerto con cada ser vivo que habita este mundo.

93. SOBERANÍA

En la isla de la pobreza, crecen los frutos de la riqueza. Las agujas del reloj son las manazas del viento que acarician la planicie donde se desplaza sigiloso el escarabajo que representa las sensaciones intrínsecas de las vías de la vida y los senderos disolutos de los rieles de la muerte, cuyo tren se descarrilla al pasar por los acantilados donde yacen moribundos -entre pedruscos rudos- los hálitos amados de la bien amada existencia.

Caminan errantes destinos y destierros. Van siendo hincados por los alfileres que cuidan con ahínco a los tallos de las flores; los "ouises" sueltan su mal agüero. Están cantando sus lamentos al tiempo.

Todo lo que yace enterrado en la arena, lo absorbió el arrullo del peine que las olas rastrilladas usan para acomodar los cabellos y las barbas de los ríos, que han decidido coquetearle a Las Pléyades tras los halos luminosos de la aurora boreal.

Y en esta ínsula que se yergue al centro del lago donde fenecen los llantos, se disipa para siempre la sangre de los jacintos azules de la constancia; allí donde Céfiro -el dios griego del viento del Oeste- va soltando las esporas que se esparcen, hacia donde se ven deslizarse, las más hermosas y flamígeras estrellas matutinas.

Es exactamente donde nacen las sencillas flores de lis, con sus tres pétalos que representan a las virtudes perdidas: lealtad, abnegación y pureza y su ignoto poderío, donde se desbordan las auras puras de la honorabilidad ataviada, con los gritos desgarradores que da la soberanía, en todos los tiempos y en cualquier lugar.

La resonancia soltada por los parches golpeados de los tambores deja sentir su eco fuerte. ¡Es un grito de guerra! Allí es despojada del hoy y del ayer la "super Omnia".

Ahora, se le ve -por doquier- agonizar angustiada... sumergida en la vorágine que causan los odios y la ignominia, que las dagas pendencieras -asesinas y sanguinolentas del dolor- utilizaron para acabar con lo poco que en el mundo quedaba de sosiego, de esperanza y amor... eso que muchos engullen a la fuerza mal llamándole: *"pan con dignidad"* o, en otras palabras: *"dignidad sin compasión"*.

94. DANTESCAMENTE HABLANDO

Se ha dividido el cosmos por la bóveda celestial. Ángeles y demonios no pueden ver la luz célica porque ésta baja del universo hacia La Tierra, en lenguas flamígeras que simulan, el itinerante camino espinoso hacia el infierno.

Maravillas se exponen tras de una gran vidriera. Espíritus quebrantados están alzando sus manos. Pruebas y deseos fugaces han sido revocados. Se acrecienta la fe que viajaba perdida, engullida como un amargoso y atípico bocado.

Se empañaron los cristales -donde sucumbían- todas las especies terrenas. En la dimensión extrasensorial, la benevolencia se propaga. Puntos armónicos equilibran el raciocinio mental. Los paisajes del templo de Heliópolis, irradiando están colores en la bitácora ancestral.

Y, el búho sabio meditaba. Por cada lugar el cielo simula ser, el océano de turquesa atrapado en un cristal. Los rayos solares bañan perennemente, lo que se ha escapado a las miradas y que aún sigue atrapado en las pupilas menesterosas de la deidad.

El mundo está lleno de matices. Arcoíris coloridos se incuban en los vientres de las nubes grises. La sensación de la unidad y el aliento cósmico universal, se habían sumergido en los intrínsecos laberintos del pensamiento actual. Es que todo se ha ganado a puro pulso, a golpe y pálpito de sangre, esfuerzo y amor.

Lo que se puede comprar -me dije- no tiene valor; todo lo bueno se ha quedado entrampado en las redes invisibles que, la "maia" tendió sobre el puente que se yergue con los viejos y crujientes maderos que -al roce del viento- gimen desgarrados, entre las astillas que han dejado a su paso: desesperanza, angustia y dolor.

Y así me quedo yo... divagando con mis pensamientos. Estos no encuentran lo que el presentimiento -andariego- ha dejado en la oquedad. Y escudriñan furiosos en mi intelecto. Mas, es en vano. Todo lo ensimismado no ha de borrar las huellas de mis aciertos.

95. LOS BESOS DE LA LLUVIA

Con los besos que me dio la lluvia, despertaron los recuerdos empolvados. Llegó a la memoria la sensación dulce de tu boca de cereza, recorriendo palmo a palmo, cada espacio de la piel que ardía cual leña seca; y ávida de pasión, y de añoranzas y deseos, volví a vivir aquel incendio que nos hacía arder -como un par de contrincantes que se abrazan en una absurda reyerta- paliando sus pesares en un bizarro, en un aguerrido, cuerpo a cuerpo.

Cada gota que lloraron las nubes esponjadas me ha salpicado el rostro de tal manera, que despiertan y revuelven todo aquello que ya había olvidado la memoria.

El paladar volvió a sentir el elíxir de los ósculos con que solías enjugar el recóndito escondite de mi boca; eso que mis labios purpurinos desde siempre han extrañado... los mordiscos y la loca sensación producto de la ansiedad y la desesperación cuando transitan los anhelos como el segundero, el minutero y el horario sobre la circunferencia plana, de un viejo y sarroso reloj.

No he de olvidar nunca las caricias picosas que me hiciera con amor el célico sirimiri, al reavivar todo lo que hacía tiempo yacía gélido, albugíneo y muerto. Repaso -paso a paso- las huellas que dejaste y sumergida en el charco de las emociones yertas, ¡renazco! Voy transitando por los laberintos de la mente, sobre los metodistas caminos de la vida y de la muerte.

Estos versos vivos son la verdadera pasión, con que he venido viviendo cada existencia, haciendo caso omiso a lo que dicta el corazón. Mas... ¡con los besos de la lluvia, despertaron las remembranzas más profundas!

Amo cada una de las letras que hicieron posible, la realidad de los versos de esta poesía, que palpita y no sucumbe; que se revitaliza en las cariñosas caricias que recibió del llanto sublime de las cachetonas níveas (las viajeras errantes que se mueven displicentes, sobre el cúmulo absoluto del añil que cobija, la infinitud abstracta circundada de colores boreales que viajan por la inmensidad del firmamento).

96. INQUEBRANTABLE CONQUISTADORA

Soy la inquebrantable conquistadora, quien no se cansa de buscar en la nebulosa de los viajes astrales, la fantasía de los sueños infinitos; allí donde se dilucida lo que el destino tiene escondido; allí donde se rompen las páginas amarillentas -al tacto- de un diario escrito por las manos fantasmas de un poeta que anheló reproducir con sus metáforas, lo que llevó a su pluma armoniosa a dar a luz, la concordia de sus versos.

La amistad sostenida entre el cuerpo y el alma es el ósculo sembrado en las mejillas de las generaciones perdidas; y andariega, errante y confundida, camina y sus pies se empolvan al transitar los caminos que se forjaron con pedruscos de crisis y llantos salinos de desolación y desasosiego.

En la montaña rusa de la vida misma -con carcajadas miedosas a destiempo- se recuerdan los inolvidables y tangibles momentos hasta aquí acaecidos; y victoriosa de haber logrado conquistar lo anhelado, eso que alguien resguardó con celo en los espacios atrapados por las redes de la ignominia, hizo caer del árbol de la inteligencia, los frutos más hermosos de la sabiduría; esa experiencia que los años me regalaran, fue el combustible con el que pude continuar el tránsito, bajo las polvaredas bravías que se levantaban sacudiendo con furia a mi frágil existencia.

¡Esa ha de ser la historia que escucharán de mí! Dirán:

"Ella, fue la poeta que soñaba con casas de marfil, con muñecas que hablan y lloran; con sudores de vergeles y con crisálidas de mariposas. Ella, fue la inquebrantable conquistadora, que no se cansó de buscar las metas a conseguir; que corrió hasta sumergirse en el numen parido por el hálito desmemoriado de la razón y su trayecto".

97. INTRÍNSECA VERDAD

Ella realizó un viaje. Pensó recorría La Biblia. En su desesperación consultó oráculos, entre ellos, "la borra del café"; las cartas del Tarot; el zodíaco astral; las runas vikingas; la baraja española y también la gitana; mas, no encontró respuesta a su preocupación. Solamente escuchó lo que deseaba escuchar, aunque nada de esto le ayudó a paliar lo que obligada por su ignorancia solía con desesperación buscar.

¡Intrínseca verdad! O acaso... ¿veracidad infiel del entorno?

Intentó romper el hielo que le producía la falta de consideración. Decidió entonces, esparcir las cenizas producto de su materia semi asustada y albugínea. Deseaba por un momento succionar -cual abeja- el polen silvestre de las flores, para poderse salvar. Es la fecha de hoy y no ha podido encontrar, lo que entre líneas trajo escrito en el desconocido prontuario, con que fue enviada a la vida, el día aquel de su nacimiento. ¡Enigma total!

Y así, así se le fue arrugando la piel. Las pecas de la vejez asomaron una tras otra moteándole su hermoso traje carnoso para que recordara que, cuando la sien platea, es porque el final se acerca. No importa cuánto hayas hecho para mejorar. Lo que creíste estaba mal escrito en el manual, no eran más que tareas que debías realizar para completar tu paso en ésta enigmática y problemática existencia real.

El espejo se encargó de recordarte, que cada una de las grietas que han desformado tu rostro, es el indicio fiel de que se te acabó el tiempo y que debes resarcir lo que por allí fuiste tejiendo, con las espinas corvas que soltaron las rosas negras que ahogaste -sin piedad- en tus falsas apariencias.

Las cruces que tuviste que cargar fueron para que el aprendizaje -como una experiencia- se te quedara grabado en lo más profundo de la conciencia; y consciente de todo eso, pudieses al fin darte cuenta, que todo lo que buscabas, no más estaba a la vuelta… si tan sólo te hubieses detenido, quizás habrías dilucidado que la vida es una efímera ilusión si tienes el alma muerta.

98. A LA VISTA

He visto de cerca la magia célica de los ángeles. El destello diamantino y sacro de los santos. La guía de los tantos cielos que cobijan -con su infinitud- los albores dispersos que -andariegos- llenan de luz el universo; todo eso que flota como burbujas de rocío en reverencia suprema a la omnipresencia del "hacedor", del Creador, del Dios vivo, dueño suntuoso del espacio absoluto y eterno. Su iluminación diluye la brillantez de los astros; su protección invisible se siente en cada hálito de paz, que inhala y exhala en cada segundo, la existencia.

En la selva -donde dejé dormido al pensamiento- se ven reflejadas las honduras de sus huellas, por las arenas movedizas y serenas... allí donde nacen fulgorosas las flores de loto virginales, olorosas y bellas. Todo secreto faltante, entre lo dicho y lo que no fue hablado, se ha vertido en el adiós de los tenores del bosque, sobre la fase inhóspita de la vacuidad y el respeto al silencio.

La transformación de las culpas viajeras sobre la sordidez que inculcaron las dudas alevosas hace que renazca esa verdad vivida -como un heliotropo azulado- entre los cálices marmóreos de lirios y azucenas, que los ángeles -jardineros del Edén- mantienen exquisitamente cuidados.

Y, a la vista, expectantes están los apuntes que dejé olvidados y que ahora yacen semi borrados por el sudor de las emociones que -antaño- me quitaron el aliento, cuando creía que sería feliz, pero desmayaba como una lágrima reprimida por la angustia, que siempre resquebrajaba la impetuosidad de mis intentos.

99. LÁGRIMAS

Me detengo a pensar ¿cuál es el motivo de tu lagrimear? No tengo respuesta aparente ni creo saber lo que sientes. Respondo por el significado del lagrimeo mío que no cesa, ni detiene su caída... ni para de rodar.

Es el reflejo del dolor que me causa el sentimiento, pues, en algún momento dado, me hubo arrancado de adentro todo lo que sentí un día por mi bien más querido, ese ser por mí estimado y amado, de principio a fin, como el Alfa y la Omega.

Él, es el hombre extraño quien -de un solo tajo- sin remordimiento ni pena, me desgarró el alma. No contento con eso, procedió a tasajearme la piel hasta que se me vieran los huesos, y luego... luego arrancó el corazón que aun por él me palpitaba agitado de amor en el pecho y lo estrujó; cuando vio que aun agónico latía, lo asfixió sin pensarlo y después agonizante y todavía vivo, le lapidó y enterró.

Las excreciones que suelta su pérfida silueta vitalicia y andariega vagabundean rumiando por los hechos trágicos, sin evaporarse. Viajan las egoístas con las acciones que planeara aquel mentiroso y por demás vil personaje narcisista, odioso, pendenciero, vacío de emociones... ¡revanchista!

¡Bofetadas trágicas! ¡Dulzura agria! ¡Celos infundados!... cada golpiza no dada, lentamente fue debilitando más nuestra frágil y quebrantada relación.

Esos patéticos motivos fueron mudos, amordazados por los conflictos internos y la irracionalidad. Todo lo que parecía bueno se tornaba de inmediato en desconcertante. Ese desbarajuste emocional hacía que se aguaran los ojos hasta dejar limpia a la animosidad con el ruedo de las fuentes salinas que resbalaban incesantes de cada orificio diminuto... de cada lagrimal.

Son esos causales transitorios los que transformaron la ilusión en la imperecedera nada que no sabe de perdón.

¡Sollozos! Sin embargo, ninguna frase puedo creerle ya. Apuesto sin miedo a perder, que un pelo de la nariz se hubo de arrancar, pues ni una plañidera lograría derramar tantas gorgoritas en un ¡zas!

Sus secreciones no pasan de espectros teatrales donde la nostalgia se diluye con el lento goteo de mi sangre; mi plasma que se derramó entre líneas, con cada una de las letras de aire insalubres que escribió en mis pensamientos aquel sujeto para engañarme así, con el dulzor ácido de tanto "bla-bla" meloso que a mi oído profirió.

Hálitos fallidos fueron todas sus mentiras; como un vaho de niebla que trasciende y queda humeante enmarañando los días con sus porqués nublados y con las medias respuestas que llegaron tardías.

100. SOY LO QUE HE PODIDO SER

Ese árbol que vi crecer solo en la distancia y que, enfrentó desnudo la crueldad de las tormentas; que se fortaleció con tan sólo ver sonreír a la aurora matutina con los labios que le dibujaran en la faz, los rayos del sol. El que se vistió con los vívidos colores de la primavera... como él, o como un arbusto que se viste y se desviste en cada estación, así, he querido ser yo.

El ave que siendo un pichón se atreve a extender sus alas débiles, para alzar el vuelo y buscar su Norte; que tiene sus brazos emplumados cortos para alcanzar -al volar- la belleza del cielo tapizado de zafiro y de marfil... como ella, como esa alada impetuosa, así... así he querido ser yo.

Aquel cachorro del perro que aprende a vivir a diario en el seno de una familia humana, en donde al igual que cariño, puede también recibir regaños y patadas, aún con todos esos riesgos, quisiera ser como él... leal como ese animal, así... así, he querido ser yo.

Mas, tan sólo soy lo que he podido llegar a ser. Soy la que ha amado incondicionalmente a otro ser, entregando en cada momento el cuerpo, el alma, la vida, el corazón y la fe; la que no espera nada a cambio; la que tan sólo desea ver dibujarse -en la boca de quien ha amado- una sonrisa... ¡soy lo que he podido ser!

La persona a quien la vida le ha enseñado a encarar con entereza y de frente sus furiosas embestidas. He aprendido a soportar todo aquello que no venía escrito en mi manual de existencia. Soy del árbol el perfume; soy del ave, trino y plumas; soy el cachorro que siempre mueve la cola; soy alguien que ha sabido reír en el llanto y que nunca ha dejado de amar, aunque sea en medio de quebrantos y doloridos desencantos... soy, tan sólo soy, lo que el destino y la consciencia me han enseñado a ser... ¡simplemente hembra! ¡Tangiblemente varona! ¡Orgullosamente fémina! ¡Felizmente mujer!

101. ATEMPORAL

Un día tras del tiempo es una eternidad y para quien ama -el tránsito de veinticuatro horas- si no es correspondido, olerá a calamidad.

Hay espíritus ronroneando cual abejas sobre los trozos de hielo que han caído del cielo embravecido con estupor desigual; cristales de agua que se precipitaron borrando lo que fue escrito por los dedos delgados del aire con la pluma que se llenó de la tinta de las emociones perdidas, allí, sobre los papiros invisibles de cada vida, en un ambiente irrisoriamente atemporal. En un suspiro se evaporó cada letra, desapareciendo la historia de lo que fue y ya no será.

¡Abatidos! Adormecidos se encuentran. Los etéreos, son viajeros perdidos en los callejones abarrotados de ensueños. Están detenidos en un lapso ilusorio, dando vueltas dentro de la nebulosa de un período que se mantiene vivo, como la llama de la lámpara del juicio, que no sucumbe porque alumbra los senderos por recorrer y los que aún no han sido debidamente cesanteados, dentro de la espiral donde se da la reyerta entre lo que respira y lo que debe de partir con la dama de lo desconocido... la muerte.

Cae la lluvia... es una brisa necia que moja con molesta levedad. Este invierno ha sido pobre. Las gotas se deshacen en el viento antes del suelo golpear y salpicar los rostros soleados y lustrosos de las rosas negras a las que arrancaron la virginidad. Toda esa pureza que yacía resguardada con celo bajo sus asedadas faldas -las que fueron delicadamente diseñadas con trozos de crisálidas abandonadas, terciopelos coloridos y néctares que sabían a gloria y tempestad- fue arrebatada impíamente, igual que sucede con las ostras cuando son violentadas por un grano de arena, en los bancos que se yerguen en lo profundo del mar.

Y desmayaron todas ellas, las enlutadas que lloraban por haber sido mancilladas. Una a una fueron cayendo al roce de los ósculos que con calidez disiparon las lágrimas célicas que vertió el sirimiri, al resbalar por la difusa luz del arco de Dios que lucía en las alturas con un brillo inmaculado, profundamente existencial.

Entró la primavera. Los otoños se fugaron. Las tormentas fueron secas y los veranos húmedos y apagados. En la lontananza alguien anuncia de nuevo -con voz de trueno- el tránsito triunfal del tiempo. Los ecos de los intentos no retoñaron. Los incorpóreos volaron por los halos sombríos en las enmarañadas calles sin salida, circundadas por los castillos lóbregos de lo eterno.

102. UN MONÓLOGO CON LA ESENCIA RUBÉN DARÍO

Tu nombre de pila: Félix Rubén. Te apellidaste, García Sarmiento. En la batalla de la poesía, tu antroponímico fue Darío, distinguiéndote del resto de las personas que marcaban las diferencias, al portar, en las bolsas exteriores de sus sacos de lino, espinosas y sedosas rosas rojas; y sobre las alas anchas de sus sombreros, blancos y perfumados pétalos de lirios.

Cantaste, ¡oh cosmopolita!, errantemente a las aguas de los ríos; a Europa, a América, al mundo completo, pero, más, a tu tierra natal. Y, es a su 'Trópico' y a sus mañanitas, donde tu Musa fue, aquella muchacha gorda y bonita que sobre una piedra molía maíz.

Tu pluma describió paisajes con elegancia, perfume y esencia inaudita; trovas aquellas que ningún otro genio, hubiese podido en la vida, compilar ni diseñar. Y en tu impactante "Retorno", dejaste sentir, que tu León adoptivo fue a ti, como si se tratara de describir la historia de Roma o la elegancia del bello París.

Y en tu "Marcha Triunfal", se escuchan los claros clarines sonar y la espada inmortal brillar, al anunciar con vivo reflejo, el oro y el hierro, que vistió al cortejo de los paladines.

Y, en el poema sutil que hiciste a Margarita Debayle, lograste que percibiera -a través de tus ojos- la esmeraldina belleza que llevan en su ir y venir, las encolochadas olas que se alzan altivas, desde el salino y salomónico mar.

Y, en los helénicos versos que compusiste a "Caupolicán", desentrañas los secretos de la fiera que rugía, en lo más hondo de tu intimidad.

De los pedazos sublimes que denotan en tus "rubénicos" escritos, lleno para vos este papiro; así, con tus "darianas" rimas y la elegancia que trota parisina, desde los cascos de los corceles que anuncian a su paso, tras la tolvanera, las notas intensas de tu musicalidad.

Es con humildad suprema que le dedico mi versar, a la inagotable tinta que aun derrama tu pluma, que palpita pujante -como si estuvieses vivo- en cada poema que legaste a la castellana humanidad.

He tomado nota de cada moraleja implícita que se desborda desde los eslabones que a tus versares me encadenan: el recorrido histórico de los elefantes de la caravana que pasó por la enorme India alucinante; las estafetas reales que sellan las oraciones enviadas desde nuestro interior a Dios, a través del correo certificado, invisible y volátil de la imaginación, con el que ratificamos nuestra sumisa contrición; y los malas de 108 cuentas, con los que solemos en soledad meditar, cuando sentimos la falta de fe, de amor y de humildad; los dromedarios del desierto -caminando a paso lento- en los que la pálida va montada, vestida de ropas oscuras, ¡sí! Ella, la muerte, la doña de la guadaña, a quien se le ve atravesando pendencieramente las quemantes arenas, cuyos granos rojizos se dispersan entre las dunas del desierto, dando forma a tu "Página Blanca".

¡Oh, glorioso poeta! Eres para mí, el rey que sigue dando la vuelta al mundo, con sus magistrales letras; y de los nicaragüenses, el mayor símbolo de orgullo e inteligencia; de erudición, de sagacidad, de elegancia y destreza.

Tu "nicaragüanidad" es el asta que iza la bandera que aun pernocta, con su azul intenso; ese añil encendido que orgulloso denota, la majestuosidad del sol que baña de luz, lagos y volcanes; y la blancura casta y suprema con que se remarcan, los derechos perdidos de justicia, paz y libertad.

Eres el orgullo que doma y aroma al aliento del horizonte que se tiñe de bruma y niebla; eres como las corrientes de los ríos, que a su paso arrastran piedras -para que quienes oigan el barullo que llevan- sepan, que van camino hacia su caudal.

Eres ¡oh, Rubén!, el prócer, el héroe, que supo luchar con pluma y papel; quien defendió al indio sufrido, con los reclamos que sin miedo hiciste, a la crueldad de la opresión extranjera; así como hizo José Santos Chocano, tu contemporáneo, amigo y colega, al cantarle al Inca en sus peruanas tierras.

Y continuaste el movimiento que dejó a medias Martí, porque tuvo que partir. El "modernismo" fue tu estandarte y lo llevaste a su máxima expresión. Tu liderazgo fluyó con la lluvia de ideas, que brotaron cual manantial de sapiencia, desde la fertilidad de tu imaginación.

Y, te adjudicaron el mote de Príncipe de las Letras; apodo con el que te ganaste la mala voluntad de críticos destructivos, esas atroces aves de rapiña, esos feroces depredadores que, con sus comentarios abominables, hicieron mofa de tu adicción, como si con ello estuvieses quemando tu vasta fuente de inspiración. Mas, al final no pudieron contigo y terminaron ensalzando tu ingenio; perseveraste como ninguno y lograste ganarte, a la larga, su total respeto.

Que sufriste cada renglón que compone las anchas páginas de la historia; palpaste los misterios y los estigmas repetitivos de la llegada de Colón, cuando por equivocación, puso sus pies en las llanuras de América, soberana virgen preñada de grandes riquezas. Tierra plagada de mujeres hermosas, con ojos rasgados y pintados del café intenso que tiene la miel cuando se expone al fuego. Indias de piel quemada como la canela, con cabellos lacios teñidos de ónix, que despedían como una señal -desde lo incógnito de sus escondites- los dulces olores a selvas agrestes; allí, por donde todavía fielmente crecen, vergeles de grande extrañeza; y de dónde se extraen las raíces medicinales: de la manzanilla, de la valeriana; del jengibre, del romero; en donde se abren día tras día, las aromáticas flores de vainilla.

Y destacaste de entre el montón que buscaban llamarse poetas, allá por el siglo decimonono. Hoy, en plena centuria número veintiuno, por todo el mundo hispanohablante, eres motivo de elogio, de estudio y de análisis profundo.

Quienes han declamado tus versos, sienten el orgullo corriendo en sus venas, al haberse sumergido en esa vorágine compleja del laberinto, del torbellino inagotable, que revive lo ignoto de tu genialidad.

El honor, es pues, a tu talento, a esa bendición suprema que dotó de neuronas a tu cerebro privilegiado; provisión y premio que te diera Dios, para el deleite total de la población terrena y con la que, desde hace rato ya, se gozan con júbilo las huestes angélicas.

Déjame decirte, Rubén, que eres poeta laureado, aunque las hojas de laurel no te hayan glorificado; pues -quienes como yo- degustamos el sabor que tiene en su divino romance, cada una de las letras mágicas que dan sentido a los cantares hechos al mar y a la luna, sabemos que todo ello es debido al atavismo engendrado en tu intelecto por la divina herencia del colonizador español.

No desconocemos que fuiste Rubén Darío, el indio de la América castiza, quien hizo uso de un acento francés refinado, tornando rimbombante el hechizo que resuena, en los oídos de quienes rechazan que nuestro idioma es, más rico en dulzura y en sensualidad, que el buen alemán o el intachable inglés.

En mí, has sido y serás la más fuerte influencia de mi soñar. Aunque no he aspirado parecerme a vos ni copiar burdamente la fineza de tu estilo, déjame contarte, Rubén, lo que yo siento al leerte... tus sentimientos vibran en lo hondo de mi pecho, como un péndulo que se mece inquieto, suplicante y a la vez exhaustivo en su existir. Me involucro gustosa y con ahínco en todo lo que sentiste al escribir, así... con el sentido, la emoción y el sentimiento, que diste a cada uno de tus versos. No niego que muchas veces he recurrido al diccionario de la lengua, para poderte entender. Tu sentido metafórico es tan controversial, que debo de releer para poder comprender y atinar en el éxtasis que regirá, la declamación exacta acompañada de cada uno de los gestos, junto a la entonación de los altos y los bajos, que van escondidos entre estrofas y versos.

Y te sigo estudiando, ¡oh, maestro! Mi nacionalidad es: Xalteva, Nagrandana, Chorotega, Caribisi, Niquirana; todas ellas palpitan fuertemente en mí con su corazón guerrero, bombeando orgullosamente el torrente de sangre influyente por las venas de las almas ilusorias, las que se vivifican en cada uno de tus mensajes e historias; allí donde lo amargo y también lo dulce, son sombras que fieles se ocultan, entre las plumas coloridas de sus penachos que realzan con ímpetu, el valiente rompimiento del yugo esclavizante... cadenas sarrosas que corroyeron su existencia.

Y, sobre el pergamino de esa Biblia que da vida a tus instantes memorables, he decidido ensalzar todo lo que nos legaste. Esta savia, donde se almacenan cada una de mis letras, aprende de tus cantatas y de tus nocturnos; de tus elegías y de tus odas; de tus prosas, de tus cuentos; de tus sonetos, de tus sonatinas; de los alejandrinos paridos fervientemente por tu intelecto.

Estuviste, estás y estarás, en las notas de las liras que acompañan la bohemia; en los versares amorosos que hiciste a tu princesa Paca y en cada oda que dedicaras a la voracidad de tu esposa Rosario... la egocentrista garza morena.

"Mi respeto eterno es para vos, Rubén, en cualquier parte del cielo que estés".

103. SOS NICARAGUA

¡Oh, Nicaragua mía! Te he escrito tantas veces, que perdí la cuenta ya. Eres, la madre tierra; ese triángulo agreste en el que florecí; eres la que escuchó, el primer grito di, al abrir los ojos cuando yo nací.

Sos por mí amada y glorificada; sos -aunque distante y soñada- la parte más tangible de mi abrupta realidad; el hálito que vierte el ofuscado camino que la vida en sus albures hubo dejado inscrito sobre las páginas silentes de mi soledad.

Y reaviva lo que he dicho, todo lo que alguien hubo escrito sobre la lápida obscura; allí, entre nubes y niebla se cubre el epitafio donde yace reposando mi cama eternal.

Sos la patria querida que con sus paisajes preñas de celestes y de verdes marinos, las pupilas revestidas con los ocasos vertidos cada atardecer, sobre los vellos curvos y cafés de las pestañas tupidas que engalanan los ojos de tus llanuras.

Mariposas blancas de lunares negros, revolotean por mi mente, con los pensamientos que plasmo en cada una de las líneas que hoy te hago, intentando completar lo que de vos se me escapó decir... todo eso que tengo atragantado tras del velo que cubre, la irrisoria sombra de mi sobriedad.

Ríos de leche y piedras de cuajadas, circundan los paisajes de tus valles y de tus montañas rocosas, altivas y bravas.

En la hermosa Juigalpa, se escucha el eco de roncos bongos que tamboritean, cerca de las cuevas donde habitaron las temibles tribus de los Caribisis, de los Chontales y los Chorotegas.

Flores de malinche, de cala y de avispas desplazan sus olores dulces, cuando el sol las besa entre las laderas del volcán Cosigüina, del volcán Madera; del volcán Telica, del volcán Santiago y del cerro Negro.

Delfines manchados saltan juguetones, en las regias playas de Cayos Miskitos y sobre las olas bravías y altas que se alzan -impetuosas y regias- sobre el turquesa salitrado que pinta las aguas de Poneloya.

Tortugas Paslama se ven desovar sobre las arenas níveas, de rosada escarcha; allí, en Los Cayos de Perlas, en La Virgen; en Chacocente y en Pochomil.

Rebota el "dingdongneo" -de los llamados a la misa de once- que hacen las grandes campanas de hierro, sostenidas en lo alto por fuertes cadenas, desde las cúpulas huecas y finitas de la iglesia antigua en la ciudad de El Viejo.

Por los cañaverales de Chichigalpa vuelan alcatraces y caracoleros; estos avistan a lo lejos, a gavilanes y águilas volando en círculos y junto a pijules y buitres hacen su ritual, bailando la danza fría y sepulcral de los zopilotes azulinos y carroñeros. Ellos se están disputando, el cadáver putrefacto de un venado blanco, otro de un zorrillo y otro de una urraca; los que sucumbieron ante la inclemencia del sol quemante y del aire seco que son populares por aquel lugar.

Tu flora y tu fauna, ¡oh, Nicaragua!, son las dádivas con que te bendijo Dios. Regalos suntuosos que te engalanan, cuando vas luciendo con exquisitez, los pétalos níveos de los sacuanjoches; los que han usado las gaviotas grises, para hacer una corona con los tallos flexibles de gencianas rojas, con la que sol y luna te han de coronar a vos.

Orquídeas y aves del paraíso, se inclinan ante tu gallarda soberanía. Pelícanos pardos y garcetas azules, se alzan altivos, sobre las aguas rastrilladas del plácido y quieto lago de Apanás.

Desde Indio Maíz hasta el Chocoyero Brujo y el hermoso Wawashang, se escucha el trino de las golondrinas bicolor; se ve el revuelo rítmico que hacen los gorriones, en su acostumbrado rito a las rosas -de donde los pistilos desbordan sus néctares- como un obsequio a los girasoles que están girando sus corazones, siguiendo a los rayos dorados del sol.

Y las oropéndolas entonan su canto. Los tucanes afinan sus voces. Ellos amenizarán la fiesta suntuosa, en que se unirán cuatro ranas rojas, en que se unirán dos pares de tórtolas.

Te he escrito de nuevo, Nicaragua mía. Deseo tanto expresar que te siento muy dentro. Que mi pecho se agranda dando forma a tus cavidades cónicas, donde se almacenan las aguas plomizas que de sobriedad visten tus lagunas.

Que dentro de mí habitan las leyendas de Nejapa, Tiscapa, Apoyo y Xiloá. Que me he hecho un brazalete con perlas negras, corales y cristal y cuando las agito, veo en ellas brillar, los ojos del tigre, del leopardo, de la pantera negra y del puma sagaz.

Que me he hecho un collar, con las esmeraldas que encontré al fondo de tu Charco Verde; y con el zafiro que hallé en las aguas sulfúricas de tu Laguna Azul, hice un par de anillos que sacramenté, allá, en mi Granada natal, con el cura de la iglesia La Merced.

Que siento orgullo cuando contesto, que nací en la tierra de Félix Rubén García Sarmiento; porque yo me siento libre como un cenzontle que vuela entre la bruma fría de Jinotega. Porque yo creo ser el guardabarranco que habita en los valles de Estelí. Porque veo levitar en mis horas de insomnio al alma inmortal de Madriz y al espíritu liberto de Nueva Segovia.

Que soy de Granada. Me gusta comer sus "delicatessen"... garrobo, vigorón y chicha de maíz; que amo a Masaya y sus cosas de horno; que amo a Chinandega y sus mangos de oro; que amo a León y su chancho con yuca; que amo a Matagalpa y sus chilotes tiernos; que de Carazo me encanta, la sopa de mondongo; que de Rivas extraño sus ricas rosquillas, sus dulces viejitas; que de Boaco añoro tamales y elotes y el salado-dulce que hay en sus güirilas.

Cada día que pasa, crece la nostalgia... ¡ay, Nicaragua mía! Es que abruptamente, de tus pechos, me separaron; así, lentamente y sin darme cuenta, fui siendo apartada. Si algún día remoto regresara a vos, con seguridad, no te dejaría... seguramente bajo tu tierra, mis restos quedarían; porque no deseo volver a sufrir, lo que en este momento -con la garganta hecha un nudo ciego- estoy plasmando aquí.

Que te haré versos y más versos, mientras mi cuerpo no pueda volver; porque el pensamiento -con lágrimas mudas- se queda estancado dolosamente dentro de mi pecho. Que describiré en ellos, todos los recuerdos que de tus paisajes guardo, en las concavidades que habitan mis ojos. Porque sos la madre que me dio todo aquello que en otro lugar no he podido encontrar: el nacionalismo puro que moldea la fuerza con que se recubre, mi frágil y humilde humanidad.

104. SORDERA PROFUNDA

Tus caricias -amor mío- son un vicio para mí. Los besos apasionados y cargados de deseos que tu boca carnosa pintada de carmesí alguna vez decidiera entregarme a mí, me saben a latigazos que retumbando hieren a mi dolido, agobiado y triste corazón.

Son penitencia anunciada. Son la llave que custodia celosa los secretos que alguien experto en los ardides del amor, con piedad y pena decidió darme, para que no cayera en los errores que, por falta de consejo, él mismo cometió.

La consciencia escondió los sonidos del pálpito... del presentimiento. En lo más hondo no sabía si aceptar que el cariño que me ofrecías no pasaba de ser tan solo, una ilusión fugaz.

¡Sufrirás una condena! -me dijo-. Los eslabones sarrosos de esa débil cadena -el día menos pensado- se habrán de reventar y, mis oídos aislados en una sordera profunda no escucharon lo que aquellos labios sabios -con agonía asombrosa- solían pronunciar.

Mi cuerpo se movió al compás de la energía que emitía tu espíritu sensual... y ¡caí! Caí en aquellas redes que tejieras fieramente con los hilos que -al final- terminaron en nudos ciegos, enredados en los laberintos suntuosos de la pasión.

Bailó mi alma como una condenada con las notas musicales que el bullicio sostenía en el melodioso silencio de tu voz. Una vez más imaginé la calidez de tu piel blanca, abrazando en su tersura mis momentos de dolor.

La dermis sensitiva y rala de mi materia efímera, sucumbió en la desarmonía de las estelas humeantes, con la emoción y el sentimiento que desvanecían lento cada instante vivido, atenuado y superfluo.

Y, hoy yazgo aquí, así, con el reflejo inalterable de los secretos que la Caja de Pandora destapó. El llanto irrumpió en los susurros que callara, porque la tregua otorgada, simplemente terminó.

105. ARMONÍA DESARMÓNICA

Armonía triste, silente y solitaria. Has sido la tragedia que ha recubierto la sobriedad de mis días, con la silente melancolía que circula con los vahos que ha dejado la añoranza que por él aflora, desde lo más hondo del alma con alarido desgarrador. Armonía festiva, alegre, embaucadora… me hiciste muy feliz cuando tejí los sueños, con las agujas finas de tu magia encantadora.

Auras que se opacan, han dejado ver sus halos sobre el aliento que trotó ágil por las avenidas, donde impíos se me pasaron uno a uno los años. El aire trae consigo aromas de flores silvestres y otras veces arrastra en sus rachas voladoras, olores a soledad, violencia, tragedia y muerte.

¿Armonía festiva o desarmonía triste?

Quizás eres lo mismo al derecho y al revés. Te vistes con los tonos del amor divino, que incólume se abriga con su llama inextinguible, al centro de las rejas que resguardan con celo a un corazón que herido llora a cada instante, por cada emoción olvidadamente aterida y por cada uno de sus sollozos constantes.

Grabaste en mi frente las letras de su nombre. Eres como la luna que empuja mis mareas, alentándome a liar los sinsabores con las penas.

Buenos pensamientos se han ahogado al fondo de las corrientes ciegas del océano azul; propiamente donde yacen proliferando los bancos de corales... allí, en los lugares ocultos donde las ostras violadas lloran desamparadas en los brazos de los pulpos que vieron -sin poder hacer nada- como perdían la virginidad inmaculada al ser brutalmente mancilladas, por los violentos granos de arena que las penetraran en un acto abrupto, frío y mortal.

Los malos sentimientos, se han asfixiado lento en las profundidades obscuras del silencio; bajo el plenilunio abstracto que reina en soledad, escondiendo los secretos que la Caja de Pandora, mantiene retraídos tras su manto de cristal.

Lléname por favor de gozosas moralejas. Imprégname de todo lo que diariamente fluctúa en cada uno de los hálitos salinos y oceánicos; da vida nuevamente a los instantes agónicos y sé la música que armoniosa pasee -como si fuese efluvio de rosas y claveles- entre las notas suaves que se han deslizado, con los sonidos mudos de las cuerdas de mi voz.

Sé el bálsamo mezclado con los sudores de su cuerpo y frótame a escondidas los anhelos, esos que he venido ocultando tras del estallido que gime de deseo en mi boca ansiosa, donde los besos suyos yacen encarnados en las comisuras de mis labios rojos y borrosos... esos ósculos que arden al ser supurados por los poros de mi piel tibiamente calurosa, haciendo que recuerde ese apetito lujurioso lleno de insensatez inconsciente y de apetencia fallida.

Haz que desaparezca de nuevo, todo aquello que alguna vez velara con recelo; déjalo retraído en la niebla de la cordura antes de que mi alma entera se abandone a los caprichos de mi yo. Haz que cambie de piel como los reptiles y dame el equilibrio que he perdido hoy.

106. LOBREGUEZ FANTASMAL

Rosas místicas de pétalos deshojados; diario que, en tus páginas amarillentas, desconfiado has guardado las inquietudes paridas, por las vaginas de cada uno de mis secretos turbados; guitarra que en sus gimientes acordes me va recordando lo subliminal de todo aquello que la esperanza agónica esconde -sin ser vista- bajo sus alas, con melodioso paso y musical andar... ¡por favor!, ¡por favor!, ¡tengan piedad!... ¡qué alguien me auxilie! ¡Ya no aguanto más!

Yo, no deseo ser -ni por instante- la rosa yerta que transformó la pasión que alguna vez sentí por mi bien querido; tampoco quisiera ser alguno de los pétalos que señalen -dentro del diario de la vida- el aroma maloliente que tatuó la lujuria flamígera en la piel. Deseo tan sólo recordar, lo coloridos y tersos que fueron estos, aunque los haya visto sudados y clavados en el suelo, con las espinas que agujerearon mis deseos ocultos; y, a él... a él y a su tallo de jade -por el que se enorgullecía tanto- los he visto por allí, desnudos en la tierra, agobiados y jorobados por los sinsabores que le produjera -en su andar- la vida.

Que no se cuente -entre las líneas íntimas de mis escritos- las añoranzas que despertaron azarosas, ni el ensimismamiento que consumía a mis pensamientos, cuando escuchaba -en éxtasis profundo- las mazurcas melancólicas de Chopin; las mismas que mi amor perdido hiciera sonar, en el mutismo aciago de la soledad, así, acompañado de la guitarra, el piano y el pífano heredado del soldado ancestral.

El espejo ha reflejado muchas veces mi rostro entristecido. He visto desaparecer el placentero brillo del ónice que revistió -hasta hace unas décadas- a las pupilas de mis ojos; ese resplandor extraño y enamorado, yace extraviado en un halo misterioso que, entre suspiro y suspiro, le ha ido quitando la armonía y la paz.

Mas, la rosa de la que les hablo -aunque moribunda- ¡vive! ¡Vive! Yo, decidida bajo al desván y allí, en ese lugar álgido, aterido y albugíneo, he decidido guardar para la posteridad: el viejo cuaderno de mis vivencias y el único pétalo que respira dentro del nido de la corola y el numen del intelecto. Ese, está señalando los versos tejidos con pasión, a los besos del bien amado que, con perfidia, ignominia y palabras huecas, me desolló lentamente el alma y el corazón.

Dejo, pues, en la obscuridad del rincón, la guitarra desclavijada, el pífano mudo y las teclas de medio luto del piano, que no suenan más porque se quebraron. Al subir las escaleras de madera que conducen a la sala, siento flotar los efluvios que trae en su trayecto la longevidad... huele a cedros, a acacias, a mirtos, a abetos y a pinos por desflorar.

Así, me sumerjo en la tonada imaginaria que una vez mi amor soliera tocar y quedo vagando con el anhelo y las ansias por averiguar, lo que traería el destino en su trayecto voraz. Entonces, veo a una silueta etérea que sigilosa se incrusta entre las grietas, hiriendo más a las hojas rugosas y cuasi borradas del cuaderno que alberga mis vivencias y recuerdos, desde mi terrible lobreguez fantasmal.

107. ÉL, EL AMOR Y LAS FLORES

Él, es como el amor y el amor es una flor que dibuja su sonrisa de azucena en cada gota de agua que suave se desliza -dejando ver el verdor de las hojas calizas- bajo su candor cristalino y transparente.

Él, es como el amor... ¡sí! ¡Es así! ¡Así es! Porque él lleva el olor que desprenden las amapolas, la hierba buena y el alcanfor. Sus humores son la brisa cayendo placentera; sus sensaciones huelen a la brizna marina que han soltado -una mañana cualquiera- los bancos de coral... ¡así!... ¡así es todo él! Se esconde en los nichos recubiertos por las esponjas de escarcha absorbentes, que tragan y devuelven -en su inanición permanente- cada lágrima llorada por el mar.

Él, es como el amor y el amor sabe a verdad. Es hermoso y sonríe a la vida en libertad, como haría un soberano a su majestuosidad. ¡Sí! Mi amado, mi bien más querido, es como el amor, porque el amor es sincero, es fraternal, es solidario; es empático y verdadero; es el sentimiento más férreo y el más difícil de encontrar.

Tanto cariño dado, tan sólo puede ser comparado, con el enigma que reviste a los ovarios de las flores dentro de los pistilos preñados de androceos. Son los androceos, sus críos, sus fetos, los inocentes que los sépalos protegen, en las cuevas que han hecho los pétalos asedados, para que las coloridas sigan el ambiente perfumando. Para que continúen enamorando nuestros encuentros breves, bajo los resplandores que desprende Selene, en los vaivenes de cada ola que mece a los nenúfares, sobre las plácidas aguas rastrilladas del lago y el estero; mientras, nosotros nos deleitábamos -entre besos y abrazos apretados- escuchando las notas subliminales que emergían -por entre las ramas de los ciruelos- desde el equipo de sonido que llevamos para que tocara los discos compactos de Richard Clayderman y Raúl Di Blassio. ¡Tanto amor fluctuaba en nuestro pequeño y a la vez inmenso espacio!

Y ellas, las aromáticas, son llamadas: gencianas, lirios, claveles. Y ellas, las que vierten los efluvios más sublimes, son nombradas: crisantemos, dalias, caléndulas. Y ellas, las fragantes, son mencionadas: gladiolos, anémonas y calas; anturios, begonias, mirtos y acacias; o simplemente alhelíes y azahares de naranjal, que coronan a la emoción suprema con que se adorna el sentimiento más puro, antes de fenecer y engullirse en las profundidades abismales, donde el error es el jerarca eminente difícil de enmendar, cuando el ego está latente, paliando los alaridos que va dando la consciencia en un llamado definitivo y final.

Es por ello que para demostrar cuánto le he amado, he cortado en papel de celofán -para él- un ramillete de versos hechos de caramelos, néctares y sacarina, los que me dispuse a escribir con los tallos dispersos que cayeron envejecidos desde el jarrón donde las tersas dieron -al sucumbir- el último suspiro subliminal y desteñido, desflorándose como el alma que abandona al cuerpo que le dio cobijo; y, ¡he aquí!... yacen pálidamente rugosos y fundidos con el plasma bermejo que, como tinta semi espesa viaja por los tubos estrechos -que recorren todo mi cuerpo- junto al cariño eterno que tantas veces me hubo profesado mi enamorado amor-amante-amado, sobre el recio afluente que envolviera al inclemente tránsito de los años, en el recorrido que perennemente desconfiguraba las muestras de afecto que hubieron envuelto nuestros encuentros triviales, los que unas veces fueron hermosos y otras, otras fueron funestos y cargados de malos entendidos y terribles desagravios.

Mas, él sabe que siempre, a pesar de las desavenencias por las que juntos hubimos pasado, estaré a su lado hasta las últimas consecuencias, arrecostada en su regazo protector, escuchando los pálpitos que aún da por mí, su jovial y cansado corazón.

108. A MUCHAS DE LAS BELLAS ENTRE LAS BELLAS

Camina despacio la que antes hacía suspirar -con sus pasos elegantes- a los caballeros que ansiaban gozarse en un rato hechizante, con su tintineante andar... deambula hoy -pensativa y solitaria- la que hubo sido la más esplendorosa, la mujer más hermosa de la ciudad, que llenaba de gracia y color, todo a su alrededor.

Se desplaza erguida con la faz envejecida y la mirada perdida entre las aceras anchas que circundan las principales avenidas de la ciudad. Se desplazan los olores a nísperos y zapotes que llevan al ondular, sus cabellos entrecanos, largos y lacios. Aún con los años encima, no ha perdido la clase ni la elegancia. Sale a la calle maquillada, luciendo sus joyas de oro, de plata, de acero inoxidable y piedras genuinas y preciosas; todas ellas, regalos que le hicieran sus clientes y amantes, los eternamente satisfechos. Se podía fácilmente tasar la gran valía de los collares, las pulseras, los anillos y los pendientes largos, que sonaban con la algarabía que aún tenían sus caderas al moverse cadenciosas, al ritmo de su caminar.

Ella, es la "madame" del más elegante prostíbulo citadino, el que era visitado por los más refinados políticos, actores, millonarios y algunos seleccionados de baja estirpe social. Todos tenían cabida y eran tratados por igual.

Es jueves, está entrando a la iglesia a dar gracias al Señor, por las bendiciones recibidas en el día a día y lo hace agitando exquisitamente -con un semi giro que da la muñeca de su mano derecha- un abanico ensamblado en varillas de bambú y tela tejida cuidadosamente; sombrero con mantilla y guantes negros; traje largo y satinado en un tono oscuro y bermejo; medias color carne; zapatos y bolso de cuero animal, con corte imperial. Luce como una reina andaluza o una danzarina gitana, experta en bailar flamenco español... se parece a una de las "majas" que pintara Goya, paseándose por alguno de los barrios madrileños. Su comportamiento es inigualable; es desenvuelta y arrogante.

Las damas de la sociedad que visitan con regularidad el templo -sin disimular- voltean al mismo tiempo al verla entrar al Sagrario -donde yace expuesto el Santísimo Sacramento en el altar-. De siempre, han sentido envidia por lo que la vieja cortesana muestra ufanamente: el ritual que hace a su rutinario andar… encantos aquellos con los que ha hecho a los masculinos lugareños, perder la cordura, la decencia, la dignidad y el miedo al qué dirán.

Y, aunque ya casi no le queda juventud, guarda con celo el talento que le dio el cielo para al sexo opuesto encantar… ese don divino con el que más de una vez saciara los instintos voraces de los machistas hombres-perros.

Ha cumplido ochenta años -de los cuales- sesenta y cinco ha dedicado fielmente a dar y vender pasiones fieras… no ha perdido el hábito de maquillarse para salir, aunque sabe que no le queda más remedio que aceptar, que se le fue la juventud y que la vida, que la existencia misma, le está cobrando factura y que pronto con la rapidez de un soplo, también se le irá.

¡Falsas caricias! ¡Míseros pagos! En sus inicios, por todo eso pasó Ofelia -la bella- y le costó acostumbrarse a ello. Ya exhausta, siente que no puede más. El negocio, muy rentable todavía, debe de cerrar definitivamente las puertas.

Le ha costado aceptar lo que el tiempo impíamente sin lloriqueos le arrancó. Toma su espejo redondo, de mango victoriano plateado. En él puede ver las grietas de las eras asomarse hondas en lo que antes fuera su piel de azucena, arrebolada y tersa. Se soba las manos y ve lo rugosas que estas están. Recorre sus brazos y piernas y siente lo colgada y pecosa que luce su piel. Sus ojos azules que anteriormente simulaban un par océanos ya están grises y apagados como charcos secos, circuncidados por las sombras que la eternidad hubo detenido -como un instante fugaz- sobre las pestañas ralas de la obscuridad.

Suelta su cabello y lo comienza a peinar con su cepillo favorito... este había sido dado a hacer muy especialmente para una núbil; fue enhebrado con cerdas suavecitas y al reverso tenía grabado su nombre -el de su amado- y el de ella, para que recordara lo mucho que él le amó. Esta pieza con agarradero y base de concha de tortuga, se la obsequió -hacía mucho tiempo- con las escrituras del caserón que desde hace rato habitaba, Aurelio Estévez, el único galán al que le entregó con el sentimiento más puro, su pasión desbordante; él, su Aurelio, fue el irreemplazable que le demostró con hechos cuánto le amó; él, fue el sin par, el original, el magnífico e inigualable que le robó el corazón.

Entre añoranzas y recuerdos, se está preparando para descansar. Toma su camisón de seda importada y traslúcida; se acerca a la mesa de noche y sentada en la cama, toma una cajetilla con fósforos y enciende el quinqué, le regula la llama y le coloca cuidadosamente la tapa de vidrio transparente; luego, sitúa a la par, el poemario con los sensuales sonetos de William Shakespeare. Así, se mete entre las frazadas de su cama. Acomoda su cabeza sobre las almohadas cálidas. Cierra los ojos sin saber que, en unas horas ha de ser llevada por la gran señora, la dama albugínea y huesuda que custodia los laberintos de la infinidad.

Y, Ofelia, ya lo presentía. Una nota fue encontrada a la llegada de la aurora que besó por última vez su semblante plácido. Este día como todos los demás, los rayos siguieron el mismo trayecto y escondidos en los halos fríos de la niebla densa, se filtraron por las hendijas de las ventanas que, yacían con las cortinas corridas, porque a "la bella entre las bellas" le gustaba ver a través de sus vidrios limpios, los amaneceres tras de los cantares sonoros de los "kikiriki" de los gallos; los revoloteos que daban los gorriones y los colibríes para succionar los dulzores de las flores; escuchar el canto del arroyo que por allí pasaba, para ella era magia pura; observar el embeleso que tiene la apertura de los capullos de los azahares desde las ramas de los naranjales y sumergirse en las piscinas célicas que albergan los misterios de las madrugadas, todo aquello le llenaba de gozo el cuerpo y el alma.

La hoja de papel aún tenía fresca la tinta con que dibujó las letras que dieron sustancia a cada palabra con las que descifraba lo que habría de decir el sacerdote antes del ofertorio en la misa por el eterno descanso de su ánima; lo mismo, debería de rezar -como una síntesis- en las líneas del obituario y el epitafio que quedaría grabado en la lápida metálica que debería de incrustarse sobre la fosa de cemento que sería su última morada; y también, hubo dejado en su eterno diario, este y muchos otros versares, que ya eran parte de su extenso florilegio. Todo esto, por si el viento se llevaba el pequeño pliego original que había dejado escrito antes de acostarse sobre la mesita nocturna, prensado con el tintero vacío. Y todo lo que ella enfatizó en su momento final, se distribuyó así:

"¡Aquí yace la prostituta con alma pura de doncella! Falleció Ofelia, ¡sí! Ofelia... Ofelia Cerinza está aterida dentro de esta bóveda

húmeda y ciega. Ella fue la dama que a muchos de ustedes -con sus caricias hizo feliz-; la que fue despreciada por las esposas a quienes sus maridos, perdidos en el frenesí que les ofrecían sus brazos, vacíos de cariño ingrato, con cinismo las hicieron sufrir; pero, esta fémina no tuvo la culpa de ser así... ella, como todos los que se detuvieron a leer esta inscripción nació y el bautismo le liberó de pecado; fue el miembro más humilde que se engendrara en el seno de una familia conservadora, cristiana, con valores morales y sentimientos buenos. Pero, las falacias de la sociedad embustera, con sus críticas bravías y pendencieras, le estrujaron la personalidad de tal manera, que la empujaron a los gustos de los placeres lujuriosos que la carne anhela hasta morir.

Muchos de los presentes hoy acá, darán gracias al cielo por estar sepultando su materia aquí; mas no se alegren mucho, porque es legendario que otras como ella, continuarán ejerciendo esta profesión y no porque les guste el deporte carnal, sino, porque no les dejan otro camino que paliar los malos momentos que les han hecho pasar, quienes con premeditación crearon las reglas absurdas que ha mal manejado, centuria tras centuria, inescrupulosamente la humanidad. Estos manuales doblegan con sus procederes a conveniencia los buenos actuares y señalan con sus dedos cacrecos a quienes se oponen, escondiendo bajo las piedras la podredumbre que la hipocresía sumergió en la impunidad.

Por favor, no crean que es una disculpa la que está escrita acá. Ofelia Cerinza no pasa de ser otra víctima más".

Y, dejó reglamentado en su testamento, que el único beneficiario de todo lo que hubo ganado con las luchas de su cuerpo contra otros cuerpos, era ni más menos que el cura de la Iglesia de Los Lamentos, el Presbítero Encarnación Unquen, quien siempre le absolvió sus vanos deslices y no le criticó los superfluos excesos, basado en la frase de Jesucristo cuando defendió a María Magdalena de ser lapidada por la turba aquella: *"Aquel de ustedes que esté libre de pecados, que tire la primera piedra"* (Santa Biblia – Versión Reina Valera 1960 - Juan Capítulo 8, Versículo 7).

109. AMOR, MAGIA Y ETERNIDAD

¡Es maravilloso amar y ser amado! Al amar, vemos claramente la belleza de las cosas. Nuestro olfato percibe el olor del rocío que yace asido después de haber caído la lluvia, sobre los sépalos protectores e imantados de las corolas de las flores, que se abren enigmáticas y prolíferas en la sobriedad del vergel... a ellos, que son parte tangible de sus cálices, se les ve agarrando -con sus aislantes brazos- a los tallos que se yerguen presumidos y espinosos, protegiendo a cada instante la delicadeza de los pétalos que aroman la belleza asedada y tímida que lucen las orgullosas rosas.

Es que el amor, adormece el alma... sentimos que todo es dulzor, sacarina, azúcar. Nuestros ojos perciben la aurora y su rosicler -que se desliza- tupiendo más las rojizas cabelleras de los músicos "devas", que habitan en las infinitudes de los paraísos, de las glorias y los edenes célicos.

¡Qué delicia es sentirse amado! Somos como hormigas melíferas deleitándose en los jardines al robar de las flores el néctar y de los manglares las hojas caídas con gotas melosas endurecidas.

Es magia que no permite que la mente use sus cinco sentidos; es todo aquello que parece eterno, aunque el gusto a veces se desvanezca y de repente vuelva a ser intenso.

Alguien que pasa por allí, observa el tedio de ellas. Se las imagina descontinuando el tránsito rápido que cada una lleva al marcar el paso a su tiempo, allí donde el todo sabe a nada, allí donde todo encantamiento es duradero y la eternidad parece ensoñadora y placentera.

Y los bongos suenan llevando el ritmo de los cadenciosos "calypsos" colombianos. Los danzantes -de vez en cuando- se visten con los colores de los otoños y las primaveras, para dar la bienvenida -como siempre- a los amantes que bajarán del tren haciendo sus demostraciones picosas para quien quiera ver; pues las pasiones no queman ni sucumben, cuando los sentimientos y los deseos son más que suficientes ante las perfidias efímeras del querer.

El amor ha de quedar tallado en color cobrizo, sobre la vieja cruz que adorna la alfombra descolorida, esa que desde entonces yace extendida sobre el piso del altar principal de la antigua Catedral. Sobre ella, han pasado tantas parejas de enamorados a contraer matrimonio, para luego, a los meses separarse. Pues, es ese tapiz el que ha de vender el señor obispo al mejor postor, como una obra de arte maestra y fantasmal que, a través de las eras y las centurias, ha dado muestras fehacientes de inmortalidad.

110. AGUA, FUENTE DE VIDA

Diariamente me pregunto: ¿Qué sería de la humanidad si no hubiese agua para tomar? El planeta está agónico. Está dando sus últimos suspiros, sumergido en la asfixia por los bosques talados. Ríos, lagos, arroyos, manantiales, están siendo -de la nada- desaparecidos; y así irán falleciendo todas las fuentes de aguas puras aptas para el consumo humano.

¡Qué terrible es ver en lo que hemos convertido las playas! ¡Es desesperante!

A las aves se les ha visto cayendo yertas, como piedras de carne desde las alturas. Miles de peces son arrojados muertos por los océanos sin causa aparente. Cientos de especies florales se marchitan diariamente. El sol azota furioso y filtra flamígeramente -como una espada filosa- su voraz calor y sus rayos candentes, por las perforaciones de la capa de ozono (que algunos creyeron había reducido su diámetro y grosor).

Los vientos alisios soplan a gran velocidad avivando las calderas de los cráteres dormidos tras los sueños de los volcanes despiertos. Ellos están listos para eructar y devorar -con sus ríos de lava ardiente- lo que aun quede vivo.

¿Profecía! No amigos míos. Esto es más que eso. Es una muerte anunciada y no habrá quien pueda librarnos de la fatalidad del destino. Azar que a diario estamos construyendo con torpeza, en pro de la avaricia que nos come y nos despoja de razonamientos.

El ser humano, a pesar de ser el único animal pensante, no sopesa que está convirtiendo al planeta en una feroz esponja que absorbe sedienta, hasta la última gota de vida que queda y que, irremediablemente, de las manos se nos va por nuestra indescriptible estupidez y falta de consciencia.

¡Dios mío! ¡Dios mío! -Clama el hombre exasperado ante su abrupto descontrol y culpabilidad-. Los animales ariscos, se unen a ese clamor; las ranas se sientan sobre las hojas de nenúfares que flotan en los pantanos y, ellas, las verdes ojonas, cantan con gemidos desgarradores, para que la bóveda celeste se apiade y mande un aluvión ancestral. Mas, lo único que llegan son: los destellos fugaces y desteñidos de lo que antes fuese una esplendorosa aurora boreal; el rojo incandescente de una luna sangrienta; la furia de las mareas; el rugir de las lomas con el corazón incinerado; la vorágine terrible de las aguas de los mares y sus furiosos sunamis; el arremolinamiento de los aires transformados en tornados y terribles huracanes; el descongelamiento de las cuchillas gélidas de los polos, pendiendo como la espada de Damocles sobre nuestras cabezas aturdidas y despeinadas.

Y, yo, alzo la mirada al cielo ennegrecido. Algunas veces confío en su generosidad y ansiosa espero que mis ojos vean caer un torrencial aguacero; pero ¡qué va! ¡Qué va! No hay señales de que las níveas cachetonas derramen una sola lágrima por ningún lugar; ellas tienen secos los ojos, se cansaron de llorar y nada podrá apaciguar lo que se nos viene en este juicio final.

Los terrenos están siendo agrietados más y más por los rayos solares que les calientan impíamente. Y, parece que las nubes están en huelga indefinida. ¡Qué barbaridad! No dispersarán su dulce lagrimear. Lo que derramarán ardorosamente, será un líquido agrio sobre el suelo reseco, desértico y rocoso, evaporando lo último que queda y que a la postre ya no podremos utilizar para paliar la desesperación que la muerte -a paso agigantado- está trayendo hacia acá.

Quizás y estemos a tiempo de ver un milagro aflorar y nuestros ojos se regocijen cuando el gotero célico desplace -sobre el arco de colores de Dios- su devanado lagrimeo; cuando vengan a besar -por fin- el terreno agreste; ojalá y el Omnipotente se apiade de nosotros y haga brotar -nuevamente- las aguas puras de sus fuentes.

Mas, ante todo esto, parece que nadie se preocupa. Saben que la cristalina diariamente desaparece, pero siguen desperdiciándola. No escuchan los consejos a seguir para conservarla y se desatienden, haciendo a palabras necias, oídos sordos.

¡Qué terrible! Siento que todo lo que digo, se va al pozo hondo y seco donde yacen solamente palabras yertas e infortunios. Desesperanzadores momentos que nos tocarán padecer en unos cuantos años, cuando agobiados de cansancio no tengamos cómo saciar la sed. Ante tal vicisitud, no sabremos qué hacer. ¿Pensaremos acaso en quienes hoy no tienen el líquido vital para beber? ¡Qué va! Tan sólo buscaremos qué hacer para no padecer ni como ellos perecer.

Y cuando veamos que nuestros hermanos de la flora y la fauna están feneciendo; y cuando por buscar petróleo acabemos con los acuíferos subterráneos que podrían salvarnos de ese destino cruel, aprenderemos -aunque a medias- a sopesar que vale más la vida, que el oro negro y el valor que le damos a la moneda de papel.

Serán guerras las que vendrán para apoderarnos de los sitios donde haya agua viable para el consumo humano y esto hará más soberana su escasez; y sucumbiremos, tal y como si fuésemos un barco de papel, que se hunde despacio, paso a paso, en su propia lobreguez.

111. INTRANQUILIDAD

Desesperación, angustia, melancolía, le han zarandeado fuerte. Un océano en remolinos parece tragarse a su barco náufrago -arrastrado mar adentro, sin brújula en la bitácora- al estrellarse contra el "iceberg" del dolor y el desconsuelo.

Su espíritu de barro, se desliza valle abajo, rodando por los caudales de un río desbordado, sin consciencia... sin atajos. Y se pierde entre las copas de los árboles frondosos; y entre el vendaval que azota ramas flacas y callosas; y hojas verdes; y hojas secas dispersadas en el suelo como una vasta alfombra que, al ser pisada, suena.

Los fuertes olores del petricor le dan oxígeno. Se detiene intranquilo sobre la corriente bravía que en sus rugidos internos arrastra al terrible duelo y al amor embravecido; los mismos que de luto un buen tiempo disfrazaron el vestido de su orgullo cuando el ego lo inundaba.

Y cuando vestía de gala a la desnuda paciencia, caminaba cabizbajo con su notable apariencia; y en su andar errante cavilaba y cavilaba, entre albures de inocencia; entre andurriales de angustias y pantanos de vergüenza.

Mas, a pesar de todo aquello, una sonrisa plácida se ha dibujado en su rostro. Libre de penas cree al fin, haber roto las cadenas que una vez le esclavizaron; y se hundió en las aguas de los recuerdos agobiados por su andar pesado, sus pasos lentos, sus pies descalzos y ampollados.

Ha decidido tomar las riendas de esta nueva oportunidad que como otra lección más le está ofreciendo Adonai; esperando con ello poder superar, las mentiras escondidas tras los sellos de las puertas de los absurdos secretos, donde alguien decidió dar asilo a la vida, tras los adioses oxigenados en cada letra que oculta la textura mixta y pesada del anagrama.

112. MOCEDAD

Me encanto en el glamur que tienen las mañanitas. Los cañaverales se adornan con el oro que desprende en su fulgor el sol. El viento, susurra. Las virtudes giran sobre su luz interior.

Constancia, ecuanimidad; transparencia, moderación; obediencia y humildad... por aquí viajan las vidas de quienes vivos están; por aquí se ven las estelas de los que han partido ya.

Paisajes brumosos cual sombras del alma. Sobre el tapiz de los sueños se van dibujando las plácidas olas en las aguas gélidas de lagunas fantasmales. Las estrellas se cargan de la fantasía comparativa, con que la mente vuela al escuchar una metáfora. La imaginación cree escuchar los latidos que van dando con sigilo los "te quiero" y los "te amo". Los suspiros se satinan en la magia del sentir. El sentimiento ha olvidado lo que siente el existir, porque es arena movediza condenada a no morir.

¡Mocedad!

Tú existes sobre el valle de las lilas, por allí, en donde se almacena la alquimia de la inocencia y la alegría; por allí, en donde la esencia y la savia divina habitan; allí, con la costumbre que torna lo blanco en negro y viceversa; allí, donde la nostalgia transforma los colores en olores de pesadumbres acongojadas.

Y al final de aquel retorno, las sutilezas se matizan al fondo de los espectros que formara la emoción. La pubertad y la edad adulta acabaron con precisión lo que creí eran verdades, no falsa imaginación.

¡Mocedad!

Ahora que ya no existes, quisiera saber dónde estás. Llenarme de tus matices... que no me abandones más.

113. TE VERÉ LLEGAR

Sé que como todo ser viviente, sé que como todo ser mortal, un día ha de llegar la muerte y me desaparecerá. En ese momento -amado mío, bien de mi alma- no llores por mí. Déjame volver de nuevo al hogar. No te pongas triste... ¡déjame partir!

En algún momento me harás compañía. Algún día de esos, te veré llegar. No bordes con hilos de luto la flor del amor... ¡mi dulce azahar! Llena con corozos y con crisantemos la última morada que me ha de albergar; así, bajo el frío intenso que habrá en la tumba en donde mi cuerpo has de sepultar.

Aunque... aunque yo prefiero, me sea concedido un último deseo, como ser mortal: si puedes, por favor cava en la tierra un hoyo profundo. Deja caer en él mi cuerpo desnudo, así como nací, así como Dios me enviara a este mundo.

De ser posible, sobre el montón de tierra que será mi sepulcro, siembra una planta... mi carne descompuesta hará lo suyo, abonándola hasta que ella crezca y se convierta en un árbol frondoso y fecundo. Así podrás llegar a leer un libro o a meditar bajo su sombra; así sentirás que estás conmigo, como una vez estuvimos... abrazados siempre, siendo uno con otro, una sola carne, un solo cuerpo, una sola piel.

Podremos entonces tener esa plática que quedó pendiente; ten en cuenta amor, que así de fría es la pesadumbre del óbito, llega de repente a arrancarte la vida y te lleva en un solo suspiro.

Enjuga tus lágrimas con el pañuelo con el que solías secarme del rostro, las gotas que el paso de la lluvia dejaba en mí al caminar. Levanta sereno la mirada al cielo, que desde allá arriba cuidaré con celo, cada paso tuyo y las huellas que vayas dejando marcadas en tu diario andar.

Las palabras dichas, guárdalas contigo como un dulce recuerdo. El dolor profundo que hoy sientes allí, al centro del pecho, corroyéndote toda el alma y el cuerpo, déjalo fluir como un río que corre a verter sus aguas en el ancho mar. Recuerda que un día, así como hoy que lloras por mí, porque no me verás, recuerda cariño, mi niño, mi amigo, recuerda que entonces... ¡te veré llegar!

114. SENTIMIENTOS IRACUNDOS

Sus ojos están acuosos. Parecen pozas de manantiales cuyas aguas cristalinas fueron expuestas al sol. Brillosos y apesadumbrados, dejan ver los sentimientos guardados en lo más profundo del alma. Allí, tras sus iris acanelados y fecundos, preñados de nostalgia y decepción, se esconden las emociones meditabundas del desdén que la infamia le trazó como un puente viejo de madera que a cada paso chirría y desde donde se esperaba habría -en cualquier momento- de perder pie y caer.

Sentires iracundos se hicieron presentes en su mente y le hirieron impetuosos... le rasgaron sin piedad. Ellos le hicieron trizas el corazón y acallaron su palpitar en el pecho. La soledad le abrumaba como una estela de niebla. Es un ave que no vuela porque perdió las plumas que vestían sus alas. Es un gorrión que llora los recuerdos y los deja escapar en cada uno de sus trinos matutinos, así, cuando sucumben los momentos impíos y las siluetas desmejoradas de los atardeceres difusos y pálidos, desaparecen en las hondonadas.

Sufre... llora... ríe... se enoja. Va y se acurruca con sus pesares furtivos bajo la colcha blanca que guardaba con celo, en la habitación que ocupaba con quien alguna vez en la vida le amara. Recordaba asiduamente las noches de diciembre y enero cuando -enredados en ella- sus cuerpos se buscaban para esquivar el frío, componiendo -entrelazados- la más sutil de todas las melodías... la de la piel humedecida por el elíxir de los ósculos que, al mezclarse con los néctares que supuraban los poros, les hacía estremecerse en las avenidas acordonadas de la cama, donde yacían las almohadas henchidas de pasión de carne y de fútiles deseos.

¡Remembranzas aquellas! Sus sombras desdobladas en esas níveas fechas yacían pulverizadas tras las llamaradas efímeras de sus gemidos y ahogos. Desgastadas sus voces por los suspiros placenteros, emanaban por sus lenguas, rayos flamígeros. Sus bocas se buscaban desesperadas para quemarse los labios y con ellos, todos los anhelos tras del gozo devorador, ese que les hacía estremecer la dermis.

Los trozos de leña que en la chimenea chispeaban y chisporroteaban, se hicieron polvo tras del humo fluctuante que se elevaba con las llamas semi encendidas de la quimera que avivaba la emoción, en la fumarola de la chimenea que bombeaba las exequias de esos ardores que le consumían a fuego lento en la esquina del fogón.

Con el aire puro -que hoy, con más resignación inhalan sus pulmones- remueve los adagios de las penas y arranca de adentro con fuerza turbulenta el filoso y puntiagudo aguijón voraz que aún le destroza el sentir interno y etéreo.

El ritmo musical que hace melódico al pecho, aceleradamente le trae al pensamiento la espina inquebrantable del desengaño y el eco estrepitoso del despecho. Mas, está resignado... no sangra más su alma ni le duele el espíritu. Ha sepultado bajo la tumba húmeda y aterida al ceñiglo que aun pudiese presumir aquel amor ingrato, desolador y febril.

115. DESMEMORIA

¡Soy el escribano!

Soy el amanuense que dibuja letras en papel con tinta de sangre seca emanando coagulada, de las venas de un clavel que tiene el alma arrugada y el corazón desgarrado.

Soy quien escribe diestramente y luego, en su después, enrolla cuidadosamente, cada uno de los pergaminos que sostienen algunas palabras húmedas y otras de inanición yertas. En esos pliegos hay versos confusos y de asedio dispersados adrede y por doquier por el destino. Estos fueron lacrados con la marca conocida de la vida... aquel sello sanguinario perpetuado sobre los adoquines que hubieron pavimentado sus callejones desdibujados y lóbregos; sus barriadas íntimas y sombrías.

¡Soy el amanuense!

El que en un ir y venir discierne y cavila sobre los aromas de telas, espejos y ambientes antiguos. El mismo que con los ojos toca y descubre... el que sabe de cosas ambiguas, dudosas e inciertas.

¿Amanuense? ¿Escribano?

Quizás solamente aquel que cree diferenciar las líneas que delimitan los matices apagados, ambivalentes, tenebrosos y estrujados; o simplemente, quien al tacto descubre lo que esconde la madera apolillada; o lo que el tiempo hábilmente disgregara en su tránsito difuso. Todo eso que discurrió y que permitió que tallara la huella sobre los viejos muebles empolvados, los que fueron cuidadosamente ocultos en los rincones como trastes inservibles, de esos que emiten al contacto energías volátiles y siluetas que divagan errantes en los umbrales huecos de los marcos de las puertas abiertas.

Así, de la misma manera que se afirman, emergen. Nacen ante el roce clandestino de la lujuria que se hubo concentrado en las sábanas amarillentas y rasgadas de las camas desarregladas por los encuentros libidinosos de los amantes; de los infieles y sus concubinas que varias veces despertaron a otros, con sus gemidos alarmistas, delirantes y locos.

¡¿Polos opuestos?!

Tal vez la clarividencia de las manos y las mentes que sucumbieron dejando algo pendiente, es lo que ha guiado a los dedos de mis manos a escribir sin reservas lo que hube imaginado: los tiempos y las eras; los milenios y centurias; las décadas y los lustros de las vidas del pasado que retornan nuevamente, pero… así… desmemoriadas entre las líneas que me atreví a escribir con los tallos secos y sangrientos de corales disecados.

116. TE AMO, DÉJATE AMAR

Si yo fuese una de tus costillas -como está escrito en La Biblia- te aseguro vida mía, que viviría feliz... así, de siempre en siempre, pegada a ti. Disfrutaría escuchar latir tu corazón. Estaría siempre viendo las imágenes albergadas al centro de tus ojos -allí, propiamente en el iris acanelado de tu mirada acuosa color de miel- en cada viaje que te aleja de mí y que te lleva no sé dónde, no me imagino a qué lugar, ni a los brazos de quién.

Con ahínco rozaría tu piel suave de coco. Serías mi oasis escondido tras las dunas de un desierto desolado y cubrirías la vacuidad al centro del numen donde, haga lo que haga, las ideas hechas palabras no anhelan florecer. Mis emociones enamoradas calmarían esa sed de ti que tiene mi ánima errante, agobiada por la algidez que le produce tu ausencia y que fulmina con su sombra efímera la angustia de este querer.

Los hechos con los que a diario me has enamorado; la calidez humana que sólo he sentido cuando has tomado mis manos, ha borrado aflicciones, tristezas y congojas.

Quiero estar por siempre añadida a vos... así, lo que sientas, sería lo que yo sienta... tu dolor, mi dolor sería; tu sonrisa, avivaría la mía; tu tristeza, mi más honda agonía; tu felicidad, mi profunda alegría. ¡Ay! "Doux coeur"; ¡ay!, "sweet heart"; ¡ay!, ¡ay!, ¡ay!, gime mi dulce corazón enamorado hecho de néctar simple y desabrida sacarina.

Anhelo -no sabes cuánto- ser parte íntegra tuya. Mi alma en resiliencia sabiamente sabe lo que es amar a consciencia. Sobaría con avidez tus cicatrices... esas marcas rugosas que traes de antes y las huellas humillantes de un pasado desmemoriado para mí, porque hasta hoy no he visto interés en escribir ni en describir -en las páginas pendientes de nuestra antigua y moderna historia- algo que nos haga desahogarnos para no sucumbir.

Todo lo que no deseas que descubra lo he venido presintiendo cuando al estar conmigo, te siento ausente, lejos -quizás- con los días que se te fueron... y, ¡no te tengo! La soledad -embriagada de mutismo- se apodera como una intrusa de lo que la mente no puede evitar llevar al subconsciente. Tal vez, en ese terrible ensimismamiento, estés librando mil batallas y tus pensamientos ariscos prefieren echarme al olvido. ¡Pasa así! Te pasa eso de vez en cuando, de repente y es terrible para mí.

En las páginas amarillas y estrujadas de la vida, me ha enseñado a golpes la apatía el significado atroz de amar tras las sábanas frías impregnadas de aterida melancolía. Mas, yo... yo, ¡te amo! Te pido de favor... ¡déjate amar! Recuerda desde siempre, que he sido, soy y seré parte tuya. Estoy pegada a ti desde el día en que nací y hoy con estos versos, te lo vuelvo a repetir: *"somos almas gemelas, el uno sin el otro, no podría nunca vivir y eso nos pasará en cada retorno que hagamos a la vida, las veces que debamos de cambiarnos la vestimenta para partir"*.

Soy tu sombra. Siento ser la energía que viaja en ti para avivar tu alma, tu espíritu y tu cuerpo. Creo ser todo lo que te protege del vacío de las horas arrolladoras; de la nostalgia que a deshora te embriaga; de los susurros que las voces acallan; de los ruidos del silencio que -en lobreguez- bombean cada pálpito frecuente con el eco retumbante de tu nombre agolpando mis sentidos.

Por eso, por todo eso... ¡déjate amar amado mío! No me dejes con mi barca a la deriva en la vorágine de las corrientes turbulentas de tu mar.

117. DESCRÉDITO

No hay baluartes que amparen o defiendan. El descrédito vuela con alas vertiginosas; con las alas membranosas y pegajosas de los murciélagos y vampiros que han sido cegados con los velos inhóspitos de las cataratas profundas donde flotan abiertamente los misterios de la baba del molusco que recubre alevosamente al grano de arena que la ostra incubó.

Es extenso. Se cuelga y se mueve al ritmo del vuelo y en la dirección que llevan los pájaros carroñeros. Es augurio que viaja en bandada... así, fugitivo, deslenguado y bandolero.

Se escuchan sonando roncos los bandoneones y los banjos. Los ecos de sus gemidos en la lontananza se pierden entre las piedras inertes y ahuecadas. Al centro de las copiosas copas altas de los árboles de baobab, se escucha el rebote sonoro de la voz que arrastra sus lamentos, desgajarse vertiginosamente lastimosos, desde el cielo obscurecido, bravío y densamente desigual.

Su maldad ha parido hálitos hediondos y sus maderos dieron forma a impíos sentimientos... y, alguien grita fuertemente: *"es el halo del descrédito que arrastró la ignominia en las rachas de aire cargados de precariedad y tormento".*

¡Cuánta ignorancia! ¡No hay antídoto para este veneno! Cataratas y cascadas de lodo alimentan abruptamente al espeso pantanal. ¡Inconsciencia y demencia!... ¡el ser humano no sabe actuar! Es el peor espécimen que dio a luz el reino animal. No sabe alivianar el peso que viene cargando como un karma voraz cada vez que a su alma le premian con una nueva oportunidad.

Mas... ¡¿hasta dónde habrá de llegar?! ¿Hasta cuándo entenderá que el rencor y la envidia generan los más crueles padecimientos que producen enfermedades y dolencias irremediables a nivel corporal?

¡El descrédito es producto de esa infección mortal! No permitas que se apodere de la nobleza que habita en tu alma inmortal. ¡No sucumbas!... ¡da la lucha!... es mejor ser empático y aplicar la resiliencia que ahogarte en los atabales que produce, la mortal falta de humanidad e inconsciencia.

118. VISIÓN INFINITA, INMENSURABLE

Y el mar me abraza con su manto verde. Su velo de sal salpica mi rostro. Su nívea espuma -cual colochos de perlas silvestres- asida está en mi cuerpo, lo arrolla, lo abraza y lo arrastra hacia dentro.

Al tocar el fondo veo y palpo la supremacía de su hermoso ser. Este espejo refleja toda el aura pura de su alma esmeraldina, limpia y animosa. Me brinda consuelo y me conduce hacia la cueva que cohabitan -en una gran hermandad- con empatía y solidaridad: cangrejos y peces; moluscos y pulpos.

¡Visión infinita!

Aquí, todos los rojos relucen como el magma... son fluorescentes. Parecen llamaradas surgidas de las entrañas de un volcán encendido pronto a eructar, para abrazar con su fuego ardiente los besos aprisionados en la boca de la arena impetuosa, infinita, divina, imperecedera e inmortal.

Más para allá, tritones y sirenas nadan cadenciosos, al compás de las olas. Sus colas verdes y azuladas brillan con sus celestes, dejando el reflejo y los halos bicolores del cielo, sobre las aguas "vaiveneantes" de rítmico andar.

¡Inmensurable visión!

Mi espíritu ha rozado la soberanía salitrada con que se cobijan ilusiones y esperanzas. Allí donde los pies de la fe dejan huella indeleble sobre el velo brillante de escarchado negro, engalanado con los rayos depurados que dejó caer sobre él la nívea Selene al pasar, junto al cortejo de los astros muertos; esos que no sucumben y se yerguen; esos que habitan centelleantes y altaneros en la exuberancia gallarda del inmenso cielo.

La noche obscura comienza a llorar y se lleva en su lagrimear las penas y los celos. Cuando el océano decide arrojarme a la orilla, me quedo perpleja observando su grandeza; tanta belleza se va fundiendo, en los perdones de alas frágiles y quebradizas que no vuelan; tan sólo queda fluctuando con la brizna marina, el regocijo misericorde escondido en los vaivenes de las aguas bravías, esperando que en calma y sobriedad se produzcan, ondulaciones de amor y de amnistía.

¡Visión infinita e inmensurable! Todo lo anterior me pasó en vigilia. ¡Lo sentí! ¡Lo vi! ¡Lo olí! ¡Lo escuché! ¡Lo viví! Y con todo ello plasmé aquí mi retorno, esos hechos que le han dado vida a este sentir, aunque la nostalgia que aun habita allí deje ver a estos versos míos como pájaros que trinan en el silencio agonizante y sin oxígeno, desborrando en el pliego amarillento donde los escribí, lo bueno, lo regular y lo malo de la existencia que me ha tocado vivir.

119. EL BARRO DEL ALFARERO

¡Se ha reventado! ¡Está rajado desde el centro! El jarrón que más llamaba la atención en la sobriedad espaciosa del salón está por sucumbir al primer empujón. Y, la vida y el destino se juntaron a destiempo. En su locura febril, desbarataron los momentos. La agonía de su tiempo eran los pesados pasos que, tras su andar precisado, cadavérico y ausente, con su atuendo luctuoso en su andar nómada por los caminos polvorientos y ensimismados, diario -como un secreto a voces- daba entre suspiro y murmullo, en la lobreguez silenciosa, la muerte.

Esta ornamentación hubo sido finamente elaborada con la mezcla cristalina del amor, la que se vio entorpecida y arralada por el barro que el alfarero utilizó y que pintó rápidamente sin permitir que el fuego secara la arcilla que para tal fin utilizó. Al estar húmedo el barrillo, se le incrustó en su espesor, piedras turbulentas de egoísmo, polvo de espinas, agujas invisiblemente finas y astillas de carbón.

Los sentimientos más viles hicieron acto de presencia para ver de qué manera terminarían con la exquisitez que, hacía de aquel florero una pieza sin igual. Revestido de ironía por lo que hubo sentido alguna vez el corazón, el odio haló el tapete que le sostenía en la mesa redonda de madera y patas labradas al estilo Luis XVI; y, al doblarse, rodó en cámara lenta... resbaló agonizante hasta el piso abrillantado -con cera de esperanzas- desparramando lo que aún contenía en su interior: néctares de sentimientos, aceites aromáticos de emoción, las flores multicolores de pétalos semivivos y medio tersos que, manos humanas colocaban dentro suyo cada día para dar realce y glamur a las cortinas, a las alfombras y a los grandes espejos, que adornaban la suntuosa estancia -la principal del caserón-.

¡Qué ironía! ¡Qué desgracia!

Todos los pálpitos sentidos ya no merecen la pena. Todo lo vivido, ya carece de elegancia y gracia. Hoy, alguien se reconforta juntando los pedazos desparramados por el suelo... lo que hubo quedado del jarrón de cerámica que daba un tono clásico a aquel lugar que simulaba la belleza de El Edén y la infinitud de lo eterno, había quedado hecho añicos en el suelo.

Los trozos que cayeron -muchos dijeron- eran las heridas del amor, esas laceraciones que el egoísmo atravesó profundamente, con las dagas de la ironía hasta destruir a la ilusión, que daba alas y reconfortaba -con palabras de aliento- a su fiel amigo desalentado y moribundo que, a pesar de todo, aun bombeaba plasma como anhelando reavivar su cuerpo moribundo. Él... él es el corazón que, aunque no junta sus fracciones, sabe que alguien más procederá a tratar de rehacer lo que el primer alfarero -por la prisa que llevaba- no pudo elaborar bien.

120. SUCUMBIÓ LA ROSA BLANCA

¡Qué yugo inevitable el de las rosas! En sus tallos yacen las afiladas espinas asidas a sus tallos como armas pendencieramente peligrosas.

Rodeado de crisantemos e injertos coloridos se encuentra el rosedal y detrás los níveos lirios. "Azafiradas" lobelias y claveles del monte -de rojo coralino- abrieron sus chotes disipando por el aire los olores de los cactus, los nopales, la ruda y las petunias.

Al frente de todos ellos se desmayó una rosa blanca. El vergel de pensamientos dio la voz de alarma. *¡Se cayó de la rama!, ¡se cayó de la rama!* -Se escuchaban los gritos que los pensamientos daban-. Y ella, ¡pobre!, ¡pobre!, ella estaba aún respirando, aguantando y viendo marchitar sus pétalos, sintiendo -con dolor profundo en el alma- la disipación completa de sus efluvios perpetuos.

Era jueves santo. El sol -este día- parecía más caliente que en fechas de enamorados. Se trató de animar el alma de la tersa desgajada. Mas, el roce de las espinas ahondó más sus heridas, en cada una de las piezas que aún daban forma a su volada falda ovalada de satín.

Su marfilada corola, cual cabellera suelta, juvenil y platinada, quedó inerte y por doquier disgregada… así, sin vida a un lado de su lacerado cuerpo, a la par del tallo verde y quebradizo; rugoso y áspero. Sólo él la vio dar el último suspiro y lloró, lloró amargamente al ver que de la vida se le iba la que le dio -a su frágil existencia- exuberancia y donaire. Lagrimeaban su agonía los aguijones cortantes -incrustados férreamente- a su vulnerabilidad efímera.

Y él… ¿qué pasó con él? Muchos dicen que fue eterna la desazón de las horas en su último día. No deseaba ver irse a la dulce albina sin poder despedirse. No deseaba partir a las honduras infinitas sin antes haberle dado -como hubiese querido- el postrimero abrazo que -un día aterido de invierno- le hubo prometido.

Así de triste fue la despedida. Sucumbió la cándida y con ella, su vástago de caña, quien al final botó -una a una- las pocas hojas mustias y las agujas finas.

121. AL FONDO DE LA COPA DE COÑAC

Se ahogó el acertijo al fondo de la copa de coñac. Las castañuelas y los acordeones dejan escapar sus gemidos y sus "claps". La caverna está llena. Hay clientes por doquier. El paisaje afuera es seco y tropical. Las letras amorosas y desdeñosas de las canciones se dejan escuchar entre copa y copa, entre sollozos lastimeros y lágrimas por derramar.

Uno de los ebrios no aguantaba más. Cada canción le tocaba el sentimiento rasgando con brusquedad, lo que llevaba atorado muy dentro. E invitó a su compañero a salir a tomar aire. Sentados en la arena, el uno le dice al otro -con la lengua confundida y con medias palabras-:

"Hay que esperar hermano con paciencia el día. Hay que esperar la llegada de la muerte, feliz, con una sonrisa en los labios y alegres ¡muy contentos!, de que vamos a partir".

Otro que yacía afuera los escuchaba acostado en una hamaca muy cerca del pensil, y después de analizar aquella plática, sin mediar les contestó:

"Perdón que me meta en su conversa, amigos míos. Vamos… ¡vamos a continuar sus versares, versadores! Yo, diría, que hay que pedir a quienes dicen que te aman, que no lloren tu partida. Que más bien, se sienten y admiren la puesta del sol y la galantería del horizonte cuando se abraza al cielo azul; que vuelquen la mirada hacia las alturas célicas y vean entre las sombras anchas de las copas de los árboles la silueta de tu alma que plácida vuela como una gaviota con las alas extendidas desplazándose hacia el Sur, así con la paz que solamente tiene la sobriedad etérea del río en su viaje serpenteante para fundirse con el mar".

El otro bohemio que estaba escuchando sentado en la arena dijo:

"Bueno, bueno, el turno me toca a mí… yo, les pediría a los míos que entiendan que ante lo escrito no hay remedio. Les diría con acierto y sin temor a equivocarme que este cuerpo que cargamos no es otra cosa que una cárcel; una jaula o una pecera que aprisiona alevosamente al pájaro y al pez… les diría: ¡sonrían hijos míos! ¡Sonríe tú ingrata!, a esta apología y a tu libertad el día que yo parta. Cuenten a todos que quizás en mi actuar errado,

no supe mejorar los errores del pasado, porque siempre viví como me gustaba… como bien lo dijo Frank Sinatra: "a mi manera". A gusto con los elíxires divinos del dios Baco y a mi gusto jugando a la ruleta con los dados".

De repente, les llamó la atención el coro que emergía del interior de la taberna. Los tres se quedaron viendo. Se interrogaban con la mirada y trémulamente, murmuraron con sus lenguas enredadas:

"¡Vamos adentro hermanos! ¡Vamos por nuestros tragos!".

Pero, uno de ellos, el más apresurado, dijo:

"¡Hip!... ¡hip!... ¡Esperen! ¡Esperen!, deténganse un momento que les diré lo nuevo, con una sonrisa en los labios… déjenme practicar con ustedes, antes de pisar la entrada, antes de tomar la copa y comenzar a llorar por lo que algún día deberé de despojarme y soltar".

Comenzó su ensayo, así:

"Uuum… ¡señores! ¡Señores! ¡Su atención por favor! Esta no es la despedida, porque en

definitiva todos dejaremos algún día la vida. Mi alma medio trovadora, es conquistadora de lo que se ha propuesto, es por eso que, para ella, ya no existe repuesto, ni aquello de 'a rey muerto, rey puesto'...".

Y entraron por la puerta ancha. Los tres iban abrazados. Acordeones y castañuelas, seguían sonando. El bohemio que practicó su retórica al final olvidó el ensayo. Se acercaron pues los tres a la barra y al fondo de sus copas de coñac, vieron flotar las coplas del acertijo... del acertijo final... así fue como se entonaron y comenzaron, en trillo a cantar:

"La-ra-la-la-la... Se ahogaron los recuerdos en las pozas que se rebasan de tus ojos negros ¡traicionera! Asesinaste el amor que por ti sentía, mentirosa, embustera... La-ra-la-la-la".

122. LÁGRIMAS SILENTES

Todo se me juntó en la vida. Aprendí algunas cosas que nunca experimenté. No recuerdo qué pasó, no sé nada de mi pasado. Tan sólo continúo andando errantemente por este camino lóbrego y espinado, en donde creo escuchar al viejo bandoneón que llora desesperado y a los sones que están soltando las liras de los "devas" entre los nubarrones que se están formando por el cielo despejado.

Semi recostada estoy en la hamaca de manila deshilachada que me mece suave con el roce del viento sublime que soplaba. Duermo plácidamente y, relajada, veo a los cisnes de alas blancas y negras nadando sobre la placidez del lago de los sinsabores. Van en una fila muy ordenados sobre las aguas verdes azulinas. Están acompañando el cortejo fúnebre de la emplumada de plumaje combinado que partió después de haber entonado su último canto... es a la hembra del cisne blanco a la que están despidiendo... ¡es a mí!, ¡sí!, ¡sí!, ¡soy yo! Soy yo la que ha partido con el dulce halo que dejó la noche anterior, la estrella aquella que pasó luminosa y fugaz por el cielo negro, sacudiendo sus cabellos largos.

Los amigos van detrás del viudo que luce desencajado y visiblemente desgarrado. Saben que él pronto habrá de acompañar a ese amor que le abandonó de repente, alejándose de su lado; pues se ha escuchado el eco doloso de su graznido, erizando a las aguas con aquel sonido melancólico, ronco, sordo, estremecedor y sombrío.

¡Qué canto llamativo y lastimero!

Lamento melodioso y premonitorio de una muerte que se anunciaba plácida, entre los derrames salobres de las gotas transparentes sostenidas -como en una poza- sobre las pestañas frondosas y tupidas, que vestían a sus ojos almendrados cual ónices idos; allí, en las pupilas dilatadas tras las candilejas de los telones del teatro del ocaso que caía -tras aquella conmovedora escena- al fenecer la tarde ese día.

Yo, ya no era parte del resto de las aves del cortejo. Por eso, emprendí el vuelo con rumbo desconocido y me alejé. No aprendí nunca a lagrimear. No supe ni sé llorar. Levito y me trago el torrente de lágrimas mudas al presenciar desde arriba aquel episodio de puntos níveos que se desplazaban sobre el esmeralda ancho de la acequia, que apenas formaba olas medianas, que apenas hacía ondas estigmatizadas con dolor y desconsuelo.

Y engullo mi lagrimeo silente, como un bocado de agujas estancado a mitad de la garganta. Mi espíritu herido sucumbe y el alma me abandona en el limbo cruel de la desesperanza. Soy la alada bicolor que partió después de salmodiar los vocablos callados de su canto a la dama fría y yerma que le transportó hacia las avenidas y los laberintos sin salida que tienen los callejones iluminados de lo eterno y sus encantos.

Llena de arrepentimiento estoy al haber dejado a mi amado entristecido, perdido en los abrojos de la melancolía y la soledad; tratando de encontrar la salida en la vorágine del desconsuelo; creando escudos para defenderse de la terrible sensación que causan los aguijones de la distancia, de la añoranza y el duelo; pero, ya no puedo hacer nada. Mis alas están atadas. Tan sólo me queda esperar por el día de su llegada.

123. IMPOSTURA

Carencia del zángano de aguijón duro que, deslealmente se abriga buscando calor al centro del nido deshecho por el pico corvo, del ave de rapiña que soberanea en lo alto del reino de la incomprensión.

Las fauces secundan sedientas de olvidos lo que viene y va en el canto absurdo del estribillo compuesto por falsas palabras. Los ojos se inundan de agua salina. El dolor es intenso. Las causas probables han sido atizadas con saña, y, las brasas del celo, el orgullo y la envidia, yacen allí, esperando ávidas por ser avivadas, mientras el llanto se engulle sin alternativas, provocando ahogo y desesperación.

Cenizas vuelan espiritadas con la ignominia y el ego disfrazados. El eco interno de los desaciertos rebota en la herida abierta y flamígera que doliente sangra. Esa llaga ha sido cubierta con el velo traslúcido de la soledad agobiante y el desconsuelo que mata como veneno de víbora o escorpión, resbalando errante y sin piedad por los callejones empedrados con las estigmatizaciones de la indiferencia y la ruindad.

Lo que está pasando entre tanto ardid, arde. Es leña seca crepitando a fuego lento. Lejos de allí, chisporrotean los sentimientos; las emociones se desvanecen y ante todo lo sucedido se ve el humo de la niebla desvanecido, destejiendo a tras luz, lo que las espinas de las malas vibras hubieron dejado tendido en su andar pausado, difuso y efímero.

Los rayos del sol filtran su calor por la alborada desbaratando todo lo que hubo sufrido aquel que, arrollado por la vergüenza amoral y estremecedora, permitió que la boca callara. Las injusticias marcaron sus pasos y tallaron sus huellas. Sus pies pisaron los carbones encendidos con los fósforos de la ira, la cólera y el infortunio, mismos que desprendieron sus astillas para clavarlas con alevosía en la humanidad de quien fue escogido para ser la víctima de sus planes fríos.

Mas, nadie se atreve a suturar la laceración que supura el plasma bermejo a borbotones. La agitación de su flama se exaltó con mucha más tirantez. Las dudas traicioneras, las pérfidas sospechas, yacen guardadas cual puñales húmedos -en movimiento zigzagueante- dentro de las bocas cuestionables e impías cuyos labios fueron abiertos para verter rosarios completos de injurias, de mentiras alevosas y crueles vituperios.

Tanta conspiración sorda y sórdida pende hoy como la espada de Damocles -afilada y quimerista- sobre la debilidad de las cabezas de cabellos castaños, canos, grises y semi blondos; testas en cuyos ojos se pueden ver el daño causado por las miradas perturbadoras, apagadas y ciegas.

Hay frases aun sin proferir huyendo en silencio por allí... si el arrepentimiento matara, no habría por aquí ningún valiente que a defenderle se levantara. Se escucharían por las calles los gritos de: ¡calumnia!, ¡calumnia!... así como cuando alguien vende ¡pan caliente!, ¡pan caliente!, por las avenidas de lo ignoto, bulevares aquellos por donde el injuriado yace paseando desesperado ante la falta de la justicia que, muda e invisible se tatúa como un estigma al centro del corazón triturado, mancillado y sufrido.

124. ESTÉRILES PENSAMIENTOS

Se ha aparecido una cruz refulgente por los cuatro puntos cardinales. Toda desarmonía se destruyó. Los bienaventurados siguen siendo amparados por la supremacía del Creador, como sus hijos más amados.

Materia y espíritu han alcanzado las fuentes de aguas puras; esas mismas aguas que bajan en torrente dentro de las grutas y las alturas, allí, donde las Ninfas se abrazan a los manantiales y donde los lunares monocolores de las mariposas se besan, al compás del baile que llevan las anchas hojas de nenúfares al mecerse sobre la placidez líquida de los lagos. Las flores de loto, en la espesura de los pantanos diseminan su belleza y pureza espiritual, recordatorio de tranquilidad y paz... y, los corales en las profundidades verdosas de los piélagos marinos salitrados dejan ver los resplandores de su fulgor sanguinolento.

Toda locura quedó atrás. En las criptas subterráneas, quedaron enterradas las culpas. Se hubieron incinerado -dentro del cráter de este volcán infernal- las lenguas viperinas y las hieles que se derramaron silenciosas desde las savias espinosas y malignas, en los caminos que se empedraran con vientos de furia y rencor.

Dolor y falsedad se estancaron. Sufrimiento y melancolía, ya no obstruyen la verdad. ¿Padecimientos curados?... ¡sí! El gran "Lord" se manifiesta en los resplandores que suelta con su rayo supremo, él, "El Shaddai".

Todo cruel sentimiento, ha quedado estéril. Los fértiles surcos que hicieran los humanos pensamientos secaron la tinta obscura que derramara el lápiz de platino, sobre el papiro que hoy yace enrollado al centro del corazón que, herido en sus pálpitos profundos, sufrió en silencio los desagravios y saboreó todos aquellos amargos tragos producto de las penas, el dolor y el sinsabor.

Mas, todo se haga acorde a la voluntad, del amo supremo del cielo y la eternidad, del Creador de todas las cosas... su nombre entre los nombres es "El Shaddai", es "Adonai".

125. GOTAS SALINAS

Han caído las últimas gotas salinas, producto del desamor. Las ventanas de su alma, para siempre cerró. Sobre sus mejillas de arrebol -líquida y cristalina- resbaló lentamente aquella fluida secreción, acumulándose en el recipiente agujereado de su tiempo, época transcurrida que -de manera abrupta- acabó.

Se soltó el cabello cano. Por su larga y tupida melena discurrían lentamente aquellas hebras gruesas y platinadas, como una cascada longeva que llevaba en su tránsito, torrenciales de experiencias plenas que se escapan lentamente entre las largas falanges que formaban sus dedos y enaltecían sus manos viejas y manchadas.

En la proa de su barco -que a la deriva navegaba- los sentimientos sucumbían. El tajamar de su nave fue el antídoto que con garra desgarró la bolsa donde yacía almacenado el veneno que, lentamente y con saña, le carcomió el corazón... ¡depresión! ¡Desolación! Todo eso acabó con su frágil ilusión.

Sus ojos llorosos fueron pintados a cada lado de la popa, desde donde se deslizaba aquel pueril lagrimeo. Todo era ya un vasto intento fallido, por alejar de su vida las vibras que dejaron en derredor, los espíritus malignos, desdeñosos y andariegos.

Poseidón hundió la barca que capitaneaba Odiseo. Se desataron las tempestades impías y Atenea, abre sus brazos protectores y deja caer su llanto en gotas de oro, como rocío clandestino en un susurro de sol sobre su piel ignota de azucena; ¡qué marfil albugíneo ha dejado al descubierto!, las notas con las que han de bailar los desaciertos son las que han venido meciendo las hojas que, tambaleantes hablan sobre su destino incierto, por donde yacen los abrojos de los secretos muertos.

Y peregrina por los caminos en los que pernoctó. Despierta abruptamente de aquella onírica visión. Ve más allá de lo que pudo imaginar y siente todo eso tan vívido y a la vez tan lejano, que por un momento cree haber imaginado lo que el sueño le mostró.

Tirada de espaldas sobre el césped algodonado del jardín -que parece haber sido regado por el rocío de una brizna marina sutil- alza la mirada al cielo de luto que chispea con diamantes diminutos, cuando transita efímera y displicente una veloz estrella fugaz por el espacio infinito y absoluto.

126. LAS MUSAS Y EL ESCRITOR

Has tenido desde siempre el cielo por techo. Has creído que la luna es suave como una almohada. Perennemente abres la ventana para que, el vergel de las azucenas tersas, perfume y embriague la nostalgia que a diario invade tu lecho.

Has armado el rompecabezas de las visiones oníricas con el hechizo que surge desde tus adentros; eres encanto sutil que creas metáforas, que tejes emociones, que cuestionas pensamientos y haces con los sentimientos hermosos paisajes que luego -en tu imaginación creativa- conviertes en pasajes preñados de versos.

Este dédalo intrínseco lo han recorrido cada vez y cuando sobrias y ebrias: las Musas, las Hadas, las Ninfas y las sirenas; hasta los Gnomos, los Duendes, los espíritus de los bosques, del fuego, de la vía láctea y las aguas; los plenilunios, los planetas y lo que esconde el universo, han hecho lo suyo en todos tus procesos, tras las líneas rojas solares que demarcan los caminos que debe de seguir sin descanso tu intelecto.

Arroyos de vino tinto y ríos de caramelos has dado a la donairosa página blanca con tenues tinturas de rojo y azul. Eres pensador, escritor, versador, bohemio, trovador y poeta. La magia te ha acompañado desde que los ángeles bajaron para darte protección. Y sigues viajando. Todo un piélago profundo habita tu imaginación y su arenal hunde burdamente tu pecho, hasta regocijarse al ver saltar de adentro, los pálpitos nerviosos de tu enamorado corazón.

Esta cruel situación, ¡oh!, escritor, te ha venido anulando lentamente la razón. La mente tienes ausente. Tu memoria yace en crisis. Todo esto llevó a huelga permanente la fertilidad con la que solías hacer una creación. ¿Cuál es el color del cosmos? A veces parece que fuese el de las tinturas que han utilizado en sus viajes sin rumbo los meteoros o el carbón con que se tiñen las profundidades de los hoyos negros.

Has andado en boca de la fauna. Te has paseado ufanamente entre abrojos, velillos, enredaderas y almalafas. Has sido cósmica utopía dentro de una botella, mientras los personajes -a tu espalda- se han reído al recorrer el laberinto que tus sueños pintaran con los colores vivos de las acuarelas, cuando pincelabas las avenidas supremas y estrechas de la vida para hacer que tu existencia al fin valiera la pena.

127. PRISIÓN

Tu falso amor es una ostra que me asfixia en su interior. Procuro con esfuerzo abrirla, pero, en mi desesperación, me sumerjo y toco fondo, en vez de encontrar valor, para dejarte ir de una vez, sin odio ni rencor.

¡Tumba de mi alma has sido! Aunque a mi cuerpo no torturas, con tu indiferencia y escarnio, a mi espíritu lastimas; con el frenesí impasible de tus palabras duras y esa lengua pendenciera que no controlas al hablar... con todo ello, sin piedad aguijoneas a mi dolido corazón.

Eres esa bruma que abruma la belleza del paisaje -que para nosotros- pinté entusiasmada sobre el tapiz del horizonte cuando ensoñada pensé que sería para siempre... no debía equivocarme... sería sólida esta unión.

En mí sólo estás dejando ese alarido de angustia dispersándose en vorágine, sin aliento, sin pasión; porque hoy soy el residuo mal parido por tu amor. Soy la resaca que el resentimiento sobre el ocaso dejó el día impetuoso en que perdí toda ilusión; y heme aquí castigada sucumbiendo a tal momento con mi desesperación.

Lo que quedó del cariño que un día sentimos, no es más que un soldado en la guerra abatido. Por eso, ¡seamos amigos!... ¡abre la puerta querido! ¡No me encierres más aquí! Déjame libre nadar y échate a volar a tu ansiada libertad como siempre has anhelado... como siempre lo has querido.

Si ya no me amas y sé que es así porque muchas veces lo has proferido... ¡vete tú y déjame! Prefiero aquí terminemos a estar como una perla perdida y lacerada, zambullida en las aguas pérfidas, tumultuosas, arrolladoras y embravecidas de tu mar.

¡Así como lo oyes! ¡Estoy cansada! Me cansé de oírte decir: "¡No quiero nada contigo!", "¡mi felicidad es primero!", "¡al diablo tú y mi hijo, lo que deseo es vivir y no estás en mis planes... no lo haré más contigo!".

Así es que, rompe por favor la puerta y abandona ya ésta guarida. Prefiero sufrir un rato a que me amargues la vida.

128. TURBULENCIA TUMULTUOSA

¡Cielos turbulentos! ¡Qué noche tormentosa! La luna está oculta. Todo está revuelto. Relámpagos, truenos, nubes empurradas, hacen que los miedos sean más cruentos.

Los tulipanes negros se confunden tras la niebla espesa que corre tapando la sobriedad del vergel, donde yacen ateridos los azulados colores que dan forma a los ojos amarillos de las flores de "no me olvides" rodeando los anchos troncos de los olmos de melenas tupidas y pintadas con el color esmeraldino de la esperanza. Ellas, las flores de "do not forget me" lucen como niñas desmayadas bajo las faldas anchas de una madre que figuraba cobijarles.

Centuria tras centuria han estado elegantemente erguidos. Ellos, los olmos, han permanecido en épocas de lluvia, de sequía y frío. Algunas veces las estaciones les han pillado despeinados, con sus ramajes semi quebrados, cansados por estar de pie durante tanto tiempo... se ven notoriamente longevos y agobiados.

La voz atormentada que se desprendía de la bóveda luctuosa me sacó de mis cavilaciones nocturnas y no era de quien creí que era, ni de quien parecía ser. La entidad etérea ha revestido al amor. Con su élite sagrada circundando va los trechos de las dudas que agraviaron lo pendiente, cohabitando un espacio reducido junto a las riendas sueltas del favor concedido y la respuesta que balbuceaba -en su rincón- insatisfecha.

¡Soy protagonista! ¡Ando en busca de refugio! Anhelo defenderme y ocultar los conflictos, los dolores y las penas. ¡Y escribo! Escribo mis versos en columnas, con letras que esconden la adivinanza de los "ayes" tras los buscarruidos que a diario me condenan, cuando escucho los roncos alaridos de esta conflictiva turbulencia tumultuosa.

Es así que, sin darme cuenta, como poseída por una fuerza extraña, nombro uno a uno a mis seres más amados a quienes les he escrito extensas dedicatorias y débiles obituarios, los que sin querer dicen lo que no se completó en los versares lúgubres de la placa de acero inoxidable, exactamente donde yacen los mentirosos decires de los labios que dieron a hacer las líneas de muchos olvidados epitafios.

Todo lo que la tinta va dejando plasmado se pierde entre las líneas gastadas, allí con la solemnidad de la fuerza de los rayos que vislumbran sus remaches sobre mi alma opaca de silencio. Revientan entonces las sendas tenebrosas del destino y sus tumultos. Las redes que enmarañaron fidelidad e inocencia son solamente un bosquejo que murmura lo brumoso de sus acechos.

Y, los rasgos de los genes se convierten en cada uno de los gestos ambivalentes que, desde el vientre acuoso de mi madre -al darse la mezcolanza de las células- dieron forma a mi ser y a mi consciencia.

Y mis males se refugian tras del telón, en cada escena. Me veo interpretando en el palco de este teatro las apariencias de lo que me hubiese gustado llegar a ser... y el público me aplaude y me ovaciona de pie porque desconoce los defectos y virtudes que me ha tocado interpretar en cada paso dado sobre las avenidas de los versos que fueron lapidados sobre la virginidad perdida de este papel que me tocó desempeñar vestida de ser humano.

La tormenta ha amainado. Las cabelleras de los olmos -remojadas- son sacudidas por las corrientes sublimes del aire cuando los colores fulgurantes del arcoíris bajaron para peinarlas reavivando lo no dicho por sus bocas en el transcurrir de los años. Los girasoles de hojas satinadas en oro con sus grandes ojos negros, parece comenzarán a girar sus cabezas asedadas persiguiendo al sol después que la niebla se haya disipado y, los chotes "azafirados" que realzan el corazón amarillo de los "no me olvides", parecen gritar que, a pesar de todo, nunca fueron olvidados.

129. SUEÑOS

Sueños pecaminosos se van solidificando. Sus halos resbalan como gotas de parafina desde la vela negra que llora semi encendida. Sus llamas apenas titilan y, aun así, lacra los lagrimales y sella los párpados tupidos por los vellos encrespados que protegen sus pupilas.

Esas pestañas encorvadas enaltecen con su densidad a los ojos semi muertos, que se abren a medias en las caras entristecidas de las sombras pálidas que se pasean y se yerguen inertes, frías, sobrias y asombradas. Ateridamente se han ido esfumando con el humo que se esparce en el ambiente, donde han de quedar total y fantasmagóricamente ausentes.

Las almendras amargas han sido paladeadas, por el ángel virtuoso que depuso las armas. Las imágenes vertidas por los onirismos son vergonzosamente atrevidas y censurables.

La soledad abraza todo el entorno. La vela de alquitrán ya no llora más. Las siluetas albugíneas quedaron petrificadas dentro de las llagas abiertas y sangrantes, que produjera el sufrimiento de quien la vida entera, se quejó demás... ese ser hoy se lamenta por no haber aprendido a amar.

Se cierra el paisaje de la época primaveral. Nadie se ha atrevido a volver a soñar. Pesadillas sacudieron a las almas dubitativas que no apartaron de su lado a quienes nunca habrían de cortejar... la decisión ahora es dejarse cautivar... la vida es de quien puso más empeño en aprender a amar.

El tiempo ha transcurrido. Vientos misteriosos han logrado reencontrarse en el presente aciago; sus rachas huracanadas, en su arrollo al pasar, desollaron los cuerpos que la vorágine desbarató, acabando con todo lo que encontró a su paso -sobre un sendero terriblemente desolador-.

Dos almas se han topado frente a frente y no habrá fuerza que impida ni redima las fallas, ni los errores garrafales con que se alimentaron sus pecados vanos, ni sus culpas desventuradas.

El silencio cadencioso parece moverse poco a poco en lo hondo de su interior. Los besos ausentes van y vienen. El bebedizo de Cupido aun sabe a pasión quemante y a un amor inconcluso y ausente que late y ruge, como un león hambriento en la sabia lobreguez que produce el mutismo agobiador.

Quinientos años han pasado desde entonces y, a las ánimas que fueron separadas, se les escucha suspirar una por otra en cada esquina redondeada que da forma al salón. Y todo vuelve al inicio… allá donde sus páginas de vida fueran escritas, allí exactamente donde todo se originó, donde Morfeo escribió la historia fugaz del ensueño y la ilusión.

130. JUSTICIA

Permaneció enterrada en la tumba fría. Por siglos nadie escuchó nada de ella. De repente, unos ojos le vieron renacer como el ave Fénix de las ardientes cenizas, unas semi apagadas... otras, sempiternas.

Su resurrección se debió a la resignación con la que le costó durante mucho tiempo entrar en comunión... simplemente se sentó a esperar para ver, cómo terminarían aquellos que con saña le vapulearon y le hicieron daño; y tuvo el disgusto de observar cómo terminaron los inescrupulosos que le jugaron malas pasadas, como alguien que se entretiene con un muñeco de trapo, con corazón de papel y entrañas hechas de suciedades y harapos.

Pasaron uno a uno frente a sus ojos grandes abruptamente dilatados. El cortejo fúnebre de aquellos individuos desfiló ante la sorpresa de sus párpados tupidos que, resguardaban con tiento, sus pupilas negras antes opacas y ahora con un brillo inusual y vivo ante la brutalidad del vengativo pensamiento.

Los ataúdes llevaban los seis cuerpos yertos, albugíneos y ateridos de cada uno de ellos... sus enemigos más férreos. Quienes le obligaron a exiliarse en la cueva de los ignorados; sus bocas iban herméticamente cerradas y sus dientes, mordían con seguridad, sus lenguas viperinas, las que seguramente llevaban prensadas entre la dureza de sus mandíbulas que aun sostenían sus dientes.

Presenció a deshoras... volvió a sentir a la vida impía blandiendo sobre su piel, las dagas dobles y filosas que, le desollaran -más de una vez-. Su silueta frente al espejo se erguía con la piel desgarrada; la violenta imagen dejaba a sus huesos expuestos al rojo vivo.

¡Justicia!... ¡así se llama! ¡Ha sido desenterrada!

Pero, aunque su honestidad fue probada deberá otorgar a los injuriosos -por cuestiones de consciencia- perdón. Una amnistía total por todo lo malo que le hubieron hecho. ¡Es un derecho! Debe de hacerlo para recuperar la paz y olvidar el rencor que cargó todo este lapso sumida en el desdén y el sufrimiento.

131. ESA MUJER QUE HOY VES

Ella, esa mujer que hoy ves caminando pensativa con el peso de su ser, esa que hubo dejado todo atrás, hasta los vestigios que encerraron la templanza y el pudor, está aquí para contar, lo que pasó como andariega en las avenidas de la lujuria que transitara con desconcierto, tras la desventura a la que mal llamara amor.

Esos rastros yacen como polvo que debe de ser sacudido de entre los pliegues de las cortinas tendidas en su vida. Recuerda la voz sublime que gesticuló el ventrílocuo embustero, con la lengua enredada en las marañas que preparara con sórdidas palabras, las que -al ser escuchadas por sus oídos, con la dulzura de quien parecía quererla enamorar- le engullirían lentamente en los laberintos sin salida, donde los ecos de los gemidos del placer eran como el pan de cada día o como una galleta que, al ser degustada, sabías de antemano que sabría a azúcar y mantequilla.

Todo eso, le fue convirtiendo en una hembra endeudada. Su yo interno le reclamaba -a diario, con ahínco y con golpes de pecho que rebotaban en la consciencia- la autoestima y toda la dignidad que en los villorrios del querer y sin darse cuenta alguna vez perdiera.

Esta fémina, que se dejó arrastrar como un pez a la deriva naufragó sin sucumbir en las corrientes bravas, borrachas, locas y enamoradas de las aguas espesas y pegajosas, con las que le empalagó el río quemante de la pasión flamígera y libidinosa.

Ella, despojó su corazón de esos sudores helados y de los calambres que sentía en el estómago, cuando creía cerca la presencia apasionada de aquel querer. Se deshizo de las exudaciones que le drogaron al restregársele en la piel. Aprendió a disipar -sin errar- olores y humores y todos los sinsabores que pudiese confundir con la mies extraviada del amor.

Hoy, esta mujer sabe diferenciar lo costoso de una joya verdadera del valor que tiene una simple bagatela. Sabe a ciencia cierta qué es lo que distingue a un agasajo, de una promesa falsa dada con reverente rendición de pleitesía, vertida en vocablos lisonjeros cegados por la perfidia.

Comprendió los efectos de los hongos alucinógenos transpirando en el entorno los efluvios del veneno sin antídoto que inyectaban con sus espinas la infidelidad y la traición.

Venció altiva la vergüenza que revistió por mucho tiempo a su alma. Pudo trascender a la pobreza de su espíritu. Camina con sosiego, aunque con poca fe en la refulgencia de la estrella con la que hubo de nacer, pues, los hilos podridos de los ardides que tejieron las redes de las pesadumbres y los desdenes del destino opacaron en el trayecto, la densidad de las arenas movedizas, que tragarían sus pies y le llenarían de desconcierto.

Se dio cuenta tarde de que lo que consideraba como su realidad no era más que la silueta gris de una desconocida, dando palos de ciego, perdida en los pasillos del raciocinio y la entereza. Y aunque no hay más engaños ni espejismos que le nublen pensamiento y vista, más que nunca está arisca a lo que dicta el sentimiento.

132. PEREZCO

No es prudente... tú, me lo has dicho. También lo han hecho quienes me quieren bien. Mas, las advertencias no valen cuando dentro del pecho, late acelerado por amor un corazón. Me ceceabas en lo obscuro. Camino a la habitación me acechabas y allí me encontrabas siempre sonsa, enamorada y dispuesta; me endulzabas el oído con palabras bonitas; con flores hermosas me llenaste la existencia; y, con el gemido sacarino del sonido romancero de tu guitarra, acompañabas canciones que invocaban el encanto que tiene la evocación de amar y sentirse deseado por el ser amado.

El fuego de tu caldera me atizó sin compasión. Fueron altas las llamaradas y fuerte el hechizo que a la cordura deshizo sin conmiseración. En el ambiente todavía se siente el vaho del aliento despedido -en un rincón- por la pasión; las sábanas aún guardan los olores y en el viento los humores desprendidos siguen rememorando aquel momento de total abdicación, dejando sentir en sus rachas todas las partes del todo de lo que allí sucedió.

El deseo se mece aún en la cama y en la hamaca; en cada lugar escondido de la casa; así, como un mar que me atormenta con su oleaje turbulento. La mentira y la obsesión quizás allí perezcan. Ese ímpetu con que las remembranzas llegan, ese bochorno que de la piel no se despega y que desvaneció mi voluntad con saña, apuñaló mi orgullo e hizo que perdiera también la dignidad, la pureza y el respeto.

El humo de la bruma se desvanece con mi yo y muero ante la llegada intempestiva del verano y los vientos alisios, cuyas rachas han arrastrado -en torbellinos furiosos- los recuerdos a la memoria, así... como si fuesen hojarascas zumbando con rabia entre los hálitos invisibles y horrendos del olvido, de la añoranza y el tiempo incólume del adiós.

Cada escena de mi sueño ha perdido luz. El sosiego viaja cabizbajo. El sentimiento es traicionero. Se revolucionaron mis hormonas y surgió de nuevo -durante un lapso pequeñito- todo lo que hube perdido entre el pecho y el corazón... allí, sobre los resquemores del cuerpo y los carbones cenicientos que, siguen encendidos a pesar de la incongruencia que recubre los trozos de lo irrisorio que de este suceso surgió.

Extravié en algún sitio con despecho la razón. Sucumbí como un náufrago en el océano. Me sequé en la orilla sobre la arena del infortunio salpicada de sal bajo noches intensas y largas, solamente alumbrada por los focos blanquecinos de cientos de estrellas viajeras, de luceros y de lunas en plenilunio; así transcurrieron los días, las tardes y las noches, y, con la piel quemada, sin derecho a amnistía, ni al beneficio de la duda, desperté en una fecha totalmente desconocida, en una cueva donde me rodeaban moluscos, calamares, corales y muchas otras especies marinas.

¡Ay, Dios! ¡Ay, Dios! Pido ayuda y clamo a ti. Haz que este karma se haya incinerado... no me hagas volver de nuevo y que la rueda del destino impíamente vuelva a girar contra mí. Déjame, Señor, mis culpas expiar, pero, por favor, no me castigues más... ¡miserere, Señor! ¡Miserere!

Hoy por hoy, como la aurora, me deslizo sumisa. Voy devanada, con las emociones enrolladas, a encontrarme con los fulgurosos rayos de aquel sol -con el que alguna vez brillaron mis pupilas de emoción-; ese sol que se apagó en los ojos de los dos al eclipsarse desolado por las avenidas llanas, empedradas de dolor.

En esta lóbrega hoja virginal, pálida e invicta, dejo escrita mi congoja y ansiedad. Perecí en la mies de un mal llamado amor que no pudo ni supo aquilatar, lo que es amar sin prejuicios, sin miedo y sin maldad.

133. LA EXISTENCIA, UN CONSTANTE DESAFÍO

Las sendas por transitar en la vida están plagadas de desafíos. En el tintero, las letras de las canciones -con que se consuelan las sensaciones internas- se han ahogado antes de ser vertidas sobre la hoja tersa del papel puritano.

El olor a incienso de Saba va impregnando y besando a dalias, lirios, caléndulas, calas; a mirtos, campanillas y aves del paraíso, con sus pétalos de seda y satén purpurinos, los que el viento primaveral arranca al besar sus tallos, para llenar de color el constante ir y venir de las épocas que han saturado de abrojos los caminos.

Se renuncia a lo pendiente. No se lucha. Cada quién se resigna a esperar lo que venga, aunque se desconoce lo que el porvenir traerá en sus vientos impíos e invisibles. Las programaciones mentales hacen lo suyo... ¡infortunio? ¡Ventura? ¡Suerte? Todo parece ser un poema imitativo, un fantasma virtuoso que se mueve hábil entre cielo y tierra; entre mar y arena.

Palabras barnizadas, expresiones figuradas, vocablos sumergidos en alianzas fraguadas que, como las níveas célicas, en un constante y lento girar, van y vienen. Términos debidamente trabajados y usados por las religiones y la sociedad -al manipular con excelencia al máximo grado, la inteligencia humana- inculcando temores, prejuicios y precariedad a las multitudes que buscan de qué asirse o en qué creer para continuar.

Secretos superfluos arrastran a diario los ecos que, siniestramente, son devueltos con fuerte rebote a la existencia misma. Los lamentos se exhalan uno a uno. Un infierno se estructura con castigos y los retos quedan planeados como simples metas, en las líneas escritas por manos ajenas sobre las páginas agrietadas de un viejo cuaderno, en donde la tinta seca y borrosa parece haber profetizado en cada hoja, lo que alguien calló de las certezas muertas.

Viles y habilidosas manos manosean el presente que corre incierto sobre las avenidas del mañana erguido, yerto y ausente. Los desatinos cuelgan -como quirópteros ciegos- de los maderos podridos del puente resquebrajado de los destinos, junto a los "ayes" de los ayeres agónicamente desvanecidos.

El todo y la nada se pierden por los senderos fríos donde los colores devanados del ocaso y los trozos de betún nocturnos, se mancomunaron para dar forma -con largas agujas transparentes e ilusorias- a los hilos de las redes que tejieron los espíritus de los bosques, de los arroyos, de los manantiales y las almas andariegas de las algas yertas; y, con ellas, desafiantemente fueron atrapados los "sí", mientras se ha dejado huir por los recovecos descosidos de sus manilas reventadas a los "no", a los "tal veces", a "los quizás" y a "los quién sabe". Mas, todo eso, no son más que visiones que han llegado a plagar de incertidumbre, las ocasiones que viajan ateridas por los rastros que han dejado los actos de los sucesos acaecidos y que muchos con desesperación, han querido borrar de sus propias historias.

¡Desafíos muertos! Alguien escondió lo que pretendía y buscaba. Y así, entre competir, y vivir de lo que pasa en vidas ajenas; de escuchar a sacerdotes, pastores, predicadores, monjes, religiosos y consejeros, sin darnos cuenta, se nos fue rápidamente: adolescencia, juventud, edad adulta y madurez.

La vejez retadora y amenazante, perennemente convierte a alguien saludable en enclenque y senil. Tu cuerpo, mi cuerpo y el cuerpo de otro y aquel, cansados de tanto pelear con sus dolencias, recuerdan que el final se acerca, cuando día a día la piel muestra arrugas y pecas; cuando platea con rayos de luna la cabeza y cuando la boca comienza a repetir aquellas frases infértiles que, de siempre en siempre, la mente olvidadiza, con facilidad recuerda.

Ante las apariciones que hace la senectud, el vestido corporal desajustado en su exterior, resiente sus cicatrices; los huesos internos, reprochan sus porosidades y desajustes y, algunos, perecen en sus satíricos intentos porque ella llega sorpresivamente -al igual que lo hace la muerte- estigmatizando a los buenos momentos, a las imágenes oníricas y a las añoranzas anidadas en cada uno de los tantos recuerdos idos; desbarata pues -con su postura- sin compasión, todo eso que fortalece el dominio que cada ser debe de tener sobre sí mismo.

Sin embargo, un mar de ideas podría desbordase de los confines sinuosos de la mente y hacer que la nada se convierta en un todo. Catalogo a la ancianidad como una victoria ganada. Es una guerra que hay que vencer si se anhela vivir por muchos años, así la materia mande señales de estar cansada de existir.

Tener consciencia de que el alma es eterna es un deber y estar seguros de que no ha de sucumbir -porque tiene la capacidad de escapar de las fauces abiertas del olvido y el desamor omisos- eso es fe.

Todas las heridas que cicatrizan raramente son olvidadas. El transcurrir del tiempo -que avanzó funesto blandiendo a diestra y siniestra su látigo fiero- nos deja una lección por aprender. La insensatez y la crueldad que utilizó para lograr eso, no tiene explicación valedera, lo dicen las verrugas que yacen en la piel, imperecederas.

Y todo lo que retuvo el intelecto en sus rincones más recónditos, quedó enterrado con los retumbos de los hálitos de las resonancias profundas que -a su paso- dejaron los alaridos dados por la avalancha rememorativa del intelecto desbordado en dudas, cuando desanduvimos -andando sin mirar- lo que pudimos haber hecho.

¡Todo quedó atrás! Aunque esto parece no tener reversa, vendrán nuevas metas que podamos lograr. Lo que hoy no fue, en otro presente próximo, escrito está. Los instantes no sucumbirán ante el cúmulo de experiencias de vida que logramos alcanzar y que serán parte de los anales que cuenten las aventuras y lo vivido por cada uno, junto a los vaivenes que nos zarandearon permitiéndonos soñar hasta lograr -quizás con sacrificios- lo que quisimos.

¡Qué regocijo hilarante! La existencia es, pues, un desafío constante. Es como una brizna marina que salpica todo el entorno al elevarse -así, como cuando las olas del mar revientan en la orilla- llenando de frescura el entorno. Es como ver pasar una bala a ciegas; es como sentir nuestras manos desnudas dejando ir -al secar cada lágrima derramada por los ojos marchitos y agobiados de llorar- a las emociones estrujadas; es sentir con el corazón la ilación de las notas subliminales que se escapan de los violines, de los órganos y los clavicordios acariciados con devoción por las manos de los músicos magistralmente entrenados para interpretar a los grandes maestros y sus composiciones memorables.

Entonces... ¿por qué afligirnos si sabemos que todo lo que nace, muere? Hemos de estar conscientes de que volveremos a nacer para resarcir lo pendiente, envejecer nuevamente y volver a morir. Así es el ciclo.

Quemar karma, coadyuvará a deshacernos de esas energías distorsionadas que trascienden invisibles dañándonos sin medida aparente, las que derivan de los actos que hacemos sin detenernos a pensar ni a calificar como buenos o malos. No discernimos ni nos preocupamos en analizar si todas estas acciones acumuladas como un saldo de arrastre, como una deuda pendiente que en cualquier momento -hado o suerte- nos ha de cobrar, se podrían haber obviado o simplemente eliminado de los almanaques.

Practicar el dharma haciendo bien al prójimo, desenvolviendo la felicidad como si se tratara de un exquisito y lujoso obsequio y abrazar a quien nos desea el mal como una muestra de empatía y solidaridad; de amor y hermandad; nos ayudaría a pasar y a subir -sin prisa- un escalón más en la escalera que conduce a la luminosidad.

Meditar, orar, rezar, canalizar, alcanzar la divinidad del Yo Soy, esa... ¡ésa es la medicina! No existe religión ni creencia, ¡al carajo con todo eso! Es cuestión de asirnos a la esperanza... a oscuras, sin ver. Una vez con el carácter elevado a su máxima expresión, seremos capaces de conseguir -sin correr tras ello- la prosperidad, la felicidad perpetua y la oclusión total del dolor, sin darle tanto sentido a la longevidad y a la muerte que son causales de constante preocupación.

Es por ello que, para concluir, y en un acto de contrición profundo, dejo testimonio aquí de que estoy en comunión con los preceptos que no aprendí y con los que no comulgo; que hago uso de las palabras que fluyen de mi boca y que pongo el corazón en cada sílaba que pronuncian mis labios antes de dormir; que alzo los brazos en perenne gracias al despertar; que todo lo que hago es por llano convencimiento de que ayudará a mi alma y consciencia a estar en paz; que no pienso ni hago proyecciones a futuro, porque de antemano sé que es incierto; que he aprendido a vivir el presente como si fuese el último día, ese que se refiere al fin de mi paso por este mundo; que no le temo a la muerte, porque es el mejor obsequio que me brindó la vida. Haber nacido no tiene precio y es una presea otorgada sólo a los ganadores; que agradezco a Dios de haber creado al ser humano para ser finito y que únicamente temo a lo desconocido y a lo aburrido y cansado que sería ser inmortal.

134. MONOLOGANDO

Eufemismo apasionado de la vida colocado como un amuleto o señal en las hendijas de las puertas y ventanas que se abren y se cierran, simulando las pestañas dormidas en los ojos del horizonte, con sus iris encriptados en el betún devanado sobre cada una de las pinceladas dadas por las brochas de los "devas", que pintaron de naranjas y rosados los atardeceres, y, de rosicleres tiernos, el denuedo del alba que resucitaba en el cielo, dando sosiego, quietud y transparencia al pálpito interno y a la inmortalidad del alma; mientras, por la discrepancia levitante del universo infinito, se oían los sonidos emitidos por la flauta de Pan, el semidiós de los pastores y rebaños en la mitología griega.

Las desilusiones de la vida y sus miserias; las tristezas y pobrezas que acarrearon sinsabores; fueron los ingredientes mortales con que se hicieron los bocados que sustentaron a las dudas, máximas querellas de los pecados inquisidores que se desplazaban con las ondas sonoras -desde la siringa del Fauno, nieto de Saturno- por el espacio ilimitado y sesgado de luz.

La inercia desesperanzadora sopló aires de miedo sobre los sueños eternos que, antes de desvanecerse, fueron absorbidos por la temeridad. Se escucha -entre las candilejas de aquella farsa imaginaria y febril- a la dalla de la primera dama de la eternidad, sonando con fuerza al roce con las piedras. Resplandece su filo y su ruido chirriante es como una fantasmagórica composición musical, perdida en la lontananza con una agobiante sobriedad misteriosa, convirtiendo al placentero escenario onírico en un plató, donde se desarrollan las más terribles pesadillas, nunca en la vida por un ser humano vividas.

Las metas por cumplir quedaron sostenidas en las ilaciones contenidas en cada palabra sin aliento; en las frases no dichas en el justo momento... y, con ellas, los sopores que, en un pasado reciente inundaron como una plaga el vivir, murieron... fallecieron como una lágrima de espelma cristalizada a un lado del candelabro que sostenía la última vela que iluminó por mucho tiempo, el polvoso camino que recorriera a pie y sudoroso -como un nómada errante- el destino ciego, tropezándose con sus propias piedras, hoyadas por miles y erradas granulaciones en donde se forjaron crueles desatinos, producto del paso por el árido desierto, de los vientos arrasadores que ayudaran a gestar -en los fértiles vientres húmedos de los oasis- a las terribles y arrolladoras tormentas de arena, torbellinos y tolvaneras.

La causalidad ilustró con pintorescos y falsos brochazos cada sumisión. Las humeantes siluetas espiritadas de la neblina y la fumarada desprendida por los sahumerios ahogaron todo indicio de fe y de posesión. La "mezuzá" cayó del marco derecho de la entrada principal de la casa ensoñadora. En el sueño Delta y profundo fenecieron las ideas que debatían su validez con el yo íntimo, porque, no supieron batallar ni lidiar con todo aquello. Decidieron, pues, que era mejor rendirse, a hundirse en la fatalidad fangosa de la arena movediza, donde yacía desesperada por escabullirse con movimientos pegajosos, la desesperación.

Esta transición dormitaba como una abeja visionando los besos que ambicionaba dar a las margaritas. Pisaba firme dentro de la corola de una flor recién abierta en la madrugada, bajo el aire que soplaba sutil por los colores desvanecidos del albor. Se meció cobijada por los pétalos de seda, como si fuese una niña soñando con un mundo fascinante, de esos que describen en sus libros los escritores de cuentos de Hadas y leyendas.

Pupilas inquietas siguen sigilosamente a mi reflejo fundido y enredado entre las patas habilidosas del arácnido tejedor de mágicas ilusiones. Él, fue el responsable de tejer las redes que en cada vida me tenderían las sombras gélidas y espeluznantes del hado. Con sus largas y flexibles patas hizo telarañas tan fuertes, como la lona arcillosa que recibe sin explotar a las frutas maduras que caen -en un fuerte golpe- desde las ramas sostenidas en las copas de los árboles, inquebrantables al inmensurable tránsito de cada estación.

La nada recogió los trozos perdidos de mi todo. Con su néctar Cupido pudo hundirme en el lodo. El amor me engañó, ¡sí que lo sé! Supe de cada premeditación que a mi espalda tramó. Me encerró con su lenguaje aturdidor, entre un murmullo de versos que dio a cantar al trovador que, cuando su lira musical sonó, pudo acallar los gemidos que daban con pesar mi decepción y mi dolor, cuando Pan en Grecia perdió la flauta y el Fauno en Roma envejeció.

Desconocía la inspiración que motivó a la Musa. El Divo ahogó sus sentimientos en la copa que rebosaba con vino tinto y añejo, donde flotaban fragmentos pequeñitos de pensamiento y reflexión.

Entre un desvarío y otro, aprendí a amar el silencio aturdidor que recubría el interior de mis horas de hastío, en compañía de la "Maia" que me regocijaba de emoción. Hasta entonces, zambullida en el éxtasis de la meditación, comprendí los porqués de mis vivencias y los alaridos que ellas daban con implacable delirio aturdidor, en un eco ronco y estremecedor que se devolvía a cada instante, causándome repelús y una extraña sensación.

Mis loas de otrora, etéreas se elevan como hojas sueltas en la primavera. Espero por vos, señora de lo desconocido, en la placidez de mi alcoba; así, recostada en el diván, dando vuelo a los momentos agónicos, esos que escondí sin pensar bajo las cobijas que visten de lucidez cada noche mi cama; esos instantes que aún no vivió mi ánima resquebrajada por la soledad umbría y tensa, porque, densamente se escaparon con los suspiros que daban, las falanges de las manos flacas, tronadoras y larguiruchas de los segunderos, minuteros y horarios que, desde los relojes morbosos, se complacían en anunciar con gozo, cada una de las pisadas lentas regaladas con mustio mutismo y desollador tic-tac por el tiempo, el viejo calvo, de barba cana, andar pausado y vestimenta andrajosa. Él, se escurría como arena entre los dedos, ante la marcha militar de las tres agujas que, de izquierda a derecha, circulaban impíamente sobre los anchos platos esféricos, de cerámica marmórea y albugínea, que manos singulares moldearon para configurar lo que hay más allá de la razón y el desacierto.

No tengo certeza de cuándo llegará mi descanso mental y corporal. Te imagino llegando a mí, galopando sobre el hechizo del aire, en un unicornio blanco, de crin hirsuta y grisácea. He coloreado tu capuz de un azul obscuro e intenso como la placidez del mar al caer el ocaso y, al tacto, sé que es de terciopelo e inigualable suavidad. Cierro el par de luceros con que Dios permitió que distinguiera la luminosidad de las tinieblas y veo la hoja filosa de tu guadaña refulgente echando chispas al toque de los rayos débiles desprendidos por Selene en una noche de cuarto menguante.

Así, me fui quedando dormida. Soñé con los guiones y la mejor obra onírica y teatral que describiría tu elegante y esquelético aterrizaje, como una dramatización de William Shakespeare narrada a media luz, en un soberbio espectáculo, con la voz desgarradora de Luciano Pavarotti interpretando "Caruso", esa canción dolosa, inspirada en la muerte de otro grande del género de la ópera.

¡Oh, muerte! ¡Oh, muerte! Se inunda con tu paz y con tu serenidad la lóbrega y terrible congoja que llenó de contrición, desconocimiento, ingenuidad y pesar el tránsito absurdo de las contrariedades que se anudaron -sobre el estrecho canal que formaban los gemidos dados por la garganta atorada- con los episodios marchitos y desflorados del ahora.

¡Heme aquí esperándote! Eres el aliciente que resbala cual gotas salinas en torrente desde los lagrimales de tantos ojos ajenos... así, bajo la saturación de los vocablos huecos que vertiera la boca pasmosa que sostenía a los labios aquellos que jamás fueron probados.

Al fin, cuando descanse de tanto ir y venir y vuelva de nuevo en la naturaleza a existir, en otra piel reconoceré el roce del cuerpo del amor traicionero que estará esperando por mí, para amarme y entregarse sinceramente; no como lo hizo al cruzarse conmigo en estos momentos aciagos y aturdidos, sino, con más vehemencia, como un reencuentro de ánimas resilientes que se buscan más allá de la incertidumbre que provocan los desvanecimientos. Hemos de aprender a gozarnos en las cosas simples que hasta el día de hoy no conocimos, porque la impaciencia atemporal no nos dejó escoger -al entregarnos a los sentires más férreos- entre amar y morir o tomar la decisión de amar y llenar con vida cada instante por venir.

Y, sigo aquí. No quiero despertar de ese sueño fabuloso en que soñé que venías por mí, ¡oh, guadañera! Quisiera seguir envuelta en esa nebulosa fragante y transparente en donde me sentía segura y libre de tanto sufrimiento hostil, escuchando las notas melódicas que acompañaban las cantatas de los astros que agonizaban opacos en la obscuridad célica, extasiados aun en los suspiros que dieron al fenecer, el Pan griego y el Fauno romano. Todo fue un ensimismamiento que se acrecentó con el rugir de los rayos y los truenos en una noche de invierno seca, pues te vi llegar después de una lluvia de estrellas brillantes que se convertían en ángeles al tocar el suelo.

¡Todo tiene sentido! Ya lejos del mundanal ruido, termino este monólogo sentada en mi hamaca. Quedita y en la vacuidad del silencio, rodeada sólo del aroma a petricor que se desprende del terreno cuando el sol acrecienta su calor; despierta y con la mirada extraviada en la lobreguez visionaria de la vigilia profunda, observo el paisaje lleno de mariposas, luciérnagas con sus focos apagados, cigarras cantoras, abejas seductoras, cantos de pájaros silvestres y vergeles floridos, meciéndose al compás de los silbidos exuberantes que va dando el aire al soplar, porque con él viene arrastrando los pringues de la brizna salitrada desprendiéndose de cada ola del mar al reventar.

Cavilo en cada movimiento de las hojas que visten de verdor a los manglares en el estero. Y, es hasta entonces que logro dilucidar, cuánto ha valido nacer para vivir. Deduzco que también ha de ser valedero cada desaliento de la consciencia, porque es la única que presiente el momento en que toda llama se habrá de extinguir.

Tengo la seguridad de que mi flama volverá a arder con más furor, pues un nuevo renacer es un brío inusual para redimir lo que quedó pendiente tras las ficticias apariencias y los afanes presuntuosos que nos llevaron a mentir y a fingir.

135. LA ÚLTIMA CARTA

Escribí ese día una carta y la lacré. Nunca imaginé sería lo último que haría. Un ciclo vital se esfumaba como niebla tras la celosía.

En la lontananza, sonaron los relojes -todos disparatados-. Ateridos los árboles sacudieron sus melenas con modestia y las abejas vieron embarcarse a los espíritus celestes en los destellos matutinos de la aurora y su arrebol.

Plasmé ese día en una hoja de papel todo lo que sentí y soñé. Al terminar, la lacré con las lágrimas de espelma que chorrearon -una a una- de la vela sanguinolenta que para ello encendí y usé. Describí y plasmé allí, todo el amor que entregué e hice énfasis en lo feliz que fui con el cariño aquel.

Del cristalino manantial brotaron las siluetas marchitas de la emoción frustrada y el sentimiento contrito. Cuerpos de aire fluctuaban -como nunca lo hacían- dejando un vaho raro encerrado en las gotas de rocío que cayeron moribundas y pálidas de los disipados chotes de mirtos y margaritas.

De una nube empurrada cayó una brisa lejana. Las fragancias del campo se sentían por doquier. Los árboles de cabellera hirsuta abrieron los brazos, dando la bienvenida a alguien que nunca vi llegar, mientras, despedían a otro que tampoco vi embarcar.

Mas, era yo... ¡sí! ¡Era yo que había partido! Me fui sin darme cuenta un día de septiembre, cuando el sol de medio día se hubo obscurecido. Me percaté de ello cuando reconocí el lagrimeo etéreo de las velas sangrientas. Cada excreción yacía petrificada, adornando los platos de hierro de las bases que sostenían a los viejos candelabros.

La carta está aún cerrada. Nunca fue entregada. Sigue allí guardada bajo llave en el cuarto que usaba.

El viento ulula y se filtra por las hendijas. Cautelosamente sopla y la arrastra como alma muerta bajo el colchón enmohecido de la cama, en donde aún se puede dibujar claramente -en las sábanas desarregladas que la cubren y que guardan la verdad de mi último momento- el dibujo claro de la fragilidad de mi cuerpo.

Y... ha de estar allí, quién sabe por cuánto tiempo. Quizás la lea de nuevo cuando regrese estrenando un nuevo cuerpo (si es que las letras no se borran en el recorrido del trayecto).

136. LOS ENAMORADOS Y LA MEZUZÁ

¡Qué noche de truenos y relámpagos! ¡Hizo su entrada triunfal el invierno! El frío estaba siendo cruel de por más. A la derecha de la puerta de la posada yacía colgada dentro de un cilindro (custodiado por trozos de metal en los extremos), el rollo sagrado de una "Mezuzá".

Los visitantes eran una pareja judía que decidió ir hacia allá a pasar su noche nupcial. El primero en cruzar por la entrada, habría de tocar el tubo de vidrio con las iniciales grabadas con uno de los 72 nombres de Dios… "Shadai" o "El que cuida las puertas de Israel".

Dentro de éste, estaba enrollado un pergamino con dos versículos escritos del libro del Deuteronomio (una de las monografías que pueblan "La Sagrada Biblia" y que componen "El Pentateuco o Torá" que rige al judaísmo), como un adagio que encierra un pensamiento moral, un consejo o una enseñanza de vida a seguir.

En la cabaña estaban encendidos los leños que iluminaban con su luz la sala, los que chisporroteaban enardecidos desde la boca encontilada y abierta de la chimenea de piedra. Adentro se encontraba ya la pareja. Cada uno hubo dicho con fe: *"Shemá Israel"* -Escucha, Israel-... *"Vehayá im shamoa"* -En caso de que me oyereis-... y, después de tocar respetuosamente la "Mezuzá", se sienten protegidos de todo mal.

Ya más sosegados de haberse encontrado con lo que les unía a Adonai, el esposo sacó de la bodega una botella de vino, la que contenía el elixir más añejo. Vistió el comedor con un mantel de lino y algodón color crema. Puso la mesa guardando cada uno de los detalles que rigen la exquisitez de la excelencia, con la elegancia de que presume quien conoce las reglas de la etiqueta. Las servilletas -también de lino y algodón- bordadas con las iniciales de la nueva familia que se formaba; las copas para el agua y el licor; los platos de cerámica china para la comida fuerte y, las escudillas para el postre eran sobrias, blancas y con bordes dorados que las ribeteaban. ¡Ah!, y no podían faltar los ramos de begonias de pétalos anaranjados con el pistilo refulgente como el sol, pues, esas, eran las flores preferidas de su amada esposa. Mientras, ella se preparaba en la habitación -arriba, en el segundo piso- poniéndose el camisón para regresar con su amado a la intimidad del salón.

Un fuerte olor a lavanda se desprendía desde las profundidades del jardín. Las gotas gordas aún estaban cayendo desde el cielo vestido de luto total, bajo una huelga permanente de luna y estrellas.

En cada esquina del cuarto del comedor estaban dos candelabros de acero hebreos; eran siete velas encendidas las que cabían en cada uno de ellos. Y, cuando el fuego hizo lagrimear a la parafina enrojecida, el paisaje se convirtió en una escena de amor jamás contada ni vivida.

El sofá y los sillones de tela reclinables estaban tibios y el ambiente se había hecho propicio. Hasta los almendros del patio se convirtieron en aliados y amigos. Susurraban sobre el asunto las hojas de los guayabos y también murmuraban sobre lo acaecido allí dentro, las brácteas de los limoneros; pero, cuando llegaron al sentimiento escondido tras de las candilejas del teatro y el guion de esta obra, las lágrimas dejadas por la lluvia se resbalaron lentamente por las venas primarias resaltadas, en la asperidad rugosa de las hojuelas verdes. Las sudadas y cristalinas podagras de rocío, mecidas por el viento cayeron y, unas fueron extirpadas antes de besar el terreno y otras, fueron tragadas por el suelo empapado que dejara la caída en torrente de aquel terrible aguacero.

Los pétalos níveos de los narcisos alfombraron el piso de madera de la estancia. Se escuchaba pasar al río de aguas embravecidas. Los alaridos de sus corrientes -como si un shofar sonara en la lontananza- se perdieron al bajar por la cascada que regaba el cañaveral, junto al sonido bravío de las piedras que arrastraba el torbellino de su ruidoso andar.

Afuera del porche, las hamacas tejidas con manilas de colores se mecían vacías con el viento que acarreaba la brizna, junto a los efluvios de las plantas aprisionadas en las macetas colgantes que recibían con júbilo la brisa que pringaba a la soledad húmeda y errante con un toque de displicencia abrumadoramente sutil.

Allá dentro, se escuchaba bajito el gemir de la vitrola. Los nuevos esposos después de cenar, de ver los vislumbres culebreándose en el cielo, de reír entre miradas que eran las voces de sus pensamientos mudos, de haberse asustado con la furia de los truenos, se deleitaron en la progresión armónica y barroca que llevaban presuntuosas las cadencias sacras que se desprendían de los instrumentos de cuerda de las composiciones legadas por el alemán Johann Pachelbel.

Es así que a la luz de las velas semi consumidas, se veía tras de los cristales de las ventanas del hostal -sudados por el vaho de la lluvia y el humo de la neblina- la alegría que dispersaban las siluetas de los enamorados al desplazarse extasiados sobre ese no sé qué que arrastraban las notas musicales de los violines, las violas, los violonchelos, los contrabajos y los bandoneones.

Relajados al fin, olvidaron los engramas que por muchas eras marcaran las historias de sus ancestros; deshicieron las huellas tatuadas que hubieron dejado los traumas ajenos sobre sus genes y liberaron sus almas atrayendo con positivismo universal, lo que deseaban dejar para el bien de sus futuras generaciones, como un ejemplo tácito para contar al resto de la humanidad.

La bóveda célica cesó de tronar. La fuerte garúa amainó. Ellos, abrazados subieron las escaleras de escalones anchos hechos de madera de cedro que conducían a su acogedora alcoba... y, entrelazados de brazos y piernas, bajo la frazada que vestía la cama, ardió la pasión flamígera y, con besos amorosamente cálidos y abrazos apretados se amaron esa noche por vez primera, prometiéndose ver siempre la luminosidad de los amaneceres con sus albores y rosicleres; los ocasos desgreñados en colores difusos y rosados; los arcos con las tonalidades de Dios, el mejor pintor célico, difuminados por la infinitud celeste después de las tormentas y todo lo que demuestre al hombre que las esperanzas nunca se pierden cuando la fe se mantiene.

Y juraron vivir el presente cada día, como si cada veinticuatro horas se aproximara su final.

137. LIBERACIÓN

No más súplicas lagrimosas. El río donde navegaban sin rumbo las sensaciones se secó. Los arroyos se bifurcaron en corrientes que regaron los terrenos agrietados por la desolación. Las pulsaciones dadas a cada instante disiparon mis momentos, aislando de la mente los pensamientos de traición.

Los ecos del lagrimeo dado antes se devolvieron atormentados en virulentos lamentos. Las nubes desordenadas borraron los destellos culebreados de los rayos, como dando lecciones al insalubre e inmensurable, al indiscriminado transcurrir del tiempo.

Todo luce hoy como escombros esparcidos. La niebla densa de la basura soltada por mis ayeres se dispersó por mi presente con halos grises y sobrios, como si fuesen los pensamientos de algún versador -que desea con sus cantares- obtener la atención que hasta hoy le sigue negando con entereza su amada.

Desaparecieron los elogios. Los deseos se quemaron en la quimera que ardió con los leños de la censura. Todo en derredor se desvaneció. Parecía que el tren de la muerte estaba por hacer su última parada, ese alto que nadie desea que se haga porque barre con las suplicas de los últimos instantes de las almas penitentes; esas ánimas escuchan bufar -como un toro bravo- a la respiración asfixiante del tiempo infinito de corazón eterno, esa bomba de la vida que, a pesar de todo, sabemos que seguirá latiendo.

Ya no recuerdo de dónde él y yo nos conocemos. Respiramos el mismo aire celoso y antiguo. Imágenes difusas se tropiezan al interior de la memoria como un Ibis que se posa sobre el brazo de "Tent" o como la ceba del carbón del lápiz que de vez en cuando se desliza, trazando breves líneas... un verso, estrofas versátiles, un poema.

Hoy vuelan las mariposas con sus vistosos lunares simulando pupilas dilatadas -ojos de mirada extraviada a lo ancho de sus alas tersas-. Los vahos sublimes primaverales se despliegan perfumando con su diversidad de olores el ambiente, y, el fulgor de la gama interminable de la paleta de madera de cedro vieja -esa que, rajada portaba las acuarelas donde se mezclaban nuevos y viejos colores- se volcó sobre el tapiz donde se habían pintado las vivencias olvidadas, esas escenas que atizaron con violencia las cenizas semi encendidas del pasado desmemoriado, fueron visiblemente apagadas junto a las encinas que ardían en primer plano sobre la tela que, prácticamente narraba en cada trazo, el despliegue que hacían las Sibilas al dar lectura a los conjuros contenidos en sus libros mágicos; allí, en los lugares donde yacían erguidas las piedras longevas de los oráculos que desnudaban a la Musa que a diario se bañaba en el arroyo, cuando las Ninfas -en los jardines de Adonis- lloraban amargamente lo que no se plasmó en las páginas que recogen lo que cuentan sus historias.

Las emociones dolorosas desaparecieron. Ya nada aguijonea a la consciencia ni hace sufrir al alma. El vacío se vació y, la paz -el gran sosiego añorado- inundó la soledad aterida con sutileza, bajo las sábanas desarregladas y aún cálidas que vistieron mi cama de siempre en siempre, con los efluvios amorosos que todavía despliegan los halos de su cariño engañoso, tras una ausencia que contempla las sombras que levitan sobre los andurriales esquivos, exactamente por donde los ruiseñores y demás pájaros cantores, han visto vagando confundida en demasía, su encantadora presencia.

138. EL AMOR DUERME

Entre metáforas hechas por las manos de madera quebradiza de los laureles, duerme plácido el amor. Las almas andariegas -cuando el cuerpo expiró- liberaron la luz del sentimiento que la materia -dentro su corazón herido y "acárdico"- alguna vez anidó.

Toda esa energía se desplazó sin rumbo fijo entre las ramas paridas de los árboles de higos. Las ánimas están aguardando pacientes el momento en que han de retornar sin recelo a la vida -con otro vestido a la medida- para estrenar sus ojos viendo a las aguas vivas y cristalinas de los ríos donde habita el hálito del espíritu sempiterno y divino. Mientras, el querer, sigue soñando con un nuevo y mejor amanecer.

¡Qué tristeza abriga al ocaso que cae! ¡Cuánta angustia carga la nube que pasa! Los sentimientos se agitan al saberse mal amados. Las emociones se agobian. El ego es destrozado como un pájaro agorero al emitir su último grito desesperado, desgarrando al brío del planeta en los confines del universo.

¡Allí yace anestesiado y desconsolado el amor! Su alma levita sin rumbo por cada rincón y sendero, por cada catacumba escondida en el cielo; en cada lugar por donde se dan las lluvias de meteoros; en cada espacio célico por donde aparece la constelación de Tauro y Las Pléyades o "las siete estrellas calientes y hermanas"; en cada precipitación anual de las chispeantes Oriónidas (entre octubre y noviembre) sobre la aurora boreal; o en cada tantos años cuando uno que otro cometa nos trae sus buenos presagios y los temidos augurios del mal.

El amor no ha despertado. Por el aire viaja su aliento, su dolor y sufrimiento. Aún palpita su sombra en los vahos viles de la exasperación. Se ha desangrado en la arena de la desilusión. Sus lágrimas lastimosas caen en eterna angustia, lastimando los pétalos luctuosos de la rosa negra a la que sus propias espinas le hincaron el alma y le secaron los sépalos que protegían al pistilo en su interior.

Deshojado en un adiós, como madeja de lana enredada y rodando por un laberinto incierto, el mayor de los afectos se siente como un grano de arena que transita con el viento ululante por las dunas secas de un desierto árido, tenebroso y sin oasis. Es por eso que no quiere abrir los ojos. Preferible hacerse el muerto a volver a padecer lo que ya padeció y no estaba supuesto.

Y, así, entre eternos cavilares vuelve a sumergirse en las cuatro letras ininteligibles que le componen, las que se ahogan en las aguas revueltas de esta vorágine... en las frases humeantes y huracanadas que yacen desparramadas allá arriba en los manuales divinos, enrollados y lacrados por los "devas" secretarios –los alados asistentes celestiales... ellos, los excelentes amanuenses y escribanos-.

El techo terrenal obscurecido llena el entorno de temor. Una fuerte tormenta amenaza con caer e inundar todo en derredor. El miedo acecha como hoja de cuchilla o de machete por desvainar. Los rayos caen y sus destellos plateados y electrizantes llaman a reflexionar y a comprender lo que nadie puede imaginar: *"el pesar ajeno que destroza a quien se entrega por completo a quien no le supo amar"*.

Ante tal situación, el corazón se destroza. Las tiras de sus carnes se esparcen por doquier. En cada bombeo presuroso que da, su sangre circula y se escurre entre las grietas donde se esconden las excusas dadas por las dudas en los caminos inexpertos donde agonizan los porqués.

Mientras, la lluvia cae con gotas gordas y pesadas mojando hasta dejar agobiadas a las hojas de todos los árboles. Los mirlos y jilgueros cantan sin temor desde sus nidos, en una meditación profunda que llama a las almas de las Musas y las Divas que aún no han nacido. Las cigarras dormitan bajo las ramas frondosas de los almendros. Sale el arcoíris. Sus siete colores se han desplazado por la bóveda bicolor que aún se viste de gris. Y los canarios unen sus coros a los cantos de gozo de los mirlos y jilgueros; las aguas de los ríos también se les unen cuando al pasar escuchan las notas musicales de sus alegres trinos.

El aire se despliega sobre el lienzo invisible con que se ha de cobijar el sentimiento mortecino; y, una línea se refleja perdida en los colores delineados por la altura celestial. Parece que el mejor pintor, aquel que tiene los derechos reservados sobre las bellezas de la creación, fijara firmemente la lona al caballete para dejar entrever donde yacen las ideas dispersas e impresas, esperanzas estas que deben inyectarse como una vacuna a las volubles errantes que, como madres hurañas protegen en sus entrañas al afectuoso huésped.

El amor aun somnoliento ve a las comparaciones simuladas divagar cual hojas otoñales o mariposas que se adueñan de la hermosura del ambiente, llenándolo de vida, de gloria y esplendor; y, todo lo que antes de huir fuese un boceto semi dibujado en carboncillo, sepia y gris, ha vuelto a nacer resignado para llenar de colores el efímero, desfigurado y polvoso sendero pedregoso, donde se ocultan las cartas del tarot que auguran lo que está por vivir.

139. RETROSPECCIÓN

El pasado y sus épocas profundas abrieron de nuevo las heridas. De cada cicatriz supuran los dolos, las angustias y los sinsabores; estos sentimientos inevitables afloran porque el tiempo no supo desvanecer las cadencias cruentas que llevaba a cuestas la miseria absoluta de sus horas funestas.

¡Retrospección activa!

Se coronaron los lustros y las décadas con perlas engarzadas en las diademas. Las joyas "ostracinas" -níveas y negras y marfiladas- al toque caluroso de los rayos del sol y tras los halos de las centellas nocturnas, electrizantes y célicas -desde mi testa entrecana y aturdida- cual oro reluciente brillan; y, desde las colinas se desprenden las notas de un acordeón que añora aquella melodía que alguien compuso al ser amado con pasión y melancolía.

Se angustian los instantes perdidos como gansos y golondrinas cansados de volar en su emigración anual buscando el Norte o el Sur. Las alegrías se extraviaron tras del verdor opaco de otras gemas. Los ángeles morenos -con sus alas pintadas en ocre- emergen de las profundidades de los océanos y son arrastrados por las rachas bravías del aire -que sopla de Este a Oeste- elevándoles de nuevo a su morada celeste. Las lágrimas que derraman los ojos viajan confusas como abejas al centro de las pupilas obscuras de los girasoles de amarillo intenso, porque ellos sienten la nostalgia que invade a mis sentimientos andariegos. Con la mirada perdida por el lugar en dónde por última vez lograra ver al amor, allí se detienen a contemplar al piélago marino cómo deseando averiguar o preguntar a cada ola en dónde lo dejé perdido.

Los cantos de los pájaros azulejos se desprenden agónicos de sus nidos suspendidos en lo alto de los limoneros, mientras las subliminales notas del acordeón siguen sonando, escuchándose como una cascada que se desgaja colina abajo mezclándose con el bullicio que hacen -al caer marchitas- las hojas de los higos y ciruelos que alfombran de chirriante color café el terreno. Las flores silvestres saludan con ánimo cuando abren sus chotes al albor y los búhos blancos cantan su sabiduría a las gotas de rocío que caen invisibles dejando al reventar el dulce olor del petricor a su contacto sudado con la tierra semi seca, agrietada y casi húmeda.

Mi alma trastornada ante lo acaecido busca consuelo, mas, no encuentra el remedio para curar las heridas viejas que, en su andar pausado, finito y errante, reabriera la vida. El destino andrajoso -su fiel y sugestivo amigo- es testigo vitalicio de este adolecer... no hay nada que cierre otra vez lo que tanto me hizo llorar y padecer.

Y, sigo... no he de detener mi andar. Si las cicatrices se abrieron de par en par, no me queda más que el ingenio para volverlas a suturar y asegurar con ello que no reabran jamás.

140. ALGUIEN SABE ¿A QUIÉN CANTA EL POETA?

El poeta está hilvanando sus versos sobre la casta hoja del papel virginal. Todo yace guardado en su imaginación. Se embelesaron sus sentires y los aromas del campo, soltaron toda su nostalgia; esa pasión del ánimo que se anidaba en cada una de las lágrimas derramadas con descuido por la tristeza -el día aquel en que se juntaron el dolor y la esperanza superflua-.

No encuentra el versador el tamaño de su horma... se pasea meditabundo y acorralado piensa en si sus letras fueron hechas para algún personaje especial o para algún ser humano que vaya a necesitar de ellas en la posteridad. Y hasta hoy, nadie ha sido capaz de dilucidar ¿qué tiene en la mente el rapsoda que desea ansiosamente los destinos cambiar?

Él corre ligero. Va contra las agujas del reloj que se desplazan -con su lentitud sorprendente- sobre los arremolinados arenales del tiempo. El otoño gris de la vejez ajó su cara y, sus sienes plateadas, le recuerdan la lozanía arrebatada por los suspiros de los años que transcurrieron así, como el polvo que levantaran sus pies agrietados en su andar errante y bohemio por la vida. Y, como si nada, creyó se despediría con garbo cuando llegara el día de su partida definitiva. Dejaría plasmado en tela, con el aceite imborrable de varias semillas de aguacates: sus momentos de agonía, sus pesadillas, sus cuentos sonsos y sus picardías.

Los anhelos se fugaron con sus primaveras junto a los últimos suspiros que dieran sus añoranzas -cuando se perdieron tras los verdores de las cúspides altaneras de los cerros azules y las agrestes montañas-. Fue en ese empinado y enaltecido trayecto, que vio a una nube desaparecer ante la mirada atenuada de sus ojos negros, que se fijaban extasiados en el ancho firmamento. La nívea peregrina, por la bóveda célica, feneció al paso, pues sus pequeñas y pesadas piedras de hielo se disolvieron dentro de un cálido rayo solar. Él, el imaginador y tejedor de quimeras, solamente escuchó los susurros nostálgicos de su llanto derramado como brisa, el que el viento con sus rachas retrecheras muy lejos arrastró, evaporando cada gota de prisa, como en un sonar de dedos o como en un fugaz pestañeo.

El bardo -pensativo- se sentó por donde se alzaba plácidamente un vergel antiguo de rosas, magnolias, no-me-olvides y margaritas. Su grafito se contoneó por las rayas difusas de su viejo cuaderno. Escribió describiendo con asiduidad: a los amores que no llegaron; a los afectos que se fueron; a los cariños olvidados; a las frustraciones; a los causales de las desventuras y las perfidias; a las tristezas adversas que siempre vistieron sus mejores galas; al desconocimiento de las larvas que, al abandonar sus crisálidas, mágicamente se convertirían en las Hadas aladas y coloridas de la ignota naturaleza.

Las emociones se llevaron de una en una sus metáforas. Los ritmos, rimas y musicalidad de sus composiciones, desaparecieron tras los halos humeantes de la sonoridad de los ecos que -a destiempo- dieran los bostezos del silencio que dormía y soñaba su mejor sueño; todo ello adherido a las confesiones que hiciera a su consciencia su corazón herido, el que se estremecía recogiéndose contrito, como lo hace el gusano que se esconde en la profundidad de su concha, porque solamente ansía dejarse arrastrar y no quiere escuchar los ronquidos tenebrosos de las aguas en vorágine con que se viste el mar.

Ni con las trovas consiguió olvidar el rimador la inconsciencia que le produjeran las penas amargosas que le marcaron sin piedad. Mas, todavía cree y piensa que algún día ha de encontrar la frase poética que desarrolle -con exactitud- la incógnita con que se reviste -desde hace siglos- la formulación patética que prescribió el inventor al querer conseguir la genialidad del placer y el producto de la alucinación que causa con estupor flamígero el éxito. Para él, tratar de lograr eso, era alcanzar -sin duda alguna- lo que todos hemos bautizado con el fútil nombre de felicidad, bienestar o contento.

Y, entonces... ¿alguien tiene algo más por agregar al respecto?

141. VIAJE ASTRAL

Imágenes frágiles y en blanco y negro divagan de un lado al otro detrás de los telones que, entre candilejas, se suspenden oníricamente. Guirnaldas de hiedras, violetas y amapolas parecen hacer -al inclinarse- una eterna reverencia hacia las butacas que se yerguen en la obscura platea. La mente deambula por los senderos que diariamente transita Morfeo, quien honra y hace pleitesía a Eros ante el desparramiento opaco, de medio luto y grácil que da poder a tan sutil belleza.

El negativo del aire abruma a la consciencia. En esta travesía un ánima atraviesa un túnel luminoso, lóbrego y sin final. Ella vuela con alas ligeras hacia la eternidad y se siente ascender plácida como un rayo solar esparciéndose con los rosáceos desprendimientos de la aurora -al amanecer- o sobre un cielo quebrantado en los albores del ocaso; o... así, como un destello claro de luna vagando por el universo dolorido del todo, fraguado en solitario con los mazos luminosos, con esos martillos que fueron fundidos con los fragmentos que soltaron un día cualquiera meteoros y estrellas.

Se complementa su viaje astral y, desde arriba, en la quietud del ambiente que rodea su separación, observa a intervalos su vestido yerto y aún cálido, reposando a un lado del ancho colchón en que dormía y, a la par de él, estaba el cuerpo abrasador de su amado que, ensoñado, no se ha percatado que se ha quedado solo con sus almohadas y con los peculiares olores de su amada, impregnados fuertemente en cada uno de los hilos que daban forma al tejido laborioso con que fueron hechas las sábanas que le cobijaban.

El alma de su esposa flotaba como una estela de humo confundida en el laberinto difuso de su propia niebla; o como un trozo de nube que se posara ocultando la sombra inquieta del gato gris que asomaba su pequeña cabeza por el tejado quebradizo de la habitación.

Desde la altura escucha lentamente el tamboriteo apresurado que va dando el corazón de quien le acompañó por los caminos que anduvo intentando desmarañar las tretas del destino. Desea poder bajar y darle en la mejilla el último beso, el de la despedida. Entonces, siente cómo hacia él le hala la fuerza del hálito animado que tiene el magnetismo del sentimiento amor.

Un impulso superior la empuja y se siente atraída como por un polo a tierra. Levitando de prisa, atraviesa nuevamente el tubo que conduce hacia el viejo portal, ese mismo pasadizo que se erguía -con hendijas por doquier- como una enredadera desde el techo quebrado. Y baja e ingresa a su materia yerta, que se zangolotea como un mar en reversa cuando su ánima -abruptamente- a ella ingresa y, solamente el gato gris, de cabeza pequeña, entre un maullido y otro, fue el único testigo de lo que pasó esa vez en aquella fantasiosa escena.

Vuelve a respirar. Se inclina azorada. Se reacomoda y lentamente abriendo va los ojos. Ya estaba por volver a entrar en "reverie" cuando siente nuevamente los brazos de su amor aferrándose en amoroso abrazo a su delgado y níveo cuerpo, haciendo una llave con sus manos hermosas, de dedos anchos y largos, alrededor de su cintura, justo ahí, detrás de su espalda baja y muy cerca de donde se le agitaba el pecho.

Ama y es amada. El resto de lo aquí contado no es más que una amalgama en donde se mezclaron -sin corromperse- los reflejos del alma con los añicos del rompecabezas con los que cada uno de ellos diera forma al pensamiento y emoción al corazón.

No hubo último ósculo. Todos los morreos que ha de darle más seguido a su bien amado, lo hará cuando ambos vuelvan a estar despiertos o cuando estén por ensoñarse nuevamente sobre las avenidas de aquel camino viejo, telarañoso e incierto.

142. DESNUDEZ

Hojas desnudas exponiendo su verdor engalanaban con ayeres las cabelleras del árbol que vi crecer. Esas hojas -una a una- cayeron marchitas dejándolo completamente desnudo. Fue despojado de los fragmentos que conformaban su alma. Quedaron abiertas las cicatrices. Los golpes recibidos aún yacen allí en su derredor morados, junto a las incrustaciones de odio y las reminiscencias de amor y pecado que a él le conté.

Las huellas que anduve, todo aquello que atrás dejé y que, con el tiempo desdibujé, de todo ello es testigo el erguido tronco longevo que una vez me diera sombra y sosiego. Arrecostada en su regazo, escribí relatos y cuentos; metáforas y versos; y grabé en su cuerpo para la posteridad, el nombre del amado, el nombre de ese hombre con el que soñaba pero que jamás encontré.

Me quedaba reposando y otras veces abrazada a la ancha cintura de él, sintiendo los pálpitos que daban sus venas cuando circulaba la savia de la naturaleza en su interior y eso sucedía las más veces desde mediados de la tarde hasta casi llegando el anochecer.

En "reverie" descansaba. Me parecía una ilusión saber que había sido de su vestido esmeraldino despojado. Pude ver -en algún momento dado- a los cadáveres álgidos, secos y yertos de su animosidad por los parajes volando. Vi a las bráceas viajando y disgregándose por doquier, dejando caer en el terreno sus trozos trocantes y cafés.

Se selló el transitorio viaje otoñal. Se despidió la estación de los grises y rosados del ocaso que caía cada atardecer. Mentiras, vanidades y vagas banalidades en el lienzo imaginario y heredado quedaron pintados tras la brillantez de las pupilas que escondían el misticismo que llenaba de esplendor cada "om"; y, en algunos momentos, las láminas de las navajas afiladas por la infamia y el castigo quedaban enterradas hasta la cacha, dentro del suelo sombrío y resecamente agrietado.

La hiel terminó bañando de amargor su desnudismo cruel. No había más espacio para gozar del paraguas que formaban sus ramajes tupidos con opúsculos venosos y esmeraldas. Las partículas de hojuelas se fundieron en el lago que, en sus aguas quietas y rastrilladas hundió la fragilidad de lo que quedó después de que el viento le arrancara -de sus huesos de madera- el vestido que con fe lucía cada año con hermosura deslumbrante, el cedro aquel.

Algunos negativos de las últimas partículas animadas que cayeron de sus brazos flacos dejaron tatuadas -como un collar- sus pieles húmedas casi descompuestas como una ofrenda a sus pies, cuando hubieron perdido la fotosíntesis y el aliento también.

La brizna que soplaba sublime y los flamígeros rayos de sol que -entre sus ramas desprotegidas de su traje casual- se filtraban, me despertaron y yo, tomé nuevamente el camino de reversa. Aparté los abrojos por los senderos que siempre transité para llegar a visitar a mi confidente y amigo fiel que el siguiente mes -con seguridad- se volvería a vestir con un nuevo traje tan colorido o mejor que el que le vistió ayer.

A él le tocará esperar nuevamente a que llegue la temporada en que todos sus hermanos se tornen a la fuerza nudistas, sin que hayan pasado por sus bosques ni tornados ni ventiscas.

Será hasta entonces que, el numen del que fui provista vuelva a verterse desde mi pluma pariendo más inspiraciones sobre la sobriedad de un pliego de papel.

143. LA MUERTE DEL CISNE BLANCO

Las manos del director de la Orquesta Sinfónica de Berlín se mueven hipnotizadas por la cadencia de aquella música, desvaneciéndose en altos y bajos, así, como deseando descifrar el pulso vital de algún destino patético.

Mientras en la vereda que lleva a las riberas del río Eider, cantos funerarios se escuchan. Parecía que el mundo se venía abajo. Varios ánsares blancos, negros y bicolores estaban -con entonados sollozos- despidiendo a un igual. Las ramas de los abedules hacían reverencia. Los gorriones aleteaban dando sombra al cuerpo inerte. Las mariposas luctuosas se unieron al cortejo. El viento sopló suave. La abeja reina, hizo su ritual y convocó a las Hadas de los bosques y las aguas; y convocó a los Elfos, a las Ninfas y demás espíritus mágicos. Mas, aquellas honras fúnebres agobian, tal despedida estremece. Un cisne blanco ha muerto y el cisne hembra negro sigue su cadáver que flota despacio llevado por la corriente. Se le ve exhausta y, aún va tras de su amado llorando a mares su muerte.

Canciones suaves, armonía y tristeza. Es el ritual del cisne cuando la muerte acecha. Es la oración o el mantra porque el final se acerca.

¡Intrigante adiós! El cisne blanco cantó hasta enronquecerse en su agonía, mas, era inmensa la distancia que le apartaba de su amada. Aquella hermosa ave de plumas asedadas presentía la proximidad de su partida y con aquel armonioso y gélido sonido, se estaba despidiendo por siempre de la vida.

Aquella criatura hermosa que vivió muda, en aquel último instante se vio envuelta en su misterio. Se estigmatizó ese duro momento. Fue melódico su canto mortal y con él se abrió paso hacia el portal de la muerte.

¡Funeral agobiante! ¡Qué despedida estremecedora! Un cisne blanco ha muerto y su pareja, el cisne negro hembra, con el corazón compungido llora en silencio su muerte. Su canto se asemejó a la melodiosa tragedia que encierra y esconde la 40 Sinfonía de Mozart. Es como si un último mensaje fuese transmitido a través de las notas de los chelos y contrabajos; es como si estuviesen diciendo: *"la existencia es efímera. Sintámonos dichosos de haber vivido la vida, como en una segunda oportunidad, al son de flautas y oboes".*

El cisne blanco boga. Va aterido y yerto. Se despidió con su canto. Dejó viuda a su pareja de toda la vida, quien desteñida de dolor e implorante, no deseaba ser testigo de su huida; pero, sucedió... estaba escrito ese dolo frustrante en las líneas que describieran lo que serían sus días.

Suenan los cornos y los violines, parece que sus sonidos se desgarran en las entrañas de las cúspides. En lo alto, las flautas sacuden con maestría la tristeza en aquel lapsus y, aunque la resignación no llegaba, todos viajaron en silencio detrás del cuerpo inmóvil de la nívea ave.

Sólo queda rememorar la voz del cisne blanco que se apagó de prisa, cuando se disiparon las llamas de la fogata que algún paseador hubo encendido cuando las voces de las violas y clarinetes de la Orquesta Sinfónica de Berlín terminaban la presentación entre las candilejas del teatro.

¡Despedida que estremece! Un cisne blanco murió y su amada, el cisne negro hembra, aun despedazada sigue llorando su muerte.

144. ÁLAMO

¡Uy!, ¡árbol fuerte! Quisiera como vos resistir erguida los embates con los que a diario me ha golpeado la vida. Resistir las corrientes de aguas turbulentas y frías y poder engalanarme en los inviernos sombríos, blancos y gélidos, con un vestuario como el tuyo... con tonos coloridos y rodeada de un entorno multicolor.

¡Álamo! Deseosa de anhelos, envidio tu lucha, pues débil y gris, no sé cómo emprender ni enfrentar el regreso al centro de la gran América. Temo a las facetas que he de afrontar. Me he imaginado los rostros de enfado, los tantos remilgos, todo eso que antes de partir a tierras extrañas, sin piedad me lacerara.

Me siento insegura, así, como un viejo barco que puede encallar en la roca absurda de aquel vil pasado, lleno de traición y falsedad. ¡Gritos de dolor emergen de mi interior! Alaridos lastimeros de ignominia me azoran sin piedad, incomodando la tranquilidad de la que hoy goza mi mente.

Aunque creo haber superado todo aquello y que es mi deber desafiar esa realidad que palpita latente para no sé cuándo; no deseo en esta nueva faceta ni siquiera recordar los tantos sobresaltos que -hace más de una década- me hicieron llorar.

Esta es una oblación que te hago, al abrazarme con mis dos brazos a la anchura de tu tronco, ¡oh, Álamo querido! Álamo querido que has crecido tan alto así, para proveerme de oxígeno. Revísteme pues, con la resina que cubre tu savia bendita; ayúdame a cruzar ese mar bravío y a saber lidiar con las embestidas de esas viles corrientes de hastío.

145. PANCRACIO MONTSERRAT

Es dos de noviembre de un año cualquiera. Un fuerte aroma a una planta que se quema y que nadie sabe diferenciar, impregna el altar de la iglesia del pueblo de Santo Tomás. Es el alarido estrepitoso que están dando las hojas secas de un manojo de albahaca, que chisporrotea al ser triturado por las brasas de los carbones ardientes, encendidos al fondo del incensario de hierro dorado.

Todo adentro del pequeño templo es color alazán. Acólitos y diáconos, han concluido el rezo del santo rosario. Las campanas suenan su último llamado con dolor desgarrador. El sacerdote ha salido al púlpito vestido con una sotana blanca y sobre esta, luce una casulla morada (consistente en una pieza alargada con una abertura central para pasar la cabeza, sin mangas y que cae por delante y por detrás en dos partes iguales y redondeadas).

Está por dar inicio el acto ritual por aquellos que han partido al más allá y también se despedirá la materia yerta de quien en vida fuera Pancracio Montserrat, quien yace tendido de cuerpo presente al centro del Altar Mayor, dentro de un lujoso cajón de madera de cedro obscuro; lustrado y barnizado y, con un gran crucifijo de filigrana sobre la tapa que al cerrarse, cubrirá su cara; además, el interior está acolchado y forrado en terciopelo blanco. Se puede saber que, quién talló con esmero la caja mortuoria, fue ni más ni menos que el maese Benito Cabezas, quien se había ganado la fama -por su exquisito y bien logrado trabajo- como el mejor ebanista del pueblo.

Ante tal derroche de riqueza para quien parte a su destino final, los pobladores curiosos, que se habían colado en aquel lugar, bosquejaban en voz baja: "*¡caramba!, ese féretro es el más caro de los alrededores y su valor da para dar de comer a una familia de doce por tres meses. Y, ¿vieron los caballos!... ¡son pura sangre! Con un animal de esos, todo el pueblo se alimentaría por un año"*.

Quienes querían verle por última vez, podían levantarse y ver su rostro por el cristal. Iba elegantemente vestido con un traje de "cachemir" color gris, camisa de lino de algodón color crema y una corbata de un azul críptico intenso, decorada con calaveritas negras, bordeadas con hilo plateado. Se veía sereno; el maquillista hizo muy bien su tarea. No era como otros difuntos. Este estaba hasta sonrosado y bien peinado. Entrelazaba en sus manos -cruzadas sobre el pecho- el rosario de oro blanco que heredera de sus tatarabuelos, en cuya cruz al centro, se veía resplandecer una hermosa piedra de esmeralda. Los que se acercaron al ataúd a darle el último adiós, dijeron que, por su semblante sobrio, parecía haberse ido en paz con la vida y con Dios. Sin embargo, un fuerte olor a alcanfor y a formalina que emergía desde el interior de aquel cajón sacó a los presentes de sus cavilaciones... ya el descarnado, estaba oliendo a cadáver... se sentía flotar en el ambiente, un tenue y desagradable olor a muerto.

Inició la misa. A la mitad de la segunda lectura, los presentes murmuran entre sí. Se crisparon los ánimos entre los familiares (quienes nunca se dignaron a visitar a su pariente en vida) y el libre albedrío se hizo sentir ante la inusual presencia del "albacea", o sea, la persona encargada de hacer cumplir la última voluntad del difunto y de custodiar sus bienes hasta que se repartan entre los herederos. Se trataba, ni más ni menos que, de doña Alberta Bélanger, de origen francés, quien no era bien querida en el lugar, por considerársele "burgués" y, el abogado del difunto, el licenciado Patrick Ibáñez, quien era su mano derecha y quien manejaba todos sus menesteres legales.

La trifulca se armó a tal punto, que el sacerdote no pudo continuar con el ritual de las exequias de Pancracio. Ninguno sabía si había sido beneficiado con la distribución de los bienes, cuentas de banco, etc., que hubo acumulado el difunto en vida. Otros, decían que con toda seguridad le había dejado toda su riqueza a la "vieja esa" (en directa alusión a la señora Bélanger) quien fue su pareja por quince años y que, además, había heredado de sus parientes en Francia, una gran fortuna; detalles que aquellos ingratos desconocían.

Doña Alberta Bélanger y el licenciado Patrick Ibáñez, salieron bien librados, cuando la señora Belánger dijo a los presentes, con acento afrancesado: *"él le heredó las cuentas de banco a la Parroquia de Santo Tomás, conocida como el ´Templo de los Picos Azules´ y los bienes materiales y el edificio de doce apartamentos, son para las monjas del asilo de ancianos";* y así, fue dando a conocer los nombres de los beneficiarios y de cómo debía de ser distribuida la fortuna de su compañero de vida.

Concluyó diciéndoles: "*se quedaron sin nada, bola de interesados, parásitos, advenedizos, convenencieros, sinvergüenzas. Vayan a trabajar y no anden especulando con lo ajeno. Todos ustedes, sin excepción, no pasan de ser una bola de serpientes destilando su veneno al centro de una covacha de alacranes comiéndose a su madre entre sí*".

Pero, con lo que no contaban era con que, quienes llegaron por allí a curiosear, armaron su propio plan... se robarían los animales "pura sangre" que halaban el carruaje fúnebre al Campo Santo; esperarían a que cayera la noche y profanarían la tumba, para hacerse del rosario de oro blanco y de la esmeralda de verde obscuro traslúcido y resplandeciente, que del crucifijo de este colgaba; además, le quitarían al difunto los doce dientes de oro amarillo con los que presumía en vida su holgura económica. Así, se escondieron tras de los manglares y palmeras que daban sombra a otras tumbas, esperando el anochecer para proceder a entrar y violar la paz que inunda a los pobladores del más allá, tras los resquicios de la noche donde muchos han escuchado los silbidos de la muerte.

Al final, ninguno de los que estaban atiborrando la iglesita, acompañó al deudo a su morada final.

Solamente estaban en el cementerio doña Alberta, el abogado Ibáñez, el cura, el sepulturero y el lapidario a cargo de grabar el epitafio: *"aquí yace Pancracio Montserrat, el amado por unos, odiado por otros y olvidado algún día, por todos"*. Concluida la tarea, todos se fueron a descansar a sus casas.

Eran las once de la noche. La hora acordada en que los profanadores, entrarían a la cripta de la familia de Pancracio Montserrat. Así, con linterna en mano, comenzaron su trabajo. Abrieron con mañas la cerradura de la puerta de hierro negro. Entraron con sus picos, palas, linternas encendidas, costales, cuchara de albañilería y demás instrumentos que utilizarían para llevar a cabo su plan. Por fin, ubican la lápida de Montserrat y se disponen entre todos a correr la gruesa y pesada losa de mármol negro y blanco y... ¡sorpresa! El cadáver no estaba dentro. El cajón estaba vacío. ¿Qué pasó con el finado?

Un terrible escalofrío les recorrió el cuerpo. Unos estaban helados de miedo. Otros, deseaban correr y alejarse, pero no pudieron. Solamente escucharon una tremenda carcajada que se dejaba escurrir por entre los respiradores del mausoleo y la sombra de Pancracio que se desvanecía bajo los corvos destellos que despedía la luna, cómplice de los hechos.

Nadie se dio cuenta de lo que pasó allí. Los quince involucrados, simplemente desaparecieron y nadie supo de ellos hasta dos décadas después. Veinte años pasaron para que en realidad muriera el millonario Pancracio Montserrat, quien decidió montar esa farsa para saber realmente quién era quién en su familia; entre sus llamados amigos y los mal llamados fieles y conocidos.

Cuando realmente llegaron a sepultarlo, se encontraron con aquella dantesca y aterradora escena... quince esqueletos medio vestidos, aun con sus sombreros de palma raídos cubriéndoles el cráneo; con los picos y las palas y otras indumentarias, sostenidas por las falanges largas y huesudas que dieran forma a sus manos; asimismo, otros instrumentos que llevaran aquel día fueron encontrados dispersos en el suelo, que estaba alfombrado por unas cuantas hojas secas botadas por las cabelleras hirsutas de los árboles de mangos que, fueron arrastradas -de alguna manera- al interior del sepulcro.

Y, eran diez más cinco individuos los que estaban allí mostrando sus osamentas, con una placa sostenida por una cadena de acero inoxidable que les colgaba de los huesos del cuello y les caía sobre los del esternón. Esas láminas, en uno de sus lados, tenían el nombre de cada uno y al reverso, una frase fríamente conmovedora: *"yo soy uno de aquellos desleales que traicionó a quien me ayudó más de una vez cuando lo necesité en vida"*.

Al fin, el resto de los pobladores se dieron cuenta del destino que tuvieron los desaparecidos del pueblo, cuyos restos fueron trasladados a los nichos del osario de los comunes, en pequeñas ollas de barro cocido y húmedo. Pero ¿quién pagaría por aquellos quince decesos? ¡Nadie!, pues Pancracio Montserrat que simuló décadas atrás su fallecimiento para cometer tales hechos, ahora sí que estaba de verdad gélidamente enterrado y yerto.

146. AQUELARRE DE BRUJAS

Aquella mujer -Ovidia, se llama- aún guarda las reminiscencias de su idoneidad. Aun queda en ella los fieles rescoldos de su identidad. Se le ve recogiendo en las hondonadas con niebla que hay en los bosques, las hierbas que usa para hacer los brebajes, los filtros de amor, los amarres perpetuos, los ahuyentadores de las malas vibras y otros más que, cuando llega a la cueva que le da cobijo, pone a cocer en el horno de arcilla, que además le sirve para calentar, ese rinconcito que encontró por allí y que considera su hogar. Allí es donde hace los conjuros que le han de librar de todo peligro y mal, cuando presente sus sacrificios en los oráculos, donde diariamente suele llevar sus ofrendas y orar.

Mas, en su contra se hubo tejido un ardid. El surco fue arado, mucho antes de que ella fuera condenada sin haber confesado pecado. Todo lo que hicieron en su contra con alevosía, fue movido por la envidia.

Animales fueron sacrificados a la hoguera para hacerle daño. Utilizaron para aquel conjuro, hebras de cabellos de sus antepasados; e hicieron el trabajo que lacraron con las lágrimas calientes que hubieron soltado siete velas negras, cuyas llamas tenues y raquíticas, lentamente las hicieron agua, sobre los hoyados candelabros hebreos y dorados, en una noche de luna llena sin estrellas, en las riberas del río estrujado.

Un aquelarre de brujas era una práctica temida de aquellos tiempos y como ellas gozan de inmortalidad, lo hacen camufladas en la actualidad. Usan plantas raras y animales exóticos para sus rituales, además de otros ingredientes que obtienen profanando tumbas en los cementerios. A la eterna Ovidia, le arrancaron lo más preciado que tenía: razón, talento y sabiduría; para subastarlos al mejor postor y así ella dejaría de existir cuando la compra fuera concedida.

Le congelaron las ideas con los inviernos blancos de noviembre, diciembre y enero y sobre la piedra ardiente consagrada a algún raro dios, dejaron caer en las llamas altas y brillantes de aquel extraño fuego, las plumas coloridas y el pico corvo de un guacamayo hablador, los pelos que hallaron y parte de las osamentas de seres queridos, pedazos de uñas y falanges del dedo corazón.

La bruja aquella era buena. Nunca se supo que le hiciera daño a algún mortal; al contrario, cuando la buscaban, ella procuraba siempre más el bien que el mal. Nunca cobró por una sesión ni mal vendió consejos ni espiritualidad. Pero, no tenía idea de la fechoría que le habían hecho, hasta que sintió ciertos indicios, como agujas flamígeras que le atravesaban los poros y el pecho. Esas señales fueron el detonante, la alerta para que se decidiera a buscar ayuda.

Predispuesta ante tales sucesos, se dispuso a subir a la cima del acantilado y vio desde arriba, reventar a las olas del mar. Hizo la consulta a las Hadas de las aguas y estas le leyeron la cartilla de su fatal realidad y le aconsejaron:

> *"Te han despojado -dijeron- de toda la sabiduría que te ha hecho llegar hasta donde hoy estás y para poder salir de todo eso, de rodillas has de subir al oráculo de Minerva (diosa de la sabiduría), meditar allí y recordar que, el árbol de la vida que se menciona en la Sagrada Biblia, es la planta de la marihuana, conocida desde siempre como "la hierba de la sabiduría", su uso es sagrado para los seguidores de Ras Tafari, antiguo emperador de Etiopía, en quienes*

creen los jamaiquinos; por lo que un buen manojo de "cannabis" quemado como dádiva a Minerva en tu ritual, hará que recuperes toda la sabiduría que te han arrebatado y -además- te acercará a tu ser interno espiritual y al Dios hebreo (el verdadero amo del universo y quien gobierna todo lo movible e inamovible de lo que es Creador). ¡Ah! -continuaron-, también debes lucir como uno de ellos, como un "rastafari": has de llevar el cabello largo en mechones enredados, la cabeza cubierta con un gorro de colores y comer por diez días sólo vegetales verdes. Debes ser tan coloquial como quienes practican ese credo.

Has de adicionar a tu medicina ancestral, siete hojas de muérdago para revertir el mal a quien te lo envió; embrujo que seguramente fue hecho en época de adviento y navidad; pues solamente así habrás de recuperar tu voluntad; y, no olvides llevar seis ramas de ruda acabada de cortar, para ahuyentar a los malos espíritus".

E hizo Ovidia todo lo que le indicaron las Hadas de las aguas marinas. Pudo así visitar sin temor al concilio de las brujas que se atrevieron a arrancarle su personalidad y sus atributos naturales. Cuando llegó, ninguna sospechó que estaba curada y protegida por aquel ritual que ofreció a Minerva y al Dios hebreo, Señor y amo completo del hombre y el universo.

Cuando inició la sesión, la bruja mayor, Meda, con lujo de hipocresía le invitó a hacer la inicialización. Todas las demás estaban vestidas con túnicas blancas, zapatos rojos y sombreros negros. Nunca sospecharon que ese sería el día de su fin. Y ella, sostiene y afirma sus decretos y las oraciones que llevarán -sin levantar sospecha- a la erradicación de las maldiciones que las presentes allí le dijeran a ella. Y comenzó entre líneas:

> *"Me postro ante la presencia de Jesucristo y me someto a su poderío. Me fortalezco en el Señor y en la fuerza de su Poder. Me revisto de las armas de Dios para poder resistir a las acechanzas del diablo.*
>
> *En pie, con la cintura ceñida con la verdad, y revestida de la justicia como coraza, embrazando siempre el escudo de la fe, para poder apagar con él todos los encendidos dardos del maligno; tomo también el yelmo de*

la salvación y la espada del Espíritu que es la "Palabra de Dios".

En el nombre de Jesucristo Crucificado quien murió y resucitó, ato y amordazo a todos los espíritus del aire, de la atmósfera, del agua, del fuego, del viento, del suelo, del subsuelo y del infierno.

También ato y amordazo a cualquier alma perdida que pueda estar presente, y a todos los emisarios de Satanás, o a cualquier reunión de brujas o hechiceros, o adoradores del "ángel caído" que pudieran estar presentes en forma sobrenatural.

Reclamo la sangre de Jesús en el aire, en la atmósfera, en el agua, en el fuego, en el viento, en el suelo y sus frutos, así como a nuestro alrededor; también en el subsuelo y en el Infierno.

En el nombre de Jesucristo y con su preciosísima sangre, sello este lugar.

En el nombre de Jesucristo prohíbo a cualquier espíritu inmundo, a reuniones de grupos satánicos o a emisarios, o a cualquiera que esté relacionado con ellos, súbditos o superiores, a hacer daño o tomar venganza en contra mía o en contra de mi familia y amigos, o a causar cualquier daño a cualquier persona con quien nosotros tengamos trato.

En el nombre de Jesucristo y por los méritos de su preciosísima sangre, yo rompo y disuelvo cualquier maldición, hechizo, sello, conjuro, brujería, atadura, avaricia, lazo, trampa, artificio, mentira, impedimento, obstáculo, decepción, diversión o distracción, cadenas espirituales o influencia espiritual; también cualquier enfermedad del cuerpo, del alma, de la mente y del espíritu que haya sido impuesta sobre nosotros o en este lugar, o en cualquier persona, lugares y cosas mencionadas por cualquier agente, y también lo que nos puedan causar cualquiera de nuestros errores o pecados.

Y ahora coloco la cruz de Cristo entre mi ser y todas las generaciones de mi árbol genealógico. En el nombre de Jesucristo, no habrá comunicación entre generación y generación. Toda comunicación será filtrada a través de la preciosísima sangre de nuestro Señor Jesucristo.

María Inmaculada, protégeme con la luz, fuerza y poder de tu fe. Padre, manda a tus ángeles y santos en mi ayuda. Gracias Señor por ser mi sabiduría, mi justicia, mi santificación y mi redención. Me entrego al "misterio" de tu Espíritu Santo y recibo tu "verdad" relacionada con la sanación intergeneracional. Amén".

Dicho lo anterior, ella pudo ver como caían una a una todas aquellas que en el concilio tramaron el ardid que le hizo tanto daño en tan poco tiempo. Solamente quedaron sus atuendos tirados en el suelo, como si hubiesen sido exterminadas por un rayo láser. Todas fueron en cuerpo y alma eliminadas eternamente de la faz de La Tierra... al fin desaparecieron.

Y así, quienes intentaron con prisa y excesiva serenidad oprimirle el intelecto para robar su razón, talento y sabiduría, no pudieron arrancarle su fe ni su idoneidad. Y concluye Ovidia en el eslogan que reza: *"siempre el bien triunfará sobre el mal, es tal cual".*

147. A LA INTEMPERIE

Por el lóbrego y largo camino del destino caminé una noche de invierno, así, perdida a la intemperie, bajo la inclemencia del frío que quemaba la piel con sus ráfagas que eran como cuchilladas gélidas y que me hacían imaginar lo que sería arder en alguna caldera del infierno, con los diablos y las ánimas penantes que purgan allí todo su malestar.

Había perdido la fe en lo más sencillo; la confianza en los amigos, la familia y también en mis seres más queridos.

El júbilo de los sentimientos se confundió en la telaraña tejida por lo incomprensión, a lo largo y ancho de la coraza blindada, que recubría celosa, las paredes palpitantes de mi agobiado corazón.

Los celos y la envidia -compadres del descontento- fueron objeto de toda intriga, culpando y señalando diariamente al desamor. El orgullo se detuvo con la inercia asombrosa de las agujas del reloj que detuvieron su andar; y, con ellas, se pasmó el deseo de mi espíritu andariego y la urgente necesidad que tenía de pedir perdón para obtener piedad.

Sentí el ardor que causaron los instantes dolidos y también el calor que me produjeran los tantos momentos hermosos que, en algún tiempo hube vivido; el pasado me marcó y dejó su huella en la arena de esa costa árida en que hubo convertido la tristeza a mi interior.

Palpitan los sucesos lastimeros del presente sobre los "ayes" del futuro que cabalga ajetreado por doquier sobre el lomo brioso del caballo al que alguien llamó "misterio" sin saber por qué.

Lo que aún está por venir, eso que presiento y no sé si tendré, es la duda que me come, por la vergüenza que callé, pues, no existe nada a la vista para llenar de gloria la existencia y de amores al querer.

He caminado a la intemperie muchas veces y lo sé; mis pasos errantes no me llevaron a ninguna parte y yo, simplemente lo olvidé.

El cielo me cobijó con su negritud y me resguardó de la impotencia; y, fue así como se esfumó el vacío que me causaran las heridas sangrantes. La ansiedad despechada cicatrizó coadyuvando a que olvidara al cariño ingrato que -cuando consiguió lo que de mí quería- alevoso me olvidó.

Dejó de circular el deseo por mi lecho y, en mi pecho, no bombea más el corazón la sangre por mi cuerpo; los genes se retuercen y se transfiguran, mientras yo, siento morirme en cada intento que hago por superar lo que pasó, deshaciendo el entramado que el destino me tendió.

148. VALKIRIA, LA DANZARINA DE POLKA

Los ecos se devuelven al estrellarse entre las rocas erosionadas por el sol, el viento y la sal. Las venas de los ritmos parecen explotar. Todo es alegría en aquella noche de verbena a la orilla del mar. Las carpas habían sido distendidas por doquier. Bailes, cantos, juegos y demás entretenciones, brotaban a lo largo y ancho de la arena para todo aquel que quisiera llegarse a entretener, degustar y disfrutar.

Se siente el acompasamiento de "la polka". Las jóvenes bailan con sus faldas anchas, de talle alto ceñido a la cintura, vistosas en un rojo brillante y satinado. Sus zapatillas, eran de charol, acordonados y de medio tacón. Sus blusas de lino blanco y mangas de tres cuartas.

¡Qué movimientos folclóricos los que llevaba la bohemia!

Las notas musicales bajan y se filtran entre el verdor de los chilamates y las llamas altas de todas las fogatas encendidas a lo largo de la costa. La celebración escandinava, se estaba llevando a cabo, bajo la luz selénica que alzó su foco inmenso de Oriente a Poniente, sobre el espejo oscuro de las aguas del piélago marino.

Valkiria, la mejor danzarina de "polka escandinava" estaba allí presente. Su abuela Kayra, le había dicho que su nombre fue escogido de sus antepasados vikingos por su significado que era: *"La que elige a los muertos" o "conocedora de los misterios de la victoria"*, pues con él estaría a salvo en cualquier circunstancia o adversidad que se le presentara en la vida, ya que bastaría con hacer un ritual lunar en fase llena, para que le fuera concedido el más imposible de sus deseos.

Era una joven frágilmente bonita. Su cabello negro y su tez blanca contrastaban con sus ojos azules y su boca de carmel. Para otros que creían en el Dios de Israel, debió llamarse *Amaris*, que en hebreo significa *"hija de la luna"*.

Todo estaba transcurriendo a las mil maravillas. Los meseros distribuían el vodka, en altos vasos de madera. ¡Cuánta algarabía! Las visiones escondidas salían de sus guaridas; los enamorados se enamoraban más; el mar estaba apacible, no se le escuchaba roncar embravecido y los cangrejos blancos se veían correr junto a las tortugas, ambas especies prestas a desovar.

Las ruedas de las ruletas con sus numeraciones en blanco dentro de pequeñas separaciones pintadas en colores rojos y negros giraban en aquella fiesta mensual nocturna.

Ese día, Valkiria, iba decidida a hacer una pequeña apuesta al número aquel... al "siete negro", pero, antes, hizo un ritual poco conocido a la luna llena y si ésta le concedía la ganancia que necesitaba, le prometió danzar para ella siete veces cada vez que estuviera en la fase en la que le solicitó que tal favor le concediera.

Era la única mujer que estaba apostando en la mesa de juego. El nerviosismo de los jugadores era notorio, pues, según hubieron murmurado en nórdico escandinavo y entre frases de barriada: "lo hemos perdido todo y casi no nos queda nada" o sea... "*vi har mistet alt, vi har nesten ingenting igjen*".

Valkiria los escuchó y no le puso mente al comentario aquel. Vio girar la rueda con fuerza. Las manos le sudaban y ella se tronaba los dedos. Pasados unos segundos, comienza a detenerse la ruleta lentamente y la pequeña bola de acero cae justo en su número... "¡siete negro!" -grita el croupier- y le pasa a la ganadora el fajo de billetes que ganó, el que ella estaría usando -junto a lo que le pagarían por bailar esa noche- para comprar las medicinas caras que urgentemente necesitaba su anciana abuela Kayra, para aliviar un poco su padecimiento y dolor.

El resto de los jugadores no estuvieron contentos con el resultado del juego y planearon una celada para "recuperar" lo que la joven limpiamente les había ganado. Esperarían a que Valkiria bailara la última pieza para la que siempre era contratada... *"movimiento perpetuo"* -se llamaba-.

Pasaron unos minutos. *Hans* era su prometido y compañero de baile. Ella lo había escogido para que formara parte de su vida, por el significado que encerraba su nombre -heredado de sus antepasados Vikingos- y que era: *"Dios ha sido amable"*; además que sumaba a éste, sus buenos modales, preparación académica y caballerosidad. Con él, ella se sentía protegida.

Llegó la hora del último baile. Las fogatas de la costa se habían achicado un poco. Algunos de los que danzaban en derredor de estas, se habían levantado a caminar chapoteando las olas quietas de la marea que reventaban sobre sus pies sin fuerza, al comenzar su viaje de subir y bajar. Otros habían decidido presenciar, la última danza que era concedida siempre, a la mejor bailarina del lugar.

La música comenzaría a sonar al compás del acordeón, del violín, de la mandolina, el contrabajo, el clarinete, la tuba y el címbalo húngaro. Valkiria está ya preparada en la tarima que se alza al centro de todas las carpas erigidas en la costa. Hans, se hubo ubicado en el otro extremo de donde ella estaba y va vestido con una camisa blanca de lino, pantalón negro de dril y botas negras de medio tacón; decidido tomó posición, y se le ve sosteniendo con su mano izquierda el sombrero de tela obscuro que usará en la exhibición.

Ella, se hubo escondido el dinero que ganó en el juego, en el pretil de la falda que ceñía su cintura para evitar perderlo. Los perdedores pensaron que lo había guardado en algún sitio de los vestidores donde los artistas solían cambiarse el atuendo.

Mientras Valkiria y Hans danzan la "polka", los individuos desbarataron el cuarto de cambio de vestuario. No encontraron nada, sólo a los celadores del lugar, que los apresaron.

La pieza concluyó y Hans y Valkiria, abrazados se fueron de la festividad. Ella le pidió detenerse en la cúspide del peñasco más alto (el que había utilizado como oráculo para solicitar el favor aquel); tenía que cumplir con la primera danza ritual que le prometió a la luna si le concedía en el juego ganar.

Él respetó y comprendió y pacientemente esperó a que ella concluyera con lo que prometió. Luego, pasaron por la farmacia de turno y compraron las medicinas de la abuela Kayra (que, en castellano, significa "Pacífica") y él se fue para su casa, mientras a ella la dejó a buen resguardo en la suya.

Temprano en la mañana del día siguiente, uno de los guardas llegó a tocar la puerta de la casa de la joven bailarina de "polka", para informarle que uno de los presos había confesado el porqué hubieron destrozado el cuarto que los artistas ocupaban para cambiar su vestuario. Ella se quedó asombrada. No podía imaginar lo que sus oídos estaban escuchando. Dio las gracias al informante y después que éste se fue, se quedó cavilando en aquel mal proceder.

La abuela Kayra, sabia por sus años y quien hubo escuchado el relato aquel, le dijo:

"Du og kjæresten din er beskyttet. Han for den øverste Gud og deg for den verden av de døde, av frekke forfedre og deres mysterier; det, uten å gå til side månen som på den annen side gjorde sin del".

O sea:

"Tú y tu novio están protegidos. Él por el Dios Supremo y tú por el mundo de los muertos, de tus antepasados descarnados y sus misterios; eso, sin dejar de un lado a la luna que por otro lado hizo su parte".

Hans, quien llegó después, se enteró de lo sucedido y concluyó que, lo que dijo la abuela Kayra a su nieta, era verdadero. Sus padres le habían comentado a él en su oportunidad que, los significados de los nombres escogidos por ellos para dar a los bebés recién nacidos son como los atrapa pesadillas... amuletos que los protegen de maleficios, de males de ojo y otros singulares asuntos que son considerados como tabú por las creencias de algunos pueblos y la idiosincrasia de sus pobladores.

Decidieron entonces que, aunque tuviera Valkiria o cualquiera de ellos alguna necesidad, no recurrirían al juego para lograr subsanar la desventura. Se dedicarían a trabajar un poco más e irían a las verbenas solamente a disfrutar, pero, ella continuaría pagando la promesa que le hizo a la dama blanca de la noche, por haberla sacado de todos esos apuros que el destino tenía preparados para ella, aquel día en particular.

149. LA MUERTE DEL BARDO Y EL "IN MEMORIAM" DEL BEODO

Se ven pasar desde lo alto del balcón, las ofrendas florales que va a entregar el personal de la elegante floristería *"la exquisitez del gusto"*, la mejor del lugar, a la casa del poeta del pueblo que murió ayer; aquel que solía hacer -con sus palabras- del sol un corazón dorado y, el mismo que convertía a la luna, en la dama blanca de la oscuridad; aquel que, con su canto sublime y tierno, diariamente entonaba, los altibajos afinados de su voz, cuando escuchaba el alarido que daba el mar bravío dentro de la inhóspita concha que hubo habitado alguna larva de caracol.

Amigos y conocidos enviaron su ofertorio al sitio donde los familiares realizaban el velatorio de su cuerpo. Coronas, cruces y corazones entretejidos con azucenas, crisantemos, mirtos, lirios, corozos, nardos y los infalibles príncipes negros combinados con rosas amarillas, bajaban del camioncito blanco con el nombre del negocio resaltando en góticas letras azules, que elegantemente distinguía a la más exuberante de todas las florerías.

El cadáver del versador ya estaba siendo expuesto desde esa noche, hasta pasadas las doce del día, del día siguiente. Cuatro faroles encendidos alumbraban con sus luces amarillas la estancia donde estaban exhibiéndole. Se erguían cuadros con sus mejores fotografías, por los cuatro costados donde yacía ubicado su féretro de níquel, madera y odre; y una grabadora desde donde emergía su voz inconfundible y melodiosa, leyendo los poemas que le hubo hecho a Rossana, su viuda y diosa.

Un crucifijo tallado en plástico duro y marfilado, ubicado en un pedestal, al centro y delante de la cortina azul marino que daba vida al escenario, detrás de la cabecera de la caja que su cuerpo resguardaba, le ve entristecidamente, con la faz compungida y una mirada desdeñosa... de reojo o medio lado.

Aquel acontecimiento parecía como sacado de una novela o algún libreto escrito para una obra de teatro, pues, engañaba la vista de los presentes...el finado parecía estar perdido en algún jardín donde se abren flores variadas, coloridas y perfumadas; parecía que estaba agarrando la gloria del cielo con las dos manos.

Las tres manecillas del reloj planetario (que giraban de izquierda a derecha), adornaba una de las paredes de la sala de estar, indicando la hora... estaba marcando las diez y treinta minutos de la noche. Era el momento preciso para ir preparando lo que repartirían a quienes estaban acompañando a los familiares del difunto, que acababa de entregar su alma al Creador, en una partida repentina, pues le hubo fallado el corazón.

Rossi (como él le llamaba a su esposa) salió de su letargo a las once en punto. Se dispuso a organizar a los ayudantes de cocina. La Musa que inspiró en vida al trovador les ordenó que, a las once y treinta y cinco minutos de la noche, repartieran el café, los cigarrillos, los bocadillos, el pan simple y la repostería.

Mientras, en las mesas ubicadas al centro de la calle, los amigos del fallecido habían sacado sus barajas, para comenzar a jugar y evitar que el sueño les ganara; de repente, del fondo del callejón que se bifurcaba por el lugar, se escuchan los grandes gritos que daba un borrachito amigo del finado; y, es que, el beodo, además, y, muy a pesar de todos, era declamador y venía entonando a todo pulmón, los versos que el ahora muerto, en vida con fervor tejió.

Con lágrimas resbalando de sus ojos como fuente en un cristal, bamboleándose como un barco celoso en alta mar, se va acercando allá. Y tres trovadores que le conocían, le siguen con guitarras y guajiros para acompañarle en la presentación que hará en memoria del rapsoda.

Es así que Antenor (era su nombre, pero todos le decían *"cabeza de semilla de zapoyol"*; el zapoyol, es el hueso o semilla que tiene dentro la fruta del zapote) daría comienzo al homenaje que haría a su hermano del alma que fue entregada en esa fecha al Creador.

Sin poder contener el hipo -que desde hacía rato tenía- y sin abstenerse de dar sorbos a la botella de agua ardiente, a la que había convertido en su compañera ideal, y a la que cariñosamente llamaba *"la incondicional"*, fue así que, el tipo aquel, empezó su introducción:

"Este trago que me empino, es por mi gran amigo, aquel que desde siempre con su pluma enamoró, a la más fiel de las mujeres, a ella, la

Diva de sus sueños que hoy queda despedazada en la niebla de la bruma porque la pérdida irremediable de su amor, le ha dejado sumida en la pena y el dolor.

A él, que hoy yace yerto, vestido elegantemente con su traje de madera niquelado; a este amigo que se lleva a la tumba los suspiros del corazón del mendigo al que abiertamente con sus versares consoló. A este amigo, señores, que a pesar de saber quiénes eran sus enemigos, con su pureza de espíritu a todos valientemente ignoró y perdonó, porque pensaba que la maldad únicamente le hace mal al alma de quien inescrupulosamente en su interior la anidó; a ese que le hizo versos jocosos a la envidia y la crueldad. A ese que está tendido, allí adentro, sin respirar... a ese hermano de consciencia, a ese es, a quién le canto yo... así, con el cogollo que me late destrozado dentro de este viejo pecho de experimentado bebedor".

Todos estaban nerviosos cuando le veían darse golpes fuertes a puño cerrado al centro de su caja toráxica, la que le sonaba como un tambor de cuero curtido por rajarse; otros ya murmuraban: *"este cree que es Tarzán antes de dar su alarido, lo único es que aquí, no hay animales que vengan en su auxilio".*

Y él, desentendido de los comentarios, proseguía con su bien elaborado discurso:

> *"Y le cantaré esta noche, y la mañana de mañana y en la tarde de este día en que le iremos a dejar dentro de aquella fosa húmeda y oscura, donde su cuerpo rígido por siempre reposará. Mis cantos tristes harán eco en el sendero a la garita, ahí, en las avenidas del cementerio, empedradas con piedras canteras y zacate brasileño, tupido y ralo.*
>
> *Amigos, familiares... ¡ya no le lloremos más! Recordemos que allá arriba los "pájaros alados y divinos" han de haber hecho una gran algarabía para recibir a este que tanta falta nos hará. Imaginen nada más que él debe de estar haciendo los nuevos versos que formarán las estrofas de los cánticos que las nueve jerarquías angélicas ensayarán, para alabar todos los días al Señor de Israel, nuestro Dios inmortal".*

Y, tambaleándose en la punta de sus pies, agregaba, una y otra vez:

"¡No! ¡No! ¡No! ¡Definitivamente él está en un lugar mejor! ¡Cómo desearía haber sido yo quien se marchó! ¡Hip! ¡Hip!".

Se detenía un poco, bebía, levantaba la botella y continuaba su decir.

"Bien lo digo y lo he dicho y, seguiré diciendo más... mi amigo poeta ha muerto, y no hay vuelta atrás. Las lágrimas y el licor me están haciendo llorar por su alma que sé, ha de estar escuchando mis endechas, sentada en lo alto de la copa de algún cedro real, en alguna de las hectáreas de tierra que componen el Paraíso Terrenal.

Mas, todo es instintivo, su poesía lo inmortalizará. Nos ha legado sus poemas y con ellos por siempre vivirá. Su alma viajará donde se desplace la burbuja aquella, la gorgorita transparente que divaga por la Hueste Celestial. ¡Mi amigo, el poeta, ha muerto! Su cuerpo nos abandona y abandonó también a aquellos que rechazaran sus versos".

El bolo al final no solamente "cantinfleó", a más de alguno le cayó lo que entre eufemismo y realidad su boca pronunció. Si nos detenemos a analizar veremos que, muy poco redundó en cada idea y, a los presentes, con su intervención no confundió, más bien, se levantaron y aplaudieron en una ovación que duró aproximadamente treinta segundos, con lo que le dieron la razón.

Después de despedirse de su público espectador, se quedó dormido en el quicio de la acera a la vista y paciencia de todos los demás y apenas salió el sol, se vio a *"cabeza de semilla de zapoyol"*, encaminarse a *"el arroyito"*, la cantina del lugar, a quitarse la resaca con un litro de cususa y bocas de jocotes celeques remojados en agua de limón con sal.

Y... nadie lo vio aparecerse nuevamente por allá, con el cuento trillado de que iba a declamar las metáforas que hiciese en vida el aterido rimador, que yacía postrado boca arriba en la misma posición desde que muerto a su casa llegó.

Nuevamente amaneció. Un gallo ronco el nuevo día anunció. La gente siguió circulando por el lugar. Unos salían, otros entraban y quienes no habían podido estar en la vela, al sepelio asistirán.

Ya era casi medio día. Se acercaba la hora en que el cortejo fúnebre debía de salir. Las miradas eran híbridas. El ambiente frío y desolador. Los gozos y los temores se comienzan a entremezclar. La anciana madre que gestó al imaginador se acerca a paso lento hacia dónde está su vástago y gritando desesperada dice que anhela ver a quién van a sepultar y que está gélido allí dentro.

Cumpliendo su deseo, levantaron la tapa del ataúd; sus ojos se humedecieron al ver debajo del cristal el rostro del pequeño que hubo de incubar y amamantar. Sus sollozos, sus quejas, su desesperación, no se hacen esperar y aturdida le dice:

> "*¡Hijo mío... qué haces ahí acostado! ¡Te tienes que levantar! ¡Levántese hijo querido no me asuste más!... ¡anda mi muchachito! ¡Vuelve de nuevo a andar! ¡No dejes aquí a tu madre! ¡Llévame adónde vas!*".

El momento es triste, siniestro, silente. La mamá del versador, de aquel poeta inminente, meneando la cabeza, se dirigió a los presentes y les dijo:

> "*Por favor, no me miren con lástima... cuando pierdan a un hijo, ahí me van a contar*".

La tapa se cerró. A nadie más se vio llorar. El sacerdote llegó a hacer la misa de exequias en la capillita que tenían dentro de la casa familiar, en esa misma iglesita por donde pasaron todos los ancestros de su casta que se habían adelantado en su viaje al más allá.

Luego, salió el féretro que entre varios voluntarios subieron a la limusina negra que alquiló la funeraria; llevaba colgadas por fuera las seis coronas más caras que le obsequiaran. Las cámaras de los teléfonos celulares de los presentes se activaron. No hubo un solo amigo, conocido o asistente, que una foto de su sepelio en las redes sociales no hubiese compartido o publicado.

Hubo un hecho peculiar del que muy pocos se percataron en el trayecto. Cuando en hombros lo llevaron desde el portón del cementerio hasta la sepultura, el cielo se oscureció. Las nubes detuvieron su andar, como haciendo reverencia al alma del versador cuya materia muerta ya nadie vería más. Y, del árbol de mangos que daba sombra a su morada, se vieron salir volando a varias palomas blancas; ciertos pájaros cantores, entonaron su trino; mariposones negros con lunares cafés, revoloteaban alrededor y se elevaban alto, tan alto que parecían pequeños puntos que soltaran los rayos vespertinos solares.

Y, los mangos cayeron uno tras otro sin reventar sobre el cemento del mausoleo, rozando la estatua de argamasa que sobre esta se erguía y que representaba a un ángel con alas extendidas que mantenía la cabeza alzada al cielo, mientras, sostenía con sus dos manos una trompeta como entonando la melodía que anunciaría la llegada de otra alma que iba hacia arriba, a rendir cuentas de sus actos y pesadillas y que con su nombre estaría engrosando la lista de espera y la agenda que al Omnipotente, le maneja san Pedro.

Y, se vio de nuevo a Antenor... el beodo que se complacía con las letras que su amigo vate escribiera. Completamente sobrio, sacó de la bolsa de su pantalón lullido, el poema que Luciano, el tejedor de metáforas, de anagramas y acertijos, recitara hacía algunos meses, cuando despidió en el mismo camposanto, al amigo de la infancia, aquel con quien fue al colegio y con quien todo lo que podía compartía; aquel amigo que murió solo, porque los suyos lo vieron como un estorbo y a quien nadie más le tenía consideración y tampoco le querían.

"Cabeza de semilla de zapoyol", ocupó como palco la bóveda de su amigo y, a la par del ángel de mirada corva y aterida, que sobre ella se erguía,

dijo la poesía que Luciano le escribiera a Orontes,
el amigo aquel que murió en la ignominia:

SUPLICIO

Dicen que es un suplicio el que se vive y se siente
cuando te dejan de amar;
que es difícil enfrentar ese momento crucial en que,
en vez de ir hacia delante,
sientes que vas hacia atrás.

¡Qué suplicio! -dice- quien fue abandonado
a lo ancho del camino
que con ahínco hubo construido,
cuando ciegamente creyó
en quien dijo amarle de verdad;
pero, más triste que el suplicio
-rezan por ahí-
es enfrentar los miedos y aceptar la realidad.

Si en la vida alguien te quiso
-grita por ahí, un coplero de atabal-
cuando mueras, amigo mío,
es ahí que lo sabrás,
pues, verás con los ojos del alma
lo que no pudiste ver
con tus esferas cristalinas de mortal.

150. CABALGATA DE IDEAS

¡Cuánta cortesía la que acoge a los deseos! El ateneo literario está silente, vacío. Nadie quiere ajustarse a lo que ha de ocurrir.

Escritores y poetas hablan de libros, escritura, lectura, lápices, metáforas y letras. Sus mentes flamígeras hubieron sido encendidas con fuegos diferentes. Son como lagunas volcánicas de aguas apacibles que se forman de repente al centro de un atolón que, con su sangriento color, ayuda a que la energía negativa se desintegre, dejando en paz a la emoción.

Los intelectuales, atomizan los pensamientos y muestran con amplitud los avances que hace la ignorancia, vista por otros con orgullo y total insensatez. Llenos de aflicción usan los átomos y protones que revisten el universo para atiborrarse con estrellas, con las que ellos normalmente dan vida a sus poemas y a otros relatos y cuentos, deseando rescatar lo que se perdió en los callejones donde diariamente circula la total incomprensión.

Saben que la mayoría de los seres humanos desconocen el significado que tienen los abrazos y las sensaciones dulces en las almas contritas, esas que habitan los cueros de los individuos desesperados por la aspereza de la tribulación, pues no se permiten conocer siquiera la sensación que lleva el roce sutil de la emoción que se refleja en el ejemplo de los labios enamoradizos, esas carnosidades de las bocas que se atreven a demostrar su afecto, dando a quienes aman el más sincero de todos los besos; esa misma emoción que tienen las miradas de quienes se amaron y se hubieron visto afectados por las llanuras áridas, esas planicies, por donde de lejos, alguna vez pasó el perdón.

Mas, quienes escriben, no saben que están en peligro. Desconocen que sus enemigos, esos que odian lo que esconden las letras, han tramado un ardid para despojarles de conocimiento. *¡De prisa!* -dicen algunos de estos insurrectos-... *¡es necesario atracar al pensamiento! ¡Apresúrense! ¡Usurpen a los escritores y roben a los poetas, la capacidad que tienen de hacernos volar con sus libros cargados de ficción y metafóricos versos! ¡No hay derecho!*

Entonces, cientos de relojes que estaban adornando el salón de la biblioteca donde estaban reunidos los autores de versos, frases, párrafos, parábolas y más, retrocedieron; el trío de sus agujas se detuvo y dejaron de marcar el tiempo. Eran estos, una colección de más de quinientos cronómetros que hubo apilado durante años, el octogenario, trabajador invicto y vitalicio que, en aquel lugar, tenía el cargo de contar historias, leyendas y fábulas de infantil acento.

Varios medidores de lo ilusorio de las eras, con sus cuerpos de cristal en forma de ocho, se reventaron. Dejaron caer abruptamente sus finos granos de arena. Algunos de sus sábulos (grisáceos y redondos y diminutos), se escurrieron por el caño que conducía a la pila donde yacía filtrándose un hilo de agua que provenía de la laguna sulfúrica (la embúdica fuente líquida, se formo al centro del banco sanguinolento del atolón), en donde todos los escribas desbordaban sus sensaciones, tatuando en sus costas arcillosas, los momentos producidos por sus tantas emociones. Cada uno de los pensamientos gestados en sus cerebros, fueron paridos por sus corazones sensitivos, sobre los papeles blanquecinosque resguardaban sigilosos las savias de sus memorias.

Quien escribió este texto ha dicho que no hay hechos ni castigos que imputar. Las propiedades del ser nunca han dejado de ser un enigma total y denotan lo que muchos simplemente no han querido ver; ya que, los vates y prosistas, descubrieron el cráter de la savia que brotaba boyante del tronco del árbol de la vida y el conocimiento; y deliberaron días enteros hasta concluir que debían sumergir en él un catéter para sustraer, la verdadera esencia de la fuerza de voluntad que habita al interior del yo; esa pequeña poción que hace posible que florezca la magia del querer, con el hálito que da vida a la energía que se mueve al centro de las conciencias, donde los sentimientos puros tienden a desfallecer.

Se percataron una vez más que la vida es un sube y baja; un ir y venir permanente. Es como una pluma que levita o como un aro que rueda anónimamente sin parar. Pero, el ser que es absoluto, lleno de idiosincrasia y proveído de libre albedrío, cree que podrá encontrar la respuesta al acertijo escondido entre las líneas de las poesías que han escrito los ángeles poetas acerca de la fragilidad de la coherencia; esa que tiende a quebrarse en el seno íntimo donde se analizan las percepciones absortas de las alas con las que vuela ágilmente la inteligencia, de la que fueron dotados todos los seres vivos que fueron mandados por la Divinidad a poblar los lares de este cuerpo celeste que, hace millones de años orbita sin luz propia en las honduras del universo.

Y, aquellos que no hacen nada por surgir de las cenizas, al no encontrar fallas en quienes distribuyen con sus letras, viajes y esparcimiento, siguen cizañando y criticando sin parar, a estos que están tratando de erradicar con sus trabajos, todo tipo de desconocimiento.

Dicen que hay quienes atribuyen sus culpas al destino. Otros han concluido que el todo es disoluto y la nada un desatino. Mas, yo te digo lector y amigo que, los escribanos y versadores, han dejado plasmado en sus escritos que el mundo va entre espinas de nardos llegando a la sima siniestra del abismo; es allí donde están las ciegas fronteras que separan el cielo del purgatorio y, el purgatorio del infierno y el averno del paraíso, hasta que la humanidad llegue donde está hoy... haciendo la guerra por cuotas de poder que terminarán extinguiéndola de la faz de La Tierra.

De repente, el coloquio de los estudiosos de las palabras, ha sido interrumpido por los susurros que da bosquejando un alma descarnada que se queja de deambular por los corredores sucios del limbo; había pasado varias veces ya cerca de la puerta donde sin querer creó las llamaradas de su propio infierno; esa entrada estaba condenada y por allí, solamente ella no puede entrar, porque se encuentra custodiada por un rabioso Cerbero negro, de ojos cual carbones encendidos ardiendo al roce del aire seco que vaporoso soplaba. Este ente penante vio la urgencia de aconsejar a quienes no estaban de acuerdo con los bardos y armadores de novelas, cuentos y leyendas. Y dijo:

"A todos aquellos que hablan por hablar, sabiendo que quien estudia tiene más oportunidad, les dejo saber que he pisado las rejillas de las alcantarillas hediondas del odio y del rencor; véanme aquí -si acaso pueden- con mis pies desnudos evitando caer o escurrirme en ellas. Cuando estaba vivo, nunca les presté atención y siempre las pisé sin precaución; no conocí en mi existencia un ápice de necesidad; nunca recibí perdón y tampoco supe cómo perdonar; jamás anhelé tener felicidad ni

sapiencia y tampoco éxito, pero todo eso llegó a mí al azar e iba a ser una pena despreciar la oportunidad de tener todo aquello, y ¡lo tuve!, pero, el ego me consumió y heme aquí, cargando este costal de pecados con la sombra de mis huesos... en el cielo no me quieren y me han mandado con los diablos acá, en este sitio donde no puedo entrar, porque ese lebrel no me deja ni un paso avanzar. Seguiré con mis penares y también con mi pesar".

Y este monólogo fue interpelado por aquellos mortales que aún escribían, al margen de sus propias experiencias. Las señales vertidas por los impulsos con los afectos se repliegan al límite del camino por donde han de pasar las emociones seguidas de la generosidad o de la benevolencia. En esto estaban discutiendo, cuando escucharon de nuevo:

"Algunas veces me acusa lo burdamente cotidiano y otras siento el acoso de los ecos de las voces de aquellos críticos literarios que, en vez de haberme colaborado, me echaron en cara los errores, pues nunca se atrevieron a decirme "a priori" en qué debía mejorar; no les interesaba mi avance, solamente halarme

la chaqueta para que yo no pudiera seguir plasmando en papel, lo que tanto me gustaba hacer"; -dijo el penante- que no era más que otra ánima que amaba la escritura, la que quijotescamente, por esos lares cabalgaba.

Y continuó:

"Todos los defectos me fueron imposibles de destruir. Algunos los dejé ir por el desagüe en donde hacía "pis"; pude arrancar de adentro de las entrañas, maleza y cizaña juntas, pues no quería que estas echaran raíces en mi alma y derredor... y, a pesar de todo eso, tuve dificultad al pasar por el cielo, pues san Pedro me leyó lo que había obviado; todo eso que me incriminaba y que yo di por olvidado. Pero, tenía un "as" debajo de la manga y decidí jugarla... siempre fui un individuo que se preocupó por dar a quien más necesitaba lo que estaba a mi alcance para que se recuperara y avanzara, sin esperar nada a cambio; fue entonces que decidieron asignarme un abogado de oficio y pasaron mi caso al segundo juez, quien había sido designado en darme la penitencia que debía de cumplir, en los alrededores de El Paraíso".

Otro que aun no había sido juzgado, les dijo a las entidades que ya se habían expresado y expuesto sus argumentos:

"Yo vengo cargando un karma por ser siempre desobediente, por no saber lidiar con los desafíos que me hubo impuesto el destino en cada oportunidad que me fuera dada para dejar resuelto lo pendiente y nunca más bajar a escribir algo que a los demás les causara molestia; y hoy, esta actitud, la estoy pagando con creces, porque diario escucho los lamentos de otras ánimas -que como yo- por el purgatorio van alfabetizando a presos y carceleros, a pesar de estar limitadas, porque han sido encadenadas, se les ve con grilletes en los pies y esposas en las manos, enseñando por ese extraño lugar, ejerciendo su profesión de maestros... ahora bien, si a esto le llaman expiar culpas, traición y mezquindad, tengo la seguridad que, en algún momento saldremos del tormento y nos veremos habitando en las alturas del orbe celestial".

Los rimadores y escribas vivos que hubieron escuchado aquel coloquio etéreo, (esotérico en su totalidad), concluyen en escribir para la posteridad, lo que al mundo podría salvar en esta nueva época del tercer milenio (donde la gente anda preocupada de cómo debe lucir, en vez de prepararse y hacer el bien para poderse salvar de lo terrible que será el Juicio Final, el que, para quienes creemos, será como se describe en la Sagrada Biblia, en cada una de las páginas de su libro más largo... el Apocalipsis)... pero, no encontraron solución y nunca llegaron a consenso. Los testimonios aquellos que llegaron como murmullos, quedaron en eso. Creyeron que el subconsciente les estaba jugando una broma. Abandonaron el auditorio de la biblioteca y decidieron ir a sus casas a meditar, para luego, ver si era necesario seguir escudriñando y discerniendo sobre aquellos inusuales hechos.

Y el más longevo, el más informado, el octogenario, ese empleado que durante sesenta años -aproximadamente- vio pasar a tantas cabezas pensantes por el hogar incólume de los libros que allí habían permanecido almacenados, guardando entre sus páginas historias buenas y crueles de otros tiempos, pensó:

"La verdad es que el todo no existe y dejará de ser fantasía; el misticismo seguirá siendo eso... misterio que duerme en los brazos de la

nada. El hombre es quien decide qué hacer con la vida que le regalaron para ser vivida. Si la fe no resucita y los inescrupulosos continúan incrustando en los individuos dogmas y creencias, seguirá siendo manejado el mundo por cerebros pequeñitos que, acostumbrados a errar por inconsciencia, harán de una buena parte de sus seguidores, personajes cegados por la incongruencia; personajes incoherentes y fanáticos a quienes les incrustaron en la testa esos ismos, esas filosofías descontinuadas y trilladas, en las que los pocos se cobijan para llevar a efecto sus fechorías. Y, de siempre en siempre, la rueda gira, gira y gira".

151. ANÁLISIS DE LA VISITA AL ADIVINO DEL PUEBLO

Me he aferrado desde siempre al poder mayúsculo que encierra el amor, que me ha ayudado a enfrentar siempre: peligros, desgracias, egoísmos, deslealtad; envidia, rencor, angustia, burlas y soledad.

En estos caminos por los que me ha llevado la vida, Dios o el destino, en este peregrinar, me he cansado de buscar la estrella que parezca brillar más entre la Osa Mayor y Orión; allá entre Piscis y Géminis; Cáncer o Escorpión. Pero, esta fugaz se pierde con las ansias de soñar, sin siquiera atravesar el límite que hay entre el bien y el mal.

Un ángel caído vigila cada uno de mis movimientos; lo he sentido susurrándome al oído, así como tentándome a hacer lo que no quiero. Desesperada me enruto a visitar al adivino que una amiga del pueblo se cansó de recomendar, y agendé con él una cita.

Asistí con puntualidad para ver si me podría colaborar en descifrar, la importancia que dicen hay en entregarse desinteresadamente a los demás; porque, aunque doy y doy sin parar, no logro visionar qué más debo de hacer para darme por completo a quien necesita más.

Llegué a la morada del futurólogo aquel. Vestía zapatos chinos; una gabacha de satén morada, con estampados del sistema solar; un turbante rojo con estrellas plateadas y en las manos llevaba anillos de culebras, vampiros y de flamígeros dragones. Una bola de cristal estaba sobre la mesa redonda que había sido vestida con una frazada de fulgurante esplendor verde; a la izquierda de la pelota de vidrio transparente, un mazo del tarot yacía en una bolsa traslúcida de un tono azul negruzco; un velón negro de un pie de alto, parecía tener apenas unos minutos de haber sido encendido entre todas las estatuillas de los santos que había en el recinto: los arcángeles Miguel, Gabriel y Rafael; Judas Tadeo; Bárbara, la Caridad del Cobre y Lázaro; todos ellos ubicados en forma triangular, de tal modo que, las imágenes hacían una pirámide que dejaba a la inmensa veladora encendida, alumbrando su centro y todo eso, quedaba ubicado de frente a quien llegaba a consultar. También, me llamó la atención, un cuenco mediano de ancha boca, hecho de hierro dorado y pesado, que contenía agua limpia en su interior y conchas diminutas y vacías de caracoles que al fondo de este se visualizaban. Aunque el recinto no era tenebroso, me llenaba de curiosidad el misterio que allí rondaba.

El agorero de entrada me dijo -viéndome fijamente a los ojos- algunas cosas que no paro de recordar: *"debes saber o aprender a soltar; suelta todo aquello que a tu alma le hace mal; deshazte del odio y de las raíces que echó en tu interior, la semilla del rencor; para ser feliz hay que erradicar con olvido lo que nos hizo llorar y penar con los pesares del mal humor y la desolación".*

Estuve callada y dispuesta a analizar meticulosamente el eco que retumbaba con cada una de sus palabras. En esto estaba, cuando sentí bajar de la cabeza a los pies una especie de repelús que enchinó todos los poros de la piel hasta desvanecer mi aliento; las horas se desmayaban con todos y cada uno de los pensamientos que saltaban con arrojo a mi mente en aquel huraño momento. Los sentimientos aturdidos se desplazaron en zig-zag; tenía secos los ojos ante el vocinglero canto de los gorriones que distrajeron mi mirada cuando jugaban azorados entre los zepelines de papel, que la lluvia dejó pegados en las vidrieras del ventanal que circundaban el local del consultorio.

Azorada ante lo que mis ojos intentaban ver y sin saber si era magia o si en realidad lo que vi, pasó... el velón negro de un pie, erguido al centro del triángulo donde yacían iluminadas las representaciones de las santidades, comenzó a alzar la llama a tal grado, que vi incinerarse en ella, todos los recuerdos que tenía del amor, los deseos y pasiones. Luz, sombra, esperanza, calor, frío y amargura, quedaron penetrados en la dermis, porque todos ellos, eran los viajeros permanentes que iban y venían con la humareda soltada lentamente por la llamarada que repentina brotó del altar donde la acerada, pasmosamente con un equilibrio que asustaba, rápido se quemaba. Cada una de las lágrimas traslúcidas que derramaba, al instante se endurecían al tocar el suelo en agónico desmayo.

Vi soltarse de la nada, cientos de pétalos de rosas cremas, esa tonalidad me recordaba el color de la nata que cubre a la leche recién cocida; eran extremadamente raros; parecían mariposas mustias que revoloteaban en círculo así, como si estaban proveyendo de sapiencia al adivino que me aconsejaba y que me decía con la mirada clavada y perdida en mis pupilas incrédulas: *"las penas y los pesares son todos esos lepidópteros que, como corolas de flores, dispersados ves"*. Y, un perfume extraño, como hecho de una mezcla de azufre y azahar, quedó invadiendo el ambiente y confundiendo más mi revuelto pensar.

Prosiguió el viejo de barba canosa y larga, la retahíla que, no había concluido en dar: *"si te injuriaron de tal modo que te es difícil perdonar, el remedio efectivo para que puedas a tus enemigos indultar, es que dejes todo atrás. Pasa un velo y desatiéndete de lo que lo pudo causar; y, si las pruebas son fehacientes y las opiniones que te dan no te dejan de agobiar, sumérgete en todo lo bueno que ellos, en su falso proceder, te pudieron provocar. No recargues la conciencia. Ellos han de pagar con creces su propia penalidad; recuerda que la vida es una ruleta, que da vueltas y nunca se cansa de girar y cuando te devuelve lo que hiciste con maldad, te da donde más te duele y que para eso no hay revés que haga que la rueda gire hacia atrás"*. Luego me dijo: *"cierra tus ojos. Contaré despacio hasta diez y conforme vaya contando, imaginarás que estás entrando a un lago de aguas celestes, rastrilladas, tranquilas y claras"*.

Caí entonces en un trance. Estaba atascada en un inmenso pantanal, con el corazón dolido por el suplicio que le causaron las espinas de quienes en su oportunidad fingieron amarle; ellos fueron quienes le hubieron de enterrar aquellos tremendos aguijones, hasta hacer brotar de cada uno de los hoyos -que sin lástima le abrieron- los borbotones del plasma espeso que estaba ya ahogándole, hasta que se arraló el fluido y, el músculo sentimental, dejó salir la última gorgorita de bien que en él se hubo escondido.

Sentí que, sus pálpitos eran como un tamboriteo sonando desafinado en lo hondo de cada uno de aquellos orificios que le causaran con tino, tan finos arponazos. Era una condena que me encadenaba a vivir en perenne pena, con los desagravios brotando de esa válvula que daba ya brincos a medias en el centro izquierdo del pecho, donde yacían abrumadas las heridas y el atavío que su sangrar les causara.

¡Pobre de ti! ¡Pobre de ti!... me gritaba desdeñosamente a lo lejos la consciencia irrecuperable en ese instante, pues, no había encontrado la estrella que buscaba ni cómo poder hacer, para convertir mi opacidad en el fulgor de ella. Luego, aparece ante mí el "deva" caído y veo cómo sigue vigilando a mis músculos sublevados; él no quiere que mi lápiz se siga deslizando; él no desea que haga de estos pensamientos las letras por las que tanto hube esperado, ni que estos pensares convierta en rimas y mucho menos que se me ocurriera dar musicalidad a los versos.

Había pasado un tiempo prudencial desde que entré en aquel aposento. No sabía si estaba ensoñada, o en vigilia, o si realmente me encontraba sumida en las profundidades de la utopía; la verdad es que me paseaba bostezando y mientras concluía el paso de la oscitación, veía a los lirios blancos mecerse al compás del viento y a cientos de rosas negras desparramando sus cálices, vencidas por el canto escandaloso de los gorriones achantados, tras una brisa que besaba los rostros de los demás emplumados, al caer el atardecer en los brazos del ocaso.

Los alientos observé volcados con la repercusión del aire en vendaval. Por el vergel de los jazmines rosados, una doncella soñaba con una criatura fantástica y sutil… un Hada bella, de alas tan delicadas como las de una libélula que, blandiendo su varita de acero inoxidable y filigrana, le concedía el deseo de cabalgar por el espacio en el lomo de un unicornio blanco, de cuerno de marfil, cuyo jinete sería un príncipe encantado y valeroso, igual al que Darío creó para la princesa de los ojos azules... y cree conocerá a la Ninfa de las aguas, la alada hechicera que de vez en cuando aparece tarareando en los pensiles de las orquídeas amarillas y morenas, ese mítico jardín que se alza propiamente, donde yace el mundo fabuloso que pueblan Elfos, Gnomos y Duendes.

Todo era un "delirium tremens". Sin haber probado alcohol, estaba alucinando con la abstinencia de los consejos de Eros, el venerado dios griego de la fertilidad, responsable del amor y la atracción sexual; con los anhelos que tenía en dar a mi amado un beso; con los calores que llevan en su magia, los abrazos; con el mensaje oculto al interior de las manos que aman y sanan.

En vigilia solía emocionarme con ser dueña de un amor que fuese solamente mío, que con su compañía llenara la soledad de mis días y que, con su presencia, me obligara a decir adiós para siempre a la incomprensión, a los desdenes y a la melancolía.

Escucho de repente, en la lontananza el chasquido de los dedos pulgar y medio del carismático agorero; aquel sonido carnal con su "clap-clap-clap" y su voz ronca y melodiosa, me decía: *"contaré en descenso del número diez al uno y saldrás de la profundidad de las aguas quietas donde placenteramente nadas... diez, nueve, ocho* -y los dedos que, al decir de cada número, sonaban- *no te abrumes; (clap) siete, (clap) seis, (clap) cinco, (clap) cuatro... sé tú misma que, al momento de partir al origen irás más liviana; aun te queda en esta vida mucho trecho que recorrer y una larga extensión de asuntos por explorar y conocer, y al compás de sus falanges tronadoras... tres, dos, uno... ¡vuelve!"*. Y volví envuelta en un desconcierto total.

Sentí que, como el alma de una hoja que se desprende aterida y yerta de la rama del árbol que la sostenía, regresaba. Fue una experiencia que jamás pensé experimentar. Cuando retornaba, vi el camino del retorno regado con los tallos verdes que aun vivos sostenían a laureles y margaritas.

Un destello flotaba... sabía que era la 'energía positiva' con la que Adonai a mi aura recargaba. Ese tipo de sensación duerme cada día plácidamente al final de las garitas, donde todos alguna vez yaceremos boca arriba y es como un eslabón perdido en las honduras de la nada que desune lo que quedó de la cadena del odio opresor, y los rencores malditos que asaltaron diabólicamente el siniestro momento del percance que detuvo los andares pausados de las agujas de los relojes que hicieron tic-tac en cada uno de mis tiempos.

Hube abusado de los lapsos otorgados para poder viajar por enésima vez a lo que escondían con celo los recuerdos del pasado. Las reglas que me leyeron habían sido claras, mas, vine yo y, las violé. Los hechos se detuvieron siempre en el mismo lugar, pues, nada en la existencia se debe ni se puede adulterar.

Entendí que el poder mayúsculo que tiene el amor hunde los actos sórdidos en una fosa obscura y mohosa que al final es sellada. El carboncillo de punta afilada, atrapado a lo largo de un trozo de madera, con mi diestra retrocede hasta el papiro que aun está en blanco y desliza su alud de emociones que ruedan cuesta abajo sin dejar huella que indique, cómo me hubieron marcado los soplos dolosos que dieron las falsas molestias de las amonestaciones.

Ahora avanzo con afán excesivo. Doy el beneficio de la duda a lo que creo un falso proceder. Como un ave de sangre caliente, extiendo mis alas cortas al viento, sin prever que puedo ser derribada por alguna ventolina huracanada. Yazgo confiada, no tanto en las palabras del hipnotizador del pueblo que me hizo volar con mis memorias olvidadas, si no, en los presentimientos que de ahora en adelante me mostrarán con aciertos que, tender las dos manos y ayudar a levantarse a quien en lo más limpio se acaba de caer, es una de las tantas acciones que el universo ve, para de bendiciones proveer a quien sacia con su propio pan, el hambre del hambriento que no tiene recursos para comer, sin fijarse a quién -con su buen proceder- le está haciendo el bien.

152. EL HOMBRE DE LA MANDOLINA

Es sobrepujante la vida del hombre de la mandolina. Predominante el destino que no le advirtió su tragedia. La triste procesión que se le mueve al fondo del alma va siguiendo su ruta. En su cuerpo inanimado se notan los estragos que ha hecho el transcurrir del tiempo.

Saca del estuche su mandolina... ese instrumento musical que sustituyó a la vieja guitarra quebrada y desdentada que, hasta hacía unos días su nostalgia acompañara. Su caja ovalada y cóncava, el mástil corto... sus cuerdas dobles gemirán al roce de la púa, cuando los dedos gruesos y largos del mal aventurado, hagan brotar de ella la melancolía ignota y desbordante que le agobia desde hace rato. Serán notas inmutables aquellas que emanarán con los recuerdos tangibles que le asaltan diariamente la memoria.

La sombra difusa de su vida se mueve y se hace añicos desgastada en la porosidad de cal que forman las paredes de la casa de adobe y techo de palma que desde siempre ha habitado. Con la vista perdida en el piélago marino, de un celeste turquesa indescriptible, se pregunta a sí mismo, a cada instante, qué hacer con la mirada moviéndose al compás que lleva el oleaje ribeteado de espumeante champán salino.

Desconoce cómo ha de tomar las riendas de todo aquello que sin querer se le fue. Frente al espejo sudado por el vaho del océano, diariamente visualiza la pérdida de la conexión intrínseca que tenía con él mismo; ese empalme que existe desde siempre entre el cuerpo y el alma, en él había desaparecido.

Mientras cavila en esto, rápidamente se disipan ante sus pupilas sombrías, los reflejos de las emociones y el sensacionalismo absurdo con que hubo llenado cada una de sus vivencias... nuevamente hicieron acto de presencia, la perfidia y la desilusión que le trajeron las falsas apariencias.

Le ronda en el pensamiento la añoranza que ha visto en el rostro y la falda que, volada y abierta luce el longevo tulipán que nunca le abandona y llena ese vacío inhóspito que yerra al traerle los recuerdos del sentimiento que le abandonó; ante la memoria aquella, se estremece y los deseos de la resignación y los motivos que hay para dejarse llevar, de la mente desaparecen.

Hace cruces con sus manos... se comienza a persignar y luego, luego entre sollozos bendice el camino que andará. Entre suspiro y suspiro, invoca a la Santa Trinidad; y, solamente así se pudo -un poco- sosegar.

Con la mandolina al hombro tararea al caminar. Lleva puesta la esperanza en la música que ha compuesto para ahuyentar entes extraños y librarse de todo mal. Afina el instrumento de donde emerge el ritmo que da cuerpo a las letras de la canción que compuso en las sombras del umbral, cuyo estribillo rezaba:

"El destino es simpatía más que buena voluntad; son beodos los afectos de las palabras sutiles. Se dispersa el sentimiento entre orquídeas y bergamotas; la existencia está girando con la rueda de la fortuna y yo no he podido atraparle a él ni a la escurridiza tiniebla que diabólicamente le circunda".

El "ti li lin – ti li lin" de aquel instrumento se dejaba sentir. Sus lamentos llegaban hasta la entrada principal de la iglesita del pueblo. Quien la hacía sonar se camuflaba entre las bancas del parque, desde donde todos los que pasan, escuchan los gemidos de sus terribles endechas. Los corazones inhóspitos de la infelicidad hicieron su fiesta, sus risas fingidas inundaban la vegetación y el resto de la floresta; y él, él estaba allí llorando su llanto amargo salpicando con él, lo poco que le quedaba de nobleza.

No hubo festividad que pudiese regresarle el aliento que perdió en brazos de la añoranza. El eco de la música funeraria del acordeón que sonó el día que su amada se fue y no regresó, todavía lo escucha a lo lejos, como perdido en la bruma tras del velo de la noche sin luceros. Es así que, sus notas mortuorias sobre las aguas en vorágine recubren su decadencia y revuelven eso que tiene desde hace mucho, acumulado en la cabeza.

Todo parece evaporarse con el atardecer. El hombre aquel hubo perdido -sin darse cuenta- su querer. Desde ese entonces, se le opacaron los ojos y, de sus lagrimales, cuando intenta llorar, únicamente sale un débil torrente de agua sucia y lodosa; las lágrimas que llora son salinas -aunque- espesas y pantanosas.

Se escucha la voz de su llanto en su cantar desentonado. Se oye a leguas esa pena que va rodando de prisa hacia la ciénaga, berreando como oveja descarriada reclamando su condena.

Al árbol de los cerezos -que por su andar se alzaba- se le empalidecieron los frutos. El frío los marchitó. El corazón del cigüeñal de frutas rojo obscuro murió. Estuvo todo el tiempo expuesto al sol que, aterido, intentaba ayudar a aquel mendigo de amor.

Las redes del olvido que alguien más tejió habían sido echadas a las aguas del océano donde él, enamorado, se extravió y sucumbió. Solitario es el encuentro y en el paisaje aquel se esconde el preludio de la tristeza que se viene desgarrando con los ayes discurridos desde la garganta reseca del desgraciado mortal, que ya no canta su melancólico dolor, pues, no existen palabras que llenen y devuelvan el aire del desencuentro que resultó de aquella fatalidad que le llenó el pecho con odio y devastación.

Los sonidos melíferos que solían apaciguar las hazañas eran como un azimut que determina la posición de los instantes, así como les pasa a los astros en la esfera celestial. Ahora él, es el cíngaro que nómada rehúye a la rebelión y se atreve a comer el ácimo pan sin levadura, producto de todo eso que tuvo y que el hado alevosamente le quitó.

Su aliento en el espejo dibuja una espiral; él con sus dedos escribió algo sobre la luna reflectiva que reviste su cristal. Un laberinto se refleja inefable e intangible, cuando su espíritu juega a las escondidas en algún siniestro lugar. De repente el compositor, el hombre ermitaño de la mandolina, se inspira en las flores del naranjal y dice:

"Azahar, flor de naranjo, del limonero baya olorosa; adornas las coronas que llevan en las testas las novias virginales; en los campos, tú, eres la más hermosa y en los jardines del Olimpo, engalanas a las diosas. Este canto que te canto es mi gráfico esculpido vislumbrando el silencio que me agobia y mata en errante soledad; ya nadie vive su vida por vivir la vida mía y la de los demás".

Así, entre tonada y llanto; entre lamentaciones que parecían lavaban su faz arrugada y sus cabellos entre canos enredados, se fue quedando dormido; y, la muerte, vil aprovechada, se lo lleva con ella y otras almas olvidadas, a navegar en la barca de Caronte sobre las aguas hediondas y turbulentas de El Hades.

153. DECIR ADIÓS

Estoy acurrucada en mí misma, envuelta en la frazada caliente de los afectos. Los impulsos que tengo de decir adiós se repliegan al margen de la conciencia cuando veo morir al sol, tras de los rayos dorados de las tardes que nunca han tenido ocasos, exactamente allí donde la conciencia no entiende de razones y se desliga de los procederes que el ser humano tiene sobre sus estados y su propia existencia.

Señales están emergiendo de mi interior asustando a mis pensamientos. El inconsciente me grita: "*¡despierta que pronto habrá de pasar la tormenta!*". Y me imagino a la luna airosa alzarse sigilosa sobre el aura viva de los campos, con los suspiros que se escapan de las crisálidas de las mariposas —las aladas que se resguardan tras los halos de sus sombras coloridas y asedadas- detrás de las hojas de las flores que duermen en el vergel con sus pétalos satinados y rugosos, cerrando sus abanicos al final del atardecer; y, ante la ausencia del brillo de mis pupilas durmiendo entre abiertas, logro visualizar a sus sépalos cual centinelas celosos velando por la seguridad de sus esporangios que yacen allí expuestos a las larvas medrosas que, en un "santiamén" podrían terminar con ellas y con el viaje de las esporas que sueltan al abrirse como una tarea diaria cada amanecer.

Así, yazgo sumida en el "reverie" de mi vigilia, imaginando los ojos abiertos de los búhos guardianes del boscaje, abarcando con sus ojazos y el giro total de sus cabezas rotativas, todas las hectáreas que componen el terreno tupido de angiospermas, allí, desde lo alto de las ramas de los cedros reales donde las rapaces se posan cada noche, para cerciorarse que las bellas están cobijadas por las siluetas frondosas de las enaguas verdes-negruzcas de la espesura, donde tanto esmeralda obscuro se confunde con el fulgor emanado de las estrellas, que cuelgan como diamantes pulidos en las infinitudes de la negritud célica.

Esos chotes floridos, diariamente se abren al ser tiernamente besados por los rosicleres de la aurora; se incorporan para agradecer al cielo y realizan su meiosis al soltar las endosporas con las mieles sangrantes del amor; y, es de esa manera que enamoran a los seguidores de la poesía, que los poetas han concentrado en un hermoso florilegio que dedicaron a las agujas que 'el sentimiento más puro' habrá de enterrarles al centro del corazón.

Estoy observando y analizo todo aquello desde la comodidad de mi nido cálido, exactamente donde la mente quisquillosa en su pensar, se sume en las emociones que le provocan intranquilidad al alma generosa que realiza su placentero viaje, regocijada en el ensimismamiento del sueño Delta, esa fase lenta en que las ondas cerebrales se amplían al compás del pausado ritmo respiratorio; etapa cuarta del "reverie" profundo que dura veinte minutos; lapso durante el cual el soñador no sueña; allí, en ese período concentrado de ensoñación, existen sólo las especulaciones propias y se rechazan las empatías por el bien o mal vivir que tengan los conocidos, los familiares y los amigos, a quienes la vida les es totalmente ajena, rota y peligrosa.

En estas imperceptibles escenas hay miles de personas que lloran a solas por la ausencia de un hijo que partió a la guerra o que, en algún país lejano se exilió. Puedo ver las burbujas de sus pensamientos extraviados tras el halo del dolor que sienten, ante la pérdida de un ser querido que al seno familiar no volverá, porque, al más allá partió.

Las viles acciones pendencieras extrañan las peleas y los golpes que sin querer se le dieran al propio yo, mientras circula por el abismo del hado perturbado, la cobarde valentía del error que desafió a los desencantos, esas circunstancias que trajeron sus dolidos y prósperos casos -entre falso y verdadero y las líneas de los "sino"-, a la corte suprema de los jueces del afecto y la traición.

Poner la otra mejilla a los enemigos como lo hizo Cristo, nuestro Dios y Señor, e ir olvidando de a poco los penares del corazón, cuesta un montón. Las ruines acciones de las traiciones desgastan los nexos y aran el terreno abonándolo con las hieles del dolor y la desolación que, despiadadamente y con descaro afloran, escapándose al murmullo de los genes que palpitan solos y apresurados, deseando reavivar el cariño perdido tras los velos que siguen aún cubriendo los ojos que vieron y se convirtieron en testigos fehacientes, de lo que hizo la perfidia escondida en las causales que alimentaron la cocción a fuego lento del desamor, tras los pitazos groseros que daba la olla de presión donde hirvieron las malas sensaciones que hicieron aflorar -con sus hervores- todos esos resquemores que lastimaron tanto a los actores de aquel inusual guion.

Es entonces cuando los momentos vividos -con arrojo- se yerguen sobre la mente. La alegría, las culpas y ardides que la fortuna tramó embaucando inescrupulosamente a muchos y obligándoles a decir adiós, siguen allí clavados como esa corona de espinas que los romanos incrustaron con odio en la frente de Jesús, El Mesías y Salvador, sin que hubiera quien les convenciera de que estaban en una terrible equivocación.

Desde el inicio de todos los tiempos, hay éteres cautivos que hacen callosidades en las estalactitas que cuelgan de las paredes húmedas de las mazmorras construidas para cada ánima viva. Las vivencias acaecidas en cada una de nuestras existencias, a veces se nos convierten en un infierno terrenal e invasor. Los descalabros suscitados en cada etapa vivida en tiempo presente desconocen los modelos pedagógicos para enseñar al ser humano a ser humilde y a que, el hecho de redimirse no es sinónimo de humillación. O somos justos y benévolos o somos inescrupulosos y mal intencionados, pero, nunca es conveniente nadar en dos corrientes, ni contra una de ellas y tampoco es decente tirar la toalla a la primera y decir adiós.

Es por eso, que en un acto de renovación interior, decidí dar los besos que pude a las espinas de la rosa oscura que creció enredada en las ramas secas de los abrojos que crecieron en la enramada tenebrosa de mis miedos; allí, en la obscuridad donde se paseaban las pesadillas que atormentaban día a día las memorias de mis yoes.

Y... ¡sí!, a ella -que estaba perdiendo aroma y color- la llené con mis ósculos porque vi sus ganas de vivir y vi que nunca se marchitaba a pesar de los malos tiempos por los que atravesaba.

En eso soñaba... tenía los ojos perdidos en los piélagos en vorágine del onirismo, cuando de repente, de un sobresalto, desperté de aquel letargo en los que el cavilar me sumió. Puedo decir que yo con el ejemplo de la desaromatizada, desaliñada, opaca y moribunda, aprendí que, aunque las laceraciones estén aún sanguinolentas y sin cicatrizar, no hay que dejar que los dolos nos abrumen con los ecos inquietantes del canto trillado con sus dimes y diretes, ni con la burda melodía que llevan los coros engañosos de sus mal elaboradas lamentaciones funerarias y desdeñosas.

Y si por todas las casualidades que tienen los secretos misteriosos del camino donde pasea el amor andariego, este decidiera fugarse, como tantas veces lo ha hecho, otra vez lo haría como lo hacen los pétalos muertos de las piñas en los pinos;

de los 'gálbulos' en los cipreses, y las 'arcéstidas' en los enebros y en las sabinas. A todos ellos se les ve caer -uno tras otro- rajados y porosos, cuando el viento impío también decide desnudar con sus rachas invernales y bravías, a los tallos ignotos de "los no me olvides", dejándoles a la intemperie, en el vacío... porque la temporada hace que sus viejos vestidos alfombren la seriedad de los suelos arcillosos, ancianos y enceguecidos.

Por ello, yo he preferido decir adiós a lo regular y a lo malo que pudo traerme cada uno de los dramaturgos actos teatrales que pasaron como un rodaje de cine clásico y mudo, de esos donde el primer actor fue Charles Chaplin; y lo dejo rodar por el intelecto en blanco y negro y me sumerjo en su silencio. Así suelto todos los sentimientos agrios y tristes que de alguna manera me arrancaran pedazos de vida, asesinando lentamente con su actuar distraído los latidos de esperanza que, agonizando ya, daba mi viejo corazón, en cada uno de los "tun-tun" que soltaban a destiempo los tambores escandalosos del conocimiento en desazón.

154. EL HABITANTE DE LA ERMITA

Ha estado cerrada por mucho tiempo la inhóspita capilla de la garita. Azucenas níveas y lilas moradas han enflorado su entorno como resguardando el misticismo que ella encierra; el cuidador del cementerio asegura haber escuchado sones de instrumentos que a su interior suenan, pero no le importaba; creía que eran los seres descarnados quienes se entretenían asustando a quienes por el lugar pasaban.

El resto del pensil que yace levantado por allá está marchito. En el ambiente circula el aire tortuoso de la ansiedad que, en sus rachas secas suele murmurar, que todo esto es parte de la heredad.

¡Qué renuencia! Los instantes son sorpresivos y están deambulando entre la luminiscencia que aflora tras de los días cubiertos de obscuridad. Un murmullo se escapa de entre las grietas amnistiadas… en la ermita habita un ermitaño que se ha abandonado a la soledad. Ya no es humano… no existen rasgos de humildad en él. Su mal humor le hace insensible y entre iguales no puede estar.

Sus gestos indican que alguien en algún momento le pudo humillar o maltratar.

Entre alas inertes, incoloras, insípidas, su espíritu de helio siente el llamado a descansar. Su sangre toda se ha acumulado tras del hematoma que se hubo hinchado, amoratado a un lado del pecho y su tamboritear.

El hemisferio de la bondad se separó de su alma inmortal. El fuego de las sensaciones no ha querido volver a experimentar, porque antes de recluirse en aquella vacuidad, exprimió de su mente las ideas que le obligaron a soñar despierto con la inmortalidad.

Está dividido en siete partes... ¡qué imperante superioridad! Aparece la aurora antes de la salida del sol, pero él no logra pensar en nada más que en el ensimismamiento que llevan los penares que le habitan con ruindad.

Inhala y exhala. Exhibe y recibe. No sabe explicar por qué sus ojos derraman lágrimas por los pesares rotos que debe de olvidar. Y, habita el sino de sus heridas que, heladas hierven quemando el karma en el exilio de sus desvelos... allí, donde alguna vez se hubo cobijado con las frazadas que guardan mágicamente las utopías de los ensueños.

En este ir y venir fue que se atrevió a blandir en el aire su espada afilada con odio brutal y la hendió con furia sobre el enigma que estigmatizaba al vacío inmerso en su corporeidad y, vio brotar en esta visión sangre azul de sus venas abiertas, como si él fuese la reencarnación de una langosta, una araña o un caracol.

Exhala suspiros. Exhausto está. Se ha detenido frente al espejo en donde diariamente ha visto pasar soles y lunas distraídas tras del vaho sudado que sale por boca y nariz con precisión y espontaneidad. Este se esparce en aquel lugar y empaña los vidrios de los ventanales con todas las penas y los tatuajes superfluos de sus lunares; mientras escucha aquellas voces que dan sus gritos desgarradores con voz de éxodo y tempestad; sus resonancias siguen su rumbo y tras de la ermita se detendrán.

Escucha a los exoesqueletos sonar sus huesos como matracas en temporal. Exorbitantes están sus cuencas, esas que una vez fueron ocupadas por los iris profundos de otras almas; unas luciérnagas han encendido dentro de estas, sus foquitos intermitentes simulando los muchos ojos que un día por esos canales lloraron su mezquindad. Y, de repente aquella escena, producto de aturdida imaginación, se evaporó... ya no está.

El ermitaño ve circular el aliento sin disiparse. Este se escapa como la niebla por una hendija de la cerradura de bronce gótico y ancestral -esa que ha estado siempre medio abierta, como si quisiera desgajarse del borde donde está asida desde hace años a la puerta de madera de roble que resguarda con tiento aquel quieto lugar-.

Siente que le asfixia la obscuridad, pero, todo el aliento que allá circula no se evapora así no más; y, en la ermita aquel pobre hombre lúgubre está, empapado de sudor y con la faz desteñida por la melancolía ebria que desde hace ya unos meses atrás, le ha envuelto con el velo raído del dogmatismo con que fue educado; situación que le ha hecho abominar todo lo que huele a religiosidad.

Se experimenta la circulación de los aromas del cilantro, la hierba buena, el bedelio y la albahaca en flor. Son los olores con que se anuncia la llegada de la circunstancial... la única dama que nadie ha vencido ni nunca nadie vencerá; ella, la muerte, ha venido contemplando con su mirada luctuosa y fría a aquel desdichado mortal. A su próxima víctima se está aproximando y ha de cambiar su falsa apariencia para poderse en confianza acercar.

El custodio del lugar estaba cansado. Tenía por lo menos una semana de dormir mal. Ella se aprovecha de su cansancio y pasa invisible con un halo de paz, sereno y fugaz. Solamente el búho de alas grisáceas se topó con ella y su helado mirar; las pupilas anchas y serenas del alado de la sapiencia, se dilataron mucho más, al roce de los rayos de la luna nueva, sin poder el paso de la luctuosa evitar.

El ermitaño estaba medio dormido. Decía que cuando así se sentía, era que creía que estaba durmiendo con la dama funesta de la eternidad. No dio importancia a sus presentimientos, pues ya era recurrente aquella vil manera que tenía de pensar. Se acomodó. Se dio vuelta sobre el colchón y quedó recostado en su lado izquierdo, sosteniendo entre sus manos *"El Libro de los Libros"*, forrado en cuerina negra y letras doradas que al leerse decían: *"Sagrada Biblia"*. Y, la señora de la guadaña, en la profundidad de su somnolencia, le ayuda a disfrutar el sueño eternal, del que ya -el infortunado- no volvió a regresar.

Al día siguiente, el celador vio que, en los cristales despintados del ventanal del pequeño templo, se había quedado atrapada la inmensidad del cielo bicolor. Era como si las ánimas de los océanos formaran allí un pozo artesanal, por donde desaparecerían los problemas que el destino -en los senderos de la vida- suele habilidosamente formar.

Fue la única vez que decidió ver qué había allí dentro. Tomó su manojo de llaves. Con cada una de ellas, intentó abrir la antigua cerradura que se mantenía cerrada... confinada desde hacía muchas décadas atrás. Y cuando al fin una de las llaves que tenía consigo, hizo que el llavín de la vieja chapa cediera, salieron de dentro desesperados: avispas, abejas, tábanos, típulas, moscas, polillas y zancudos azorados.

Cuando hubieron salido aquellos insectos, asustadizo caminó con tiento y vio un bulto en el suelo enrollado. Se acercó cuidadosamente hasta aquella sábana curtida donde yacía resguardándose del clima helado el hombre aquel, en posición fetal, girado a la izquierda.

Sorprendido aun por lo encontrado, para sí se decía: *"¡Nunca imaginé que alguien viviera aquí dentro! ¿Cómo nunca lo vi!"*; mientras iba pensando en todo esto, se acercó... con su pie derecho lo movió y empujándole preguntó: *"¿está usted bien?"*, pero el individuo no le contestó... fue el viento el que clásicamente sonó diciendo: *"¡no hay que temer!"*.

Acostumbrado al olor a formalina que se usa en los servicios funerarios para la preservación de los cadáveres a ser velados en féretros hasta ser sepultados, se daba ánimos: *"no tengo miedo, no me asusta nada; temo solamente a los vivos que son los que pueden acabar conmigo"*. De esa manera, decidió incursionar todo el interior del lugar que olía a formaldehído, como si estuviera llevándose a efecto en el local, el velatorio de alguien, pues parecía que había en algún rincón, otro cuerpo más sin vida. Pero, al terminar su inspección, se percató de que no... no había más restos mortales allá.

De tanto buscar algo que identificara al finado del colchón, terminó por encontrar allí un baulito conteniendo: unas cartas borrosas metidas en una mediana bolsita de manta; una foto en blanco y negro quebrada por las esquinas y al centro, con las caras de los fotografiados desdibujadas; y, una partida de nacimiento que decía su nombre completo: *"Eustaquio Bracamontes S."*, con la fecha de nacimiento y los nombres de sus padres ilegibles ante los dobleces al que fue sometido -Dios sabrá desde hacía cuánto tiempo- el avejentado documento.

Ni las autoridades ni el guardia del cementerio encontraron más señales que les indujeran a buscar a algún pariente que se hiciese cargo de sus exequias. Y, sin tener a quien avisar de que aquel sujeto había partido con pasaje gratuito hacia una mejor oportunidad, la policía concedió el permiso para su cuerpo poder enterrar a un lado de la capilla, muy cerca de la garita.

Así fue. El prójimo partió y no recibió unción ni santos óleos. Nadie llegó a decir por su alma una oración. Varios sepultureros abrieron un hoyo improvisado de siete metros en el jardín de las azucenas níveas y las lilas moradas (para que siempre estuviera alegre su última estancia) y junto con él sembraron varias semillas de girasoles que al año y medio germinaron tapando la cruz improvisada de madera endeble en la que solamente se leía a secas, su nombre y sobrenombre: *"Aquí yace Eustaquio Bracamontes S. – El ermitaño".*

Hoy quienes llegan a sepultar a los suyos en aquel Campo Santo se admiran del jardín florido con azucenas y lilas, pero, más con los girasoles amarillos que exponen su corazón moreno y cabecean en su giro emocional siguiendo la ruta del sol, así, acompañando y acompasando los pasos apesadumbrados de todos aquellos que de luto van marchando detrás de las dolosas procesiones funerarias.

155. EL ÚLTIMO DÍA DE DON CHON

Ha pasado ya la media noche. Es fecha treinta de mayo y corre el año dos mil dos. Suena el teléfono. Apresurada y medio dormida, Concepción sale de un salto de la cama dispuesta a contestar el aparato que fuera de la habitación sonó.

Del otro lado de la bocina una anciana amiga con voz quebrada por la congoja, le pide auxilio... *"necesito que vengas por favor y me des una mano con mi esposo Chon... tiene días de estar enfermo y desde hace unas horas, no reconoce quién soy".*

Solidaria se alista. La luna alumbra las siete cuadras del camino que andará. Las calles están lóbregas y, aunque era de ágil caminar, sentía los pies pesados, sentía que sus pasos le impedían avanzar.

Por fin llega a casa de Soledad quien está tratando de convencer al casi nonagenario compañero de sus días, a quitarse el pijama y la bata de dormir, pues es menester se aliste para llevarle al hospital.

Los minutos pasan minuciosos con terrible ansiedad. Al fin decide hacer caso, mientras la vecina toma las llaves de su carrito Honda, el que enciende por un rato a fin de calentar el motor; mientras el longevo matrimonio -de más de cincuenta años juntos- discute lo que está bien y también lo que está mal... pasados unos minutos se ve a don Chon bajar a paso lento, las gradas que conducían al segundo piso de su casa estilo colonial, asistido como es costumbre, de su esposa Soledad.

Entran al auto y se encaminan hacia el viejo hospital de la ciudad. Él va de copiloto y su esposa va detrás. "Quince minutos y estamos allá", les dijo la joven vecina casi al llegar.

Se estacionan en el parqueo. Estaba cerrado el local. Parecía no había ningún médico de turno atendiendo en el lugar. De repente un enfermero, sale "pipiriciego" y les dice que no están preparados para atender esa noche a nadie más, que todos están cansados y necesitan descansar; que, si quieren ser atendidos de prisa, se vayan al otro centro asistencial que está a unos kilómetros más.

Soledad muy afligida, suplica y casi de rodillas solicita al enfermero que alguien asista a su desmejorado marido. Accede el tipo aquel y a "regañadientes" lo registra. Pasan doce minutos y aparece por las penumbras del pasillo, un médico y una enfermera arrastrando una camilla. Se detienen en la recepción y se dirigen a don Chon: *"¿usted es el señor de la emergencia?"* y él, asiente positivamente con su desnuda cabeza. Pues déjeme y le explico, continuó el "matasanos": *"antes de poner en usted mis manos, debo realizarse varios exámenes para saber por dónde es que le entrará el agua al coco, por lo que debe de firmar los siguientes documentos donde se explican los procedimientos... ¿me explico?"* -replicó-.

Don Chon y Soledad estaban convencidos de que le iban a atender y muy posiblemente a curar; y, él sube a la camilla. Fueron momentos cortos los que pasaron, pero para quienes padecen del mal de la impaciencia y esperan, todo minuto corto pareciera eterno y más que nadie llegaba a notificar qué estaba pasando con el anciano allá dentro.

De repente se ve llegar al doctor que se lo llevó, todo vestido de azul (gorro, pantalón, camisa, y zapatos de tela tenían ese color) y, la mascarilla que usaba junto con los guantes quirúrgicos eran color celeste claro. Se ve que viene directo hacia Conchita y doña Sol, pero, efectivamente se dirige a Soledad y le dice: *"señora, lo siento mucho. Hice todo lo que pude por salvar a su esposo hoy. Estaba deshidratado y le falló el corazón".*

La pobre anciana, fuerte como una jacaranda... se dobló mas no se quebró. Miró a los ojos y apretó la mano de su amiga Concepción. Así, serena como ella era, palabras cortas y frases rotas entre sollozos emitió, las mismas que la vida sabiamente le entregó y, dirigiéndose a su amiga, así fue que se expresó: *"¡no sé qué hacer con este dolor que me asfixia por completo y me estruja la razón!"* y, Concepción que empática compartía su aflicción, le contestó: *"no se preocupe doñita, usted sabe que no está sola... usted sabe que tiene a Dios".*

Así fue todo... se les pasó la vida y se corrió el amor. Don Chon murió ese día y, a los ocho años, Soledad le acompañó.

BIOGRAFÍA Y CURRÍCULUM LITERARIO DEL AUTOR KATIA N. BARILLAS

La narradora, difusora literaria, escritora, poeta y declamadora independiente, Katia N. Barillas, es de origen nicaragüense, nacional de los Estados Unidos de América. Es autora –también– de las siguientes obras:

- "Revelaciones de Vida en Poesía – Antología" - 451 obras de su autoría.
- CD con 16 poemas declamados de su Antología.
- "Cuerpos Fugaces – Relatos basados en hechos reales-"
- "Mis 100 Cuentos Rimados para Contar" – Antología.
- "Aventuras de los Desventurados – Antología – 11 Relatos Cortos de Ficción".
- "Cavilares – Antología" * Prosas y Narraciones

Katia N. Barillas además, es fundadora y directora del Programa y Movimiento Cultural y Literario "Noches Bohemias de Pura Poesía", el que se transmite mensualmente por www.youtube.com desde el Canal del mismo nombre.

Noches Bohemias de Pura Poesía (NBPP), realiza desde el año 2016 Festivales y Maratones Culturales y Literarios en la Biblioteca Pública Central de San Francisco, California, EE. UU. y otras Bibliotecas del área de California.

Condujo hasta noviembre 2019 el SEGMENTO CULTURAL del programa radial dominical, AQUÍ NICARAGUA transmitido por Amplitud Modulada desde San Francisco, California, EE. UU. y al mundo por internet en www.kiqi1010am.com

Asimismo, conduce su propia programación cultural y literaria desde Katia N. Barillas Radio (i.e.) desde la plataforma www.spreaker.com/user/8086024

Ha participado en los siguientes concursos de poesía en el Festival de la Canción de California (www.festivaldelacancion.com):

2008 – Primer lugar con su poema KARMA.

2009 – Segundo lugar con su poema ARENA, VIENTO Y OCASO.

2010 – Tercer lugar con su poema MAÑANA DE INVIERNO.

Asimismo, en febrero del 2009, recibió reconocimiento como semifinalista del Centro de Estudios Poéticos de España, por la participación de su poema AUSENCIA, incluido en la antología poética compartida IMPRESIONES Y RECUERDOS – Página #12.

Katia N. Barillas es corresponsal autorizada de la US PRESS ASSOCIATION para el ejercicio del periodismo libre (hablado y escrito) dentro y fuera de los EE.UU. –Credencial #6794116.

En julio 5, 2016, los versos 19 y 20 de su poema DESASTRE (una oda al hombre por la destrucción del planeta), fueron incluidos en la primera estrofa de la canción "Cuando no quede nada", del Grupo de Rock español LA SOMBRA DEL GRAJO https://youtu.be/K5uXfDvIeC4

En julio 7, 2016, su poema DESASTRE (completo), fue traducido de idioma castellano a idioma italiano, por MENA D'ERRICO.

En septiembre 12, 2016, su poema DESASTRE forma parte (desde la página 52 a la 55), de la PRIMERA ANTOLOGÍA

POÉTICA DIGITAL BILINGÜE (EN CASTELLANO E ITALIANO) "MANOS UNIDAS"- Poesía Femenina.

En octubre 20, 2016, su poema ERES fue declamado magistralmente en la voz de la escritora, poeta y declamadora dominicana-estadounidense, Yolanda Quiroz; desde la emisora para internet TOP RADIO ON LINE en su programa IMPRESIONES, transmitido al mundo desde la ciudad de Orlando, Florida, EE.UU.

Su novela CUERPOS FUGACES –Relatos Basados en Hechos Reales-, ha sido catalogada como una obra de REALISMO MÁGICO por el literato, orador, crítico literario, poeta y declamador boliviano, Efraín Escobar.

El 9 de noviembre, 2018 fue integrada al MOVIMIENTO MUNDIAL DARIANO, organización cultural con sede central en la ciudad de Miami, Florida, EE. UU. que la distinguió con una medalla, con la que se le reconoce como miembro honorario de dicho Movimiento.

El 30 de noviembre, 2018, sus poemas KARMA y NICARAGUA MÍA, fueron declamados en el XV FESTIVAL DE ARTES VISUALES en la ciudad de Granada, Nicaragua.

Desde el 20 de noviembre, 2018, es miembro activo del Instituto Nicaragüense de Cultura Hispánica (INCH), filial Granada, Nicaragua.

El 13 de diciembre, 2018, su prosema EN EL UMBRAL DE LOS SUEÑOS, fue declamado en la voz de la locutora y poeta mexicana, María Sofía García, como parte de los estrenos para TOP RADIO ONLINE de Orlando, Florida, EE. UU.

El 15 de febrero y el 4 de marzo, 2019, su prosema HOLA, SOY YO fue declamado como estreno de TOP RADIO ONLINE (Orlando, Florida, EE. UU.) desde el programa NOCTOMANÍA POÉTICA, en la voz de la locutora y poeta mexicana, María Sofía García.

El 23 de marzo, 2019, su prosema BASTA YA DE FEMINICIDIOS, fue incluido en la página #69 de la Antología Digital Compartida GRITO DE MUJER, desde Hurlinham, Buenos Aires, Argentina. © BIBLIOTECA DE LAS GRANDES NACIONES. Enlace: https://www.calameo.com/books/00465428563e47982182f

El 22 de mayo, 2019, su prosema ÉL, EL AMOR Y LAS FLORES, fue incluido en la página #28 de la Antología Digital Compartida HOMENAJE A ALBERTO CORTEZ de Argentina. © BIBLIOTECA DE LAS GRANDES NACIONES. Enlace: https://www.calameo.com/books/00465428510975579bbb9

El 25 de agosto, 2019, fue distinguida -nuevamente- por el MOVIMIENTO MUNDIAL DARIANO, con sede en la ciudad de Miami, Florida, EE. UU. organización cultural que le otorgó la presea "medalla al mérito literario", con la que se le reconoce como difusora cultural y literaria, poniendo en alto la idiosincrasia y riqueza del idioma castellano en California, EE. UU.

Asimismo, Katia N. Barillas es la editora del libro MUJERES A PRUEBA DE FUEGO – Antología Femenina Compartida de la publicista Erika Rojas, Gerente General de ER GRAPHIC SOLUTIONS con sede en Los Ángeles, California, EE. UU.

También editó el poemario "Pensamientos Poéticos Incrustados en el Corazón", obra literaria del poeta Anthony Cassanova, originario de la Costa Caribe (Atlántico) de Nicaragua, con residencia en California, EE. UU.

Las obras literarias de Katia N. Barillas, están disponibles en los siguientes sitios web: AMAZON, BARNES AND NOBLE, PALIBRIO y en su página web personal www.katianbarillas.com

Otros sitios web de la autora Katia N. Barillas, son:

www.spreaker.com/user/8086024 - Katia N. Barillas Radio (ie)
www.youtube.com – Canal Noches Bohemias de Pura Poesía
www.facebook.com/katia.barillas.9
www.twitter.com/@b67_kc
www.linkedin.com/pub/katia-n-barillas/51/566/508/es www.
mundopoesia.com/foros/poetas/30923-katia-barillas.html
kc_b67@yahoo.com
1 (415) 871 7426
nochesbohemias2012@gmail.com
© BIBLIOTECA DEL CONGRESO EE.UU.

RESEÑAS LITERARIAS
QUE HABLAN DEL AUTOR

ERIKA CECILIA ROJAS
PUBLICISTA, ESCRITORA, POETA * PERÚ

Miércoles, 21 de agosto, 2019 - 6:30 p.m. (FACEBOOK)

Pocas veces nos encontramos ante el talento natural y el conocimiento exquisito de nuestra lengua castellana como el que posee Katia N. Barillas. Escritora, poeta, declamadora, difusora literaria y conductora radial, quien lleva muy en alto la cultura hispana en los Estados Unidos de América. Es parte del equipo profesional de "Mujeres a Prueba de Fuego" teniendo a su cargo la labor de revisar y editar nuestro libro. Katia es fundadora y directora del programa literario Noches Bohemias De Pura Poesía - NBPP, el cual promueve escritores y artistas.

(La serie de libros Mujeres a Prueba de Fuego es una creación original de Erika Rojas y su empresa ER Graphic Solutions).

TEODORO MORENO
ESCRITOR MOTIVACIONAL * MÉXICO

agosto 25, 2019 – 10:18 a.m.
Mensaje de Texto (SMS) y en FACEBOOK:

Gracias, amiga Katia. Y digo amiga con todo respeto. En un evento de gran magnitud como el que llevo a cabo usted y quienes colaboramos sé que el tiempo es muy valioso. Mirarla y sentir esa gran energía que usted irradia al dar un abrazo me hizo sentir en familia. Aunque hubimos participantes de diferentes naciones, las divisiones de fronteras desaparecieron para dar paso a un numeroso grupo de seres humanos que nos reunimos con un mismo objetivo primordial: la conservación de ese líquido vital que es el agua. Cada uno de nosotros a nuestra manera contribuimos y de muy buen agrado con un granito de arena y una gota de agua, en su pureza natural. Esperamos que esto sea solo el inicio de una gran cruzada. Y cuando se trate de mi aportación; no dude que siempre estaré dispuesto a unirme a una noble causa como las que usted promueve con tan magnos eventos. Que Dios la siga bendiciendo con esa inspiración para la conservación de la especie humana y de nuestro maravilloso planeta.

Mis respetos, mi admiración y mi cariño para usted que es una gran mujer.

Bendiciones.

ARIEL GALARRAGA - POETA*URUGUAY

25 de agosto, 2019 – 11:51 a.m.
(Facebook)

Katia N. Barillas hace un tiempo ya, me realizo una entrevista muy interesante, por sus preguntas más que por mis respuestas. Es una maravillosa amiga, con un nivel cultural, una inteligencia y una sinceridad que realmente admiro, además de ser una gran escritora y una gran mujer dedicada al arte a tiempo completo, su generosidad no tiene límites. Te envío mi saludo querida amiga desde Uruguay. Gracias por tu enorme labor para con la cultura en general.

ÍNDICE